高等职业院校教材改革示范教材

大学体育与健康

杨　英　袁绍辉　主编
杨建辉　主审

化学工业出版社
·北京·

本教材内容主要包括理论篇、技能篇和拓展篇三个模块。理论篇围绕体育与健康、体育保健等方面进行论述，旨在增进学生身心健康和提高体育文化素养；技能篇除了传统的体育项目外，还增加了一些如太极扇、瑜伽等学生喜闻乐见的体育运动项目，旨在不断增强大学生的体育参与意识，提高其运动技能，培养学生良好的锻炼习惯和健康的行为方式；拓展篇以目前社会上比较流行的新兴体育项目为主要内容，旨在拓展学生的体育参与领域，满足学生体育学习的个性化需求。

本教材可作为高职高专院校的公共体育课教材使用，也可作为体育爱好者的自学读物。

图书在版编目（CIP）数据

大学体育与健康/杨英，袁绍辉主编．—北京：化学工业出版社，2015.8

高等职业院校教材改革示范教材

ISBN 978-7-122-25051-3

Ⅰ.①大… Ⅱ.①杨…②袁… Ⅲ.①体育-高等职业教育-教材②健康教育-高等职业教育-教材 Ⅳ.①G807.4

中国版本图书馆CIP数据核字（2015）第204510号

责任编辑：闫　敏　杨　菁　　文字编辑：徐一丹

责任校对：吴　静　　装帧设计：张　辉

出版发行：化学工业出版社（北京市东城区青年湖南街13号　邮政编码100011）

印　　刷：北京永鑫印刷有限责任公司

装　　订：三河市宇新装订厂

787mm×1092mm　1/16　印张13　字数331千字　2015年8月北京第1版第1次印刷

购书咨询：010-64518888（传真：010-64519686）　售后服务：010-64518899

网　　址：http://www.cip.com.cn

凡购买本书，如有缺损质量问题，本社销售中心负责调换。

定　　价：25.00元

Foreword
前言

健康是人类追求的永恒主题，是生命的基础，是幸福生活的基本保证。现代大学体育教学的根本目的就是促进学生身心健康。体育是达到“身心健康”这一目的的有效途径，“健康第一，身心和谐发展”是高校体育思想的主体内容，使学生学会 1～2 项能够在社会生活中运用于健身的体育运动项目和养成良好的体育习惯是现代大学体育的教育目标。2014 年 7 月国家教育部颁布了《国家学生体质健康标准（2014 年修订）》，要求各学校按照文件认真执行，足见国家对于青少年体质健康的重视程度。

本教材针对高职高专教育实践性和应用性强的特点，力求使基础性、实践性和发展性协调统一，强调创新能力的培养，强调体育对人的身心与行为健康的影响，强调体育与专业技能相结合，突出学生个性的发展，使其在学习健康知识、掌握适合自身特点的体育锻炼方法和手段、理解体育文化内涵的同时，潜移默化地培养自身的体育意识，进而养成自觉进行体育锻炼的习惯，最终树立终身体育思想。本教材理论部分在具有思想性的同时，力争通俗易懂；实践部分在具有实用性的前提下，力求易学易练。

本教材内容主要包括理论篇、技能篇和拓展篇三个模块。理论篇围绕体育与健康、体育保健等方面进行论述，旨在增进学生身心健康和提高体育文化素养。技能篇除了传统的体育项目外还增加了一些如太极扇、瑜伽等学生喜闻乐见的体育运动项目，旨在不断增强大学生的体育参与意识，提高其运动技能，培养学生良好的锻炼习惯和健康的行为方式。拓展篇以目前社会上比较流行的新兴体育项目为主要内容，旨在拓展学生的体育参与领域，满足学生体育学习的个性化需求。本教材适合高职高专院校的公共体育课学生使用，也可作为体育爱好者的自学读物。

本教材共分 10 章。内容包括体育与健康、体育保健、大学生体质健康测评、体育欣赏、田径、球类运动、武术运动、形体健美运动、户外运动、紧急避险。全书由杨英、袁绍辉担任主编，由赵芸娜、刘超担任副主编，张寻、杨云、王超参编，杨建辉担任主审。在编写过程中，杨英负责编写了前言、目录及第一章、第二章、第四章内容；袁绍辉编写了第五章、第六章、第十章内容；赵芸娜编写了第七章、第八章内容；刘超编写了第三章、第九章内容；张寻参与编写了第八章健美操、健美运动内容，杨云参与编写了第六章排球内容，王超参与编写了第五章田径内容。

由于我们的水平有限，书中不妥之处在所难免，真诚欢迎专家和读者批评指正。

编者

2015 年 8 月

Contents
目录

理论篇

技能篇

拓展篇

理论篇

第一章 体育与健康

第一节 关于健康

关于体质健康概念，世界卫生组织（WHO）称之为“健康”，并将健康定义为：所谓健康，就是在身体上、精神上、社会适应上完全处于良好的状态，而不是单纯地指疾病或病弱。也就是说，它不仅涉及人的心理，而且涉及社会道德方面的问题，生理健康、心理健康和道德健康三方面构成健康的整体概念。日本称体质健康为“体力”，而俄罗斯通常称其为“身体发展”。我国对学生称为“体质健康”，对成年人称“体质”，2002年11月中共“十六大”后称为“健康素质”。尽管名称各有所异，但其内容基本上是一致的，大致包括身体形态发育水平，包括形态、体格等；身体机能，指身体各器官的效能，如心肺功能、消化机能；身体素质，指人体的基本活动能力，如力量、速度、耐力、灵敏、柔韧性、协调能力等；心理因素，指心理健康程度；适应能力，包括对自然环境和社会环境的适应能力。

关于体质与健康的关系，体质是健康的物质基础，健康是体质的外在表现，二者紧密联系，不可分割；体质是一种特质，健康是一种状态，体质是人体维持良好健康状态的能力。同时，人的不同生长发育阶段，如儿童期、青少年期、中老年期，体质状况是不断发展和变化的，既有共同的特征，又有不同年龄阶段的特殊特征。人们可以通过改善物质生活条件，建立健康的生活方式和有目的、有计划、科学的身体锻炼等手段，来保持良好的体质状况，不断增强体质。

1. 健康的内涵与标准

（1）健康的内涵

健康的内涵包括：体力、技能、形态、卫生、保健、精神、人格和环境。

知识链接

2000年世界卫生组织提出健康的10条标准

◎有充沛的精力，能从容不迫地担负日常生活和繁重的工作而不感到过分紧张和疲劳。

◎处世乐观，态度积极，乐于承担责任，事无巨细不挑剔。

◎善于休息，睡眠良好。

◎应变能力强，能适应外界环境中的各种变化。

◎能够抵御一般感冒和传染病。

◎体重适当，身体匀称，站立时头、肩位置协调。
◎眼睛明亮，反应敏捷，眼睑不发炎。
◎牙齿清洁，无龋齿，不疼痛，牙龈颜色正常，无出血现象。
◎头发有光泽，无头屑。
◎肌肉丰满，皮肤有弹性。

（2）“五快三良好”标准

世界卫生组织就人体健康问题提出了几项易记忆、易理解的新标准，这几项标准包含了人体生理健康标准和心理健康标准，简称“五快三良好”标准。

1）“五快”——生理健康。①吃得快，指胃口好，不挑食，吃得迅速，表明内脏功能正常。②排得快，指上厕所时很快排出大小便，表明肠胃功能良好。③睡得快，指上床即能熟睡、深睡，醒来时精神饱满、头脑清晰，表明中枢神经系统的兴奋、抑制功能协调，且内脏不受任何病理信息的干扰。④说得快，指语言表达准确、清晰、流利，表明思维清楚而敏捷，反应良好，心肺功能正常。⑤走得快，指行动自如，且转动敏捷，因为人的疾病和衰老往往从下肢开始。

2）“三良好”——心理健康。①良好的个性，指性格温和，意志坚强，感情丰富，胸怀坦荡，心境豁达，不为烦恼、痛苦、伤感所左右。②良好的处事能力，指对周围事情应对自如，客观观察问题，具有自我控制能力且能适应复杂的社会环境，对事物的变迁保持良好的情绪，常有知足感。③良好的人际关系，指待人宽和，不过分计较小事，能助人为乐、与人为善。

3）心理健康标准

随着世界性精神疾病发病率的不断上升，为了教育和引导公众主动关注心理健康，美国心理学家马斯洛和米特尔曼提出了10条心理健康评价标准。

① 有足够的安全感。
② 能充分地了解自己，并能对自己的能力作出适度的评价。
③ 生活、理想切合实际。
④ 不脱离周围现实环境。
⑤ 能保持人格的完整与和谐。
⑥ 善于从经验中学习。
⑦ 能保持良好的人际关系。
⑧ 能适度地发泄情绪和控制情绪。
⑨ 在符合集体要求的前提下，能有限度地发挥个性。
⑩ 在不违背社会规范的前提下，能恰当地满足个人需求。

2. 亚健康

现代医学将健康称为第一状态；将疾病称为第二状态；将介于健康与疾病之间的生理功能低下的状态称为第三状态，也称为亚健康。

所谓亚健康状态，多指无临床症状和体征，或者有病症感觉而无临床检查依据，但已有潜在发病倾向的信息，处于一种机体结构退化和生理功能减退的低质与心理失衡状态。

导致亚健康形成的因素包括：①工作、生活过度疲劳，身心透支而使精力入不敷出；

②不科学的生活方式，如不吃早餐、偏食、暴饮暴食、饥一顿饱一顿等引起营养不良而使机体失调；③环境污染，接触过多有害物质；④伴随人体生物钟周期低潮或人体自然老化，也可能出现亚健康状态。应当指出的是，亚健康状态在很大程度上是慢性疾病的潜伏期。

人的机体有一定范围的适应能力，亚健康状态既可趋向健康，也可导致疾病。如果已处于或即将进入亚健康状态，只要采取科学的生活方式，克服不良生活习惯，通过合理的饮食、心理的调养和环境的改变，消除疲劳，祛除致病因素，提高身体素质，就能改善和消除亚健康状态，恢复到第一状态而成为健康人。

3. 影响健康的因素

据1988年世界卫生组织的报告，每个人的健康60%取决于自己，15%取决于遗传，10%取决于社会因素，8%取决于医疗条件，7%取决于生活环境和地理气候条件的影响。在正常情况下，影响健康的关键因素是每日饮食是否适宜、体育锻炼是否得当及情绪（包括精神和心理状态）是否良好或稳定。因此，前苏联医学博士兹马诺夫斯基提出了人的健康公式：

$$\text{人的健康}=\frac{\text{情绪良好（或稳定）}+\text{运动（锻炼）得当}+\text{饮食合理（或适宜）}}{\text{懒惰}+\text{烟酒}}$$

从上述公式中可以清楚地看到，人的健康与情绪良好（或稳定）、运动（锻炼）得当和饮食合理（或适宜）正向相关，而与懒惰成性、嗜烟和嗜酒反向相关。影响健康的因素主要有以下几个方面。

（1）人体生物学因素

人体是一个极为复杂的有机体，在影响和制约人体健康的诸多生物学因素中，主要是遗传因素和心理因素。

① 遗传因素。后代形成和亲代相似的多种特征称为遗传特征。遗传不仅使后代在形态、体质及性格、智力、功能等方面与亲代相似，而且还会把亲代的许多隐性的或显性的疾病传给后代。遗传病不仅种类多，而且发病率高，约占一般疾病的20%。某些遗传病不仅影响个体终身，而且还是重大的社会问题。现在世界上许多国家正在大力发展康复医学，遗传残疾人是其重要的康复对象。对于遗传病，最重要的还是预防，如提倡科学婚姻、用法律来制止近亲结婚等。

② 心理因素。a. 消极的心理因素能引起多种疾病。我们的祖先在2000多年前就发现了情绪对身心健康的影响，如《黄帝内经》曾多处提到了“怒伤肝”、“喜伤心”、“悲伤脾”、“恐伤肾”。现代医学心理学的研究也证明了许多疾病的发生、发展与心理因素有关，如心血管病、高血压、肿瘤等。大量的临床实践也证明，消极的情绪（如悲伤、恐惧、紧张、愤怒、焦虑等）能引起人体各器官系统的功能失调，导致失眠、心动过速、血压升高、尿急、月经失调等症状。在我国癌症普查中还发现心理因素与食道癌、子宫颈癌的发病有着密切的关系。b. 心理因素在治疗中的作用。这主要表现在两个方面：一方面，在疾病治疗中要打消顾虑，树立与疾病作斗争的坚强信念，积极与医护人员配合，以保证治疗效果；另一方面，对由心理因素、情绪因素引发的疾病要坚持“心理治疗”，即消除致病的消极心理因素。

（2）环境因素

① 自然环境。优美的自然环境使人精神振奋、呼吸畅通、内分泌协调，这些对人的身心健康无疑是十分有利的。

大自然在为人类提供各种营养物质的同时，也传播对人体健康有害的物质，如广泛存在的有害微生物（细菌、病毒）、空气中的污染物、溶于水中的有害成分等。另外，气候的突然变化（如酷暑，严寒，气压、空气湿度异常等）也会影响人体健康。

② 社会环境。社会是人类生存和发展的最基本、最重要的环境。一方面，人们享受着社会生产的成果（如科技的进步、工业的发展），拥有了丰富的物质文明；另一方面，社会生产的发展也会对人体健康造成危害（如现代工业在发展的同时带来了废水、废气、废渣、噪声等）。随着社会生产发展的加速，对人体健康的影响也越来越突出。

（3）生活方式因素

生活方式是指人们长期受一定的民族文化、社会经济、风俗，特别是家庭影响而形成的一系列生活习惯。

现在，人们越来越清楚地意识到，不良的行为和生活方式是影响人类健康的主要原因。世界卫生组织曾经对发达国家疾病谱和死亡谱的变化进行过详细的调查，发现20世纪70年代以后，在发达国家中，导致死亡的主要疾病已变成心脑血管病、恶性肿瘤、意外死亡及环境污染所致疾病等，而这些疾病的起因都与人们滥用酒精和药物、过度饮食、缺乏体育锻炼、吸烟、吸毒、性乱等不良生活方式和行为有关；而发展中国家的疾病主要是由贫困造成的恶劣生活条件、不卫生行为和不良习惯所致。

人的行为是人在为个体生存和种族延续而适应不断变化的环境时所作出的反应或一切活动的总称，它既包括人的一些本能性活动，又包括人所从事的劳动和人际交往等高级的社会活动。人的生活方式是社会及其组成人群中占优势的社会和个人的卫生规范，是人们长期受一定民族、文化、经济、习俗、规范及家庭影响而形成的一系列生活意识、生活习惯和生活制度。

（4）卫生保健设施因素

保健是指旨在对疾病患者进行治疗的康复训练、普查疾病、促进健康、预防疾病、预防伤残以及健康教育等一系列活动的总和。显然，健全的社会保健制度是维护和促进健康的重要保障。

社会保健制度涉及多个方面，其中最重要的是建立和健全初级卫生保健制度。初级卫生生保健制度是最基本的卫生保健制度，它的特点是能针对本区域人群中存在的主要卫生问题，相应地提供增进健康、预防疾病、治疗伤病以及促进身心健康等方面的卫生服务。例如，开展针对性的健康教育，提供安全饮用水和基础卫生设施，改善食品供应及合理营养，开展妇幼保健和计划生育、地方病的预防和控制、常见病和外伤的妥善处理、主要传染病的免疫接种，提供基本药物等。这样，就使所有个人和家庭都享受到基本的卫生保健。

（5）体育锻炼因素

人体在适宜的运动过程中将产生一系列适应性的良性变化，有助于达到健身防病的目的。然而，运动量过大，则可能因身体承受不了而受到伤害；运动量过小，又达不到刺激体内各组织器官从而提高生理功能的目的。因此，体育锻炼要想获得理想的健身效果必须注意科学性。

综上所述，要保证健康一定要注意以下几点。

1）合理的饮食。对每个人来说，合理的饮食是健康因素中的关键，远比其他因素更为重要，其理由如下：①文体活动的开展、良好情绪的保持，是以恰当的饮食为前提的，如果因饮食不当而生病或使体质变弱，就没有精力从事学习和体育锻炼，也难以保持良好的情绪；②各种食物成分是构成人体细胞、组织，以及器官生长和更新的原料，更是维持内分泌及新陈代谢等生理活动不可缺少的物质来源，所以人的健康状态和情绪的好坏，直接受到食物的影响；③食物既可养生、保健、防病，也能致病，这主要取决于饮食是否合理；④食物是每日生活、工作和生命存在的物质基础，若缺少或过量，皆不利于人的身体健康。

2）适当的体育锻炼。适当的体育锻炼可以增强呼吸机能和肠胃消化的功能，活跃大脑、神经及全身循环系统，并能起到调节情绪、增强体能、健身祛病、抵御衰老的效用。

3）保持良好的情绪。情绪良好，即心理上的稳定，可抑制不必要的紧张心态，抵御或排除忧愁、烦恼、恐惧等不良影响，避免引起内分泌失调，保证血液质量、脏器功能及神经系统的正常活动。世界著名长寿学者胡弗兰德说："在一切不利的因素中，最能使人短寿夭亡的是不好的情绪和恶劣的心境。"

第二节　体育锻炼与身体健康

1. 体育锻炼的原则

俗语说："铁不锻炼不成钢，人不运动不健康。"体育锻炼是促进身体健康的重要途径，因此人们要注意体育锻炼，强健身体，保持健康。但是，体育锻炼必须遵循一定的原则。

体育锻炼的原则是身体锻炼基本规律的反映，也是参加者安排锻炼计划、选择锻炼内容、运用锻炼方法所要遵循的原则。为了达到体育锻炼的目的、提高锻炼的效果，在锻炼中我们应遵循以下几项原则。

（1）从实际出发原则

从实际出发原则是指每个参加锻炼者的主客观条件各不相同，如性别、年龄、职业、体育基础、身体状况、生活条件、锻炼目的等，因此在选择锻炼内容、方法、运动负荷时要因人而异、量力而行，特别要注意运动负荷适量。

（2）持之以恒原则

从生物学角度看，人的体质的增强是一个不断积累、逐步提高的过程，不可能一劳永逸。人体机能水平的提高，各种运动素质的发展，运动技能的形成与巩固，有赖于较长时期的、经常的锻炼。这样，才能使有机体在解剖形态、生理机能、生化过程等方面产生一系列适应性的变化。这些良好的适应性变化，不是一朝一夕或短期锻炼所能达到的，而是坚持长期锻炼的成效积累的结果。人体结构和机能的变化，都是通过肌肉活动进行反复、经常的强化来实现的，体育锻炼是对机体给予刺激的过程，每次刺激都产生作用痕迹。连续不断的刺激作用，在机体内产生痕迹的积累，这种积累使机体的结构和机能产生新的适应性，从而使体制不断增强。如果"三天打鱼，两天晒网"，间断地进行，前一次的作用痕迹已经消失，下一次作用的积累就小，机体的适应性变化就小，锻炼效果就不明显。如果长时间停止锻炼，各器官系统的机能还会慢慢减退，使得体质逐渐下降。

（3）循序渐进原则

循序渐进是人体适应环境的基本规律。人体对内、外环境变化的适应，是一个缓慢的由量变到质变的过程。只有遵循这个规律，才能取得良好的锻炼效果。否则，非但不能增强体质，还会引起机体损伤和运动性疾患，损害身体的健康。因此，进行体育锻炼不能急于求成，应做到以下几点要求。

① 在锻炼内容上，根据自己的身体状况合理选择。体质不同，锻炼起点也不同：体质较好的人，可选择比较剧烈的活动方式，如各种竞技运动项目；体质较弱的人，开始锻炼时，可选择那些比较缓和的运动，如慢跑、徒手操、武术、乒乓球等；患慢性疾病的人，可

选择保健体育的一些内容，如太极拳、气功、散步等。当体质逐渐变好时，锻炼内容也可逐步由缓和的运动变为较为剧烈的运动。

② 运动量逐步加大。机体对运动量的承受能力有一个缓慢的适应过程：锻炼时，运动量要由小到大，逐步增加；开始锻炼时小，时间要短，运动量不要大，待机体适应后再逐步加大。如果运动量长期停留在一个水平上，机体的反应就会越来越小。机体机能的提高，是按照“刺激—适应—再刺激—再适应”的规律有节奏地上升的，运动量也应随着这种节奏来安排。

③ 每次锻炼过程也要循序渐进。锻炼前要做准备活动，锻炼后要做好整理活动，如长跑前先做 5～10 分钟慢跑，跑完后也不要马上停下来。

2. 体育锻炼对于大学生身体健康的作用

体育锻炼对于身体健康毋庸置疑，运用各种体育手段来锻炼身体，以增进健康、增强体质，促进人体生长发育和形态结构的发展，培养健美体态，以及预防某些疾病等，都有重要的意义。对于新时代的大学生来说作用更加明显。

① 有助于运动系统的发展。运动系统是大学生正常生活、工作、劳动和运动不可缺少的器官和系统。运动生理学研究表明，进行体育活动有助于人体骨骼的发育和生长；有助于关节的灵活，增加动作的幅度；有助于增加肌肉的体积和力量。

人体的身高主要与骨骼的发育水平有关。大学生在经历了青春发育的高峰期后，骨骼发育进入了缓慢的发展阶段，但骨化过程尚未结束，身高的变化仍存在着相当大的可塑性。因为经常参加体育活动，可有效刺激和促进人体的新陈代谢水平，使骨骼的新陈代谢加强，血液供应充分，骨细胞生长能力增强，从而使骨的长度增加，骨密质增多，骨变粗，骨组织的排列更加整齐有规律，机械稳定性加强。

关节是构成人体形态、连接骨骼的组织结构。运动时，韧带与肌腱的柔韧性和力量都得到增强，关节的稳定性和活动的范围得到加强，从而使动作表现出舒展大方、优美协调的效果。

肌肉是人体运动的动力组织，也是构成健美体形的外在组成部分。俄国诗人马雅可夫斯基曾这样赞美：“世界上没有任何一件衣裳比健康的皮肤和发达的肌肉更美丽。”大学生的肌肉发展特点是肌纤维由纵向发展转向横向发展。体育锻炼时，肌肉的不断伸缩可使肌球蛋白不断增加；使肌肉储存水分的能力增加而有利于肌肉的氧化反应；使肌纤维的供能中心线粒体数量增加，不易产生疲劳；使肌肉结缔组织增厚，肌纤维的数量增加和横断面增大，肌肉的力量增大，肌肉更结实、丰满。研究表明，经过长期的运动，人体肌肉的重量可由占体重的 40%（女性约占 35%）左右提高到 50%左右，可以明显改善身体的形态结构。

② 促进心血管系统机能的提高。人的心血管系统是由心脏、血管和血液三部分组成的，担负着人体内新陈代谢过程的运输任务。心脏是血液循环的总动力中心。大学生的心脏在形态结构和功能上，均已接近成人的水平。心脏重量 300～400 克，心脏容积 240～250 毫升，心跳频率每分钟 65～75 次，血液总量占体重的 7%～8%。

体育锻炼时，心脏毛细血管开放的数量增多，心肌的血液供应和新陈代谢加快，增加了心肌中蛋白质和糖原的储备，心肌纤维变粗，心肌增厚，心脏的形态发生良好的变化。随着心肌收缩力量增大，心脏容量也得以增加，心脏每搏输出量和每分输出量也随之增加。有资料表明，普通人每搏输出量为 70～90 毫升，经常锻炼的人为 100～120 毫升。安静时，人心率为 70～80 次/分钟，经常锻炼的人可减少到 50～60 次/分钟；剧烈运动时，一般人的心率只能达到 180 次/分钟，经常锻炼者的心率可达 200 次/分钟。这些变化都是心血管系统机能增强的表现。

此外，经常参加体育锻炼还会影响血管壁的结构，改变血管在器官中的分布状态，使冠状动脉口径变粗、心肌毛细血管的数目增加。因此，体育锻炼是预防一些心血管系统疾病、保护心脏健康的积极手段。

③ 提高呼吸系统的机能。人体的呼吸系统是由呼吸道（包括鼻、喉、气管和支气管）和肺组成的。呼吸道是呼吸时气体的通道，肺是进行气体交换的场所。大学生肺的结构和机能迅速生长发育，呼吸肌力量逐渐加强，呼吸频率逐渐减慢，呼吸深度相应增加，呼吸差、肺活量已接近成人，呼吸系统已经达到健全程度。

经常参加体育活动可使呼吸系统的机能得到改善。因为运动可保持肺组织弹性，改进胸廓活动范围，使呼吸深度加大，肺活量增加。一般成年男子肺活量为 3500 毫升左右，女子为 2500 毫升左右；而经常锻炼的成年男子肺活量可达到 4000～7000 毫升，女子可达到 3500 毫升左右。运动也使呼吸系统的通气和换气功能得以增强。安静时，普通人的呼吸频率为 12 次/分钟，肺通气量 4～7 升；而经常锻炼的人呼吸频率仅 8～10 次/分钟就可达到同样的肺通气量。在定量工作时，呼吸机能还能表现出节省化现象，能够较长地保持高效率工作，能够适应和满足较大运动负荷对呼吸系统的要求。

④ 改善神经系统的机能。神经系统包括中枢神经系统和周围神经系统。中枢神经系统负责整个机体的活动；周围神经系统散布于机体各处，上连中枢神经，下连各器官、系统，把各种刺激传给中枢神经，也把中枢系统的指令传到人体的各个部分。人体任何一个器官、系统的活动，都是在神经系统的调节、控制下完成的。大学生的神经系统处于脑细胞建立联系的上升期，大脑神经细胞的分化机能迅速发展，大脑皮质的结构和功能发生着巨大变化。

经常参加体育锻炼可以使人的头脑清醒、思维敏捷。因为大脑虽然只占人体重的 2%，但是它所需要的氧气却要由心脏总血流量的 20%来供应，比肌肉工作时所需的血流量还要多。进行体育活动，特别是到大自然中去活动，可以改善大脑供血、供氧情况，促使大脑皮层兴奋性增强。

另外，进行体育锻炼是调节大脑皮层兴奋和抑制过程的积极有效措施。因为人体神经系统的活动就是兴奋和抑制过程的相互转换。人体进行运动的过程，需要肌肉不停地做出收缩和放松的反应，这一过程本身就是对神经系统兴奋与抑制机能的很好锻炼，从而使人的动作敏捷，反应灵敏迅速，思维灵活、精细果断，同时也改善神经系统对心血管系统、呼吸系统、运动系统等器官系统的调节功能，从而更好地保证大学生在校期间的学习。

第三节　体育锻炼与心理健康

1. 心理健康概述

心理健康是指在身体、智能以及情感上与他人的心理健康不相矛盾的范围内，将个人心境发展成最佳状态。大学生的心理健康标准比较规范的表述如下。

① 智力正常。能正常地、充分地发挥智能效能，有强烈的求知欲和浓厚的探索兴趣。智力结构中各要素在实践活动中都能积极协调地参与并正常地发挥作用，乐于学习。

② 情感健康，情绪稳定。心情平静而有愉悦感，乐观开朗，充满热情，富有朝气，满怀自信，善于自得其乐，对生活充满希望，善于控制和协调自己的情绪，既能克制又能适度

宣泄，不过分压抑，在不同的时间和场合有恰如其分的情绪表达。

③ 意志健全。在行动中有较高水平的自觉性、果断性、顽强性和自制力，在困难和挫折面前能采取合理的反应方式，在行动中总能控制情绪和言行。

④ 人格完整。有正确的自我意识，以积极进取的人生观作为人格的核心，并以此为中心把自己的需要、愿望、目标和行为统一起来。

⑤ 自我评价正确，有自知之明。对自己的优点感到欣慰，但又不至于狂妄自大；对自己的弱点既不回避，也不自暴自弃，而是正确地自我接纳。

⑥ 人际关系和谐。乐于与人交往，既有稳定而广泛的人际关系，又有知心朋友，交往动机端正，能客观评价自己和他人，善于取人之长、补己之短、宽以待人、乐于助人，交往中保持独立完整的人格，不卑不亢。

⑦ 适应能力强。能有效地处理与周围现实环境的关系，较好地完成人生的课题，适应新环境；对社会现状有较清晰正确的认识，思想和行动能跟上时代的发展步伐；能有效地调节自己的需要和愿望，以求自身需要与社会需要的协调一致。

⑧ 心理行为符合大学生的年龄特征。

2. 体育锻炼对心理健康的作用

在现代社会发展中，生产方式、生活方式、生活环境等因素的变化使人们对心理保健、娱乐、社交、自我实现等的需求不断增长，而体育锻炼对满足人们的这些需求具有十分明显的作用。需求得到满足，则产生积极的情感；反之，则产生消极的情感。积极的情感能提高机体的工作能力，消除疲劳，使人精神愉快。大学体育是学校体育和社会体育的衔接点，作为学校体育的最后阶段，对大学生身心健康的发展和自我完善至关重要。大学生在大学体育的学习中应注意加强对体育意识、兴趣、习惯和能力的培养，只有这样，才能自觉地、科学地进行锻炼，为终身健康打下坚实的基础。

体育锻炼对于心理健康的作用如下。

① 有助于改善情绪状态。在繁重的学习压力下，某些人经常会产生忧愁、紧张和压抑等情绪反应，参加体育锻炼可以转变个体不愉快的意识、情绪。这是因为运动能够提高人的情绪唤醒水平。唤醒水平是指一个人情绪兴奋的水平。当人达到一定的运动负荷时就会导致唤醒水平的提高，使人精神振奋、乐观自信、充满活力。

② 有助于培养大学生的意志品质。意志品质指一个人的果断性、坚韧性、自制力以及勇敢顽强和主动独立等精神。意志品质既是在克服困难的过程中表现出来的，又是在克服困难的过程中培养起来的。在体育活动过程中需要不断克服各种客观困难（如气候条件的变化、动作难度的增加、运动损伤等）和主观困难（如惰性、胆怯、畏惧、疲劳等），坚持参加体育锻炼可以培养坚强的意志品质，并能够迁移到学习、生活和工作中去。

③ 有助于培养人际交往能力。人际交往是指在社会活动中人与人之间进行信息交流和情感沟通的联系过程。人际交往能力强是一个人心理健康的重要标志之一。经常参加体育锻炼有助于培养学生的人际交往能力，因为体育活动增加了人与人接触和交往的机会。很多体育运动项目是以集体参与的方式表现出来的，参加运动的过程就是一个与他人紧密协作和配合的过程。

④ 有助于心理卫生问题和心理障碍的防治。体育锻炼被公认为是一种有效的心理治疗方法。美国的一项调查发现在1750名心理医生中，80%的人认为体育锻炼是治疗抑郁症的有效手段之一，60%的人认为应将体育锻炼作为一种治疗方式来消除焦虑症。由于学习压力

和其他方面的挫折因素，导致焦虑症和抑郁症已成为大学生常见的心理疾病，而通过体育锻炼可以减缓和治疗这些心理疾病。

第四节　体育与社会适应能力

人能否适应社会是决定事业能否成功、生活能否幸福的关键。体育以其特有的运动价值和人文价值，对人的发展起着直接或间接的影响，对提高人的社会适应性产生着积极的作用。

1. 体育锻炼可以培养适应社会需要的价值观

价值观念是文化观念的核心，也是文化精神的集中体现，它是人们对社会经济活动的价值判断或价值取向。

① 体育锻炼促进人们和平相处。人们渴望和平，追求安定，只有国际的和平、社会的安定，才能有经济的发展、社会的进步、人民群众的安居乐业。虽然体育体现的是竞争，但它是建立在统一规则基础上的公平竞争，是建立在友好气氛上的相互交流与切磋。所以，体育可以培养人的和平观念，可以规范人的和平行为，在潜移默化中使人们养成了热爱和平的价值取向。

② 体育锻炼处处体现着自由和平等。从体育所包含的内容和要求来说，它不分肤色、贫富、贵贱、种族、信仰或性别，人人都可以参与。它构建了一个平等得使每个人都乐于接受，通俗得使每个人都能够接受的模式，在这种平等的意识里，人的尊严、权利得以真正展现。正是由于体育在人们的参与中处处让人领悟着机会的均等，所以，它也处处体现着人与人的平等，使人从参与中深深感触着体育锻炼的自由性。体育的平等参与、平等拥有，必将影响着人们以平等的观念去处理自己要处理的一切，形成人人平等的观念和行为。

③ 体育锻炼最能体现付出与收获的关系。大到运动健儿在奥运赛场上为国争光，小到体育锻炼者的跑步或打拳，运动者无一不是吃苦耐劳、持之以恒地付出超乎常人的努力，才实现最终的目的。体育锻炼在付出与收获上的因果关系，最能直接地使人们领悟成功的喜悦是靠平时的奋斗所获取的，辉煌的成就是由汗水所铸成的。所以，人们可以通过体育锻炼培养自身拼搏进取的人生观。

④ 体育锻炼可以培养人们崇尚知识、崇尚人才的价值观。由于人们从公平的竞争中逐渐体会和认识到，任何一项体育比赛，不仅是速度的角逐、力量的抗衡，更是战术的拼杀、技术的较量，是知识与力量的交融。所以，人们又从体育中进一步领悟到要想在激烈的竞争中立于不败之地，就必须崇尚知识、崇尚人才。

正是由于人们在体育锻炼中可以形成现代的价值取向，所以，积极主动地利用体育锻炼将有效地形成和提高人们适应社会的价值观。

2. 体育锻炼可以培养适应社会需要的竞争意识和竞争手段

竞争即为了自己的利益而与人争胜。当今，社会科学技术迅猛发展，各行各业的竞争日趋激烈。政治家要竞选，军事家要搞军备竞赛，企业家要追逐利润、占领市场，即使是普通的劳动者也要在优化组合中经受考验。面对如此激烈的竞争环境，为了生存、为了发展，人们必须培养自己的竞争意识，具备应有的竞争手段。

① 体育竞争要以实力获胜。任何体育活动，最讲现实，不论资历。任何优胜者都要经

过严格的训练，吃苦耐劳，勇于拼搏，不断提高自己的身体技能、心理水平、战术意识和团队精神，并具备把握机遇的能力。不劳而获在体育竞争中是不存在的。因此，每一个参与者都将从体育的竞争中懂得优胜的结果来自于强大的实力。体育告诉人们，只有通过艰苦的努力才能获胜。

② 体育竞争最能体现公平性。任何一项体育竞争都将在严密、严格的规则和规程约束下进行，所以，体育的竞争最讲法制，而不徇私情。它不承认个人身体、心理以外的任何不平等性。从这一意义上讲，体育竞争教育每一个参与者必须形成公平竞争的意识，并以公平的体育竞争方式来应对人生旅途中一次又一次的竞争。

③ 体育竞争最能锻炼参与者遭遇挫折和失败的适应能力。体育运动大到奥运会，小到游戏活动，无不以追逐胜利为目的，无不以胜利或失败而告终。然而，体育竞赛的残酷性又往往表现在成功、获胜只是相对的、暂时的，而挫折和失败又是经常的、普遍的。挫折—奋斗—成功—再挫折—再奋斗—再崛起……这描绘了体育竞争内在的规律性，同时也反映出每一位成功者不停奋斗的人生轨迹，折射出人生的喜怒哀乐。所以，体育既可以使参与者在比赛中建立竞争意识，又可以使每一位参与者领悟胜利的欢喜、失败的痛苦，锻炼人们享受成功或承受失败的能力。

3. 体育锻炼能够提高人们的协作意识和协作能力

① 体育锻炼对协作意识的影响。协作意识是体育意识的基本内容之一，即协同配合、齐心协力。集体的力量是巨大的，而强大集体的形成和保持，则取决于每一个成员是否具有强烈的协作意识和群体精神。体育运动的集体性特点为培养学生的协作意识、群体精神提供了有利条件。不管是以个人参赛、团体排名的田径和游泳，还是以不同位置成员联合组织成阵型的足球、排球和篮球比赛，都决定了参与者必须以高度的协作意识、熟练的协作行为，承担起参赛角色的权利、义务和责任。曾经夺取“五连冠”的中国女排，个人技术和身体条件并不强于当时的美国女排、前苏联女排和古巴女排，而她们能够获胜，关键是依赖队员之间、队员与教练之间的密切协作，从而形成了势不可挡的集体力量。由此更进一步证实，体育需要集体力量、需要协作，而体育本身也蕴藏着协作的因素。然而，协作意识并不是一朝一夕就能形成的，它必须通过体育教学、训练、竞赛等活动不断地重复磨炼，才能在潜移默化的过程中逐步培养与增强这种协作意识，并使之“生活化”，融入到工作学习之中，逐渐提高人们的社会适应性。

② 体育锻炼能够促进协作能力的提高。良好的能力是现代社会对于人才素质的一项基本要求。在科学技术飞速发展的今天，协作能力是事业能否成功的基本能力之一。目前，各学科明显呈现出既高度分化又相互渗透，既高度综合又纵横交错的新态势，各项科学研究成果的形成也越来越趋向学科交叉的方向发展。因此，每一个体育参与者必须具备与他人协作的能力。然而，体育锻炼以其特殊的交往方式，培养着每一位锻炼者的协同配合能力、待人接物能力、豁达坦荡的心胸和“忍辱负重”的品格。这些是人们走向成功的阶梯和基础。

4. 体育锻炼可以培养适应社会需要的个性

体育的重要功能之一就是能对人的机体施加影响。它不仅能影响人体的生理属性，还能影响心理属性，促进身心的健康发展。在以上两种功能的基础上，现代体育还作为社会教化的手段来促进个性的形成与发展。

（1）体育锻炼所固有的特性能使人们形成适应社会需要的个性

个性是指个人在其生理和心理素质的基础上，在一定社会环境条件下，通过实践锻炼逐步形成的观念、态度、习惯和行为。它是一个人比较稳定的心理、生理素质和社会行为特征的总和，是一个人能否适应社会或能否被社会接受的关键因素。

人的个性心理特性包括人的能力、气质和性格等内容，其中决定一个人个性的重要因素是性格。人的性格多种多样，有的人热情、坚定、果断，有的人冷漠、动摇、懦弱，有的人固执、自信、骄傲，也有的人优柔、谦和、自卑。但是不管哪一种性格，其形成都与体育锻炼有着密切的关系。

① 体育锻炼对人的个性形成具有调节功能。体育锻炼需要体力、智力、情感和行为的共同参与，同时还要求人们有较高的体能和技能的投入。因此，在每次体育锻炼中要求人们必须接近和突破自己的极限。正是由于这一过程和感受的出现，又使得每一位锻炼者在锻炼过程中有许多机会发现自己个性中的优秀部分，找到自己的不足，并决定采用何种方式巩固提高自己的长处，克服改进自己的短处。体育锻炼可以使人形成正确的自我认识、自我意识、自我发现和自我改造，也正是通过体育锻炼使人形成和发展个性，以及实现人的社会化。

② 体育锻炼对人的个性形成具有约束作用。参加体育锻炼，尤其是集体项目，每一个参加者在其活动中，都不同程度地接受团队活动的约束与限制，接受团队活动的督促与激励。这不仅包括技术的、技能的，而且包括精神的。优异者将得到赞扬和激励，反之，则会受到忽视甚至贬斥。体育锻炼者正是为了取得与自己相适应的地位而不遗余力。在群体活动中，不遵守群体规范的行为，可能要受到比较严厉的制裁或惩罚。为了与他人保持一致，人们总是心甘情愿地接受来自群体的约束。这些约束迫使成员不得不改变自己的某些个性。

③ 体育锻炼可以使人形成积极向上的个性。体育活动中的主动积极性对参与者个性的形成发挥着作用。锻炼者在自我意识的调整下，表现出更主动、更积极、更自觉的锻炼需求，并以此达到增强体质和提高技能的目的。但是，此目标的实现又必须依靠持之以恒的练习，需要在日复一日、年复一年的艰苦磨炼中，提高自己的技术、战术水平。这种顽强拼搏的精神，对一个人的个性的形成与发展具有重要的意义。

④ 体育锻炼可以使人具有丰富情感的个性。现代社会决定着现代人的情感。这不仅表现为强烈的责任感、道德感、执著追求感，而且也具有理性感和转移感，它是人类高级情感的发生器，丰富着人类的情感要素。体育活动以自我意识感、群体约束感和主动积极感，激励着参与者以高度的责任感与同伴进行合作；以约定俗成的道德规范着参与者的行动；以执著的追求感，驱动着参与者竭尽体力、技术和全部能力，实现自己奋斗的目标；以复杂而快速的转移感，使参与者领略成功的欢欣和失败的痛苦。体育运动给人们的情感体验是复杂多样的，顺应了现代人对情感的多方面需求。所以，著名的体育社会学家卢元镇曾这样概括它："在大众体育里，人们可以得到对集体、社团的信赖感、依托感；在家庭体育里，成员们可以在和睦欢乐的气氛中，得到享受天伦之乐的归属感和稳定感；在娱乐体育里，人们因愉悦感和快感而情满胸臆；在探险活动中，人们因征服自我而增强自豪感和征服感；在竞技活动中，人们在成功与失败、荣誉与耻辱、竞争与退让乃至生与死之间拼搏选择，享受着各种复杂情感的折磨和冶炼。"

（2）体育锻炼是培养个人胜任社会角色的有效途径

社会结构由司职多种特定权利、义务和行为规范的人员组成。每一个社会角色都代表着相关的行为期望与规范。体育运动恰好能为人们学习社会角色提供优越的环境与适宜的条件，可为人们提供尝试社会角色的各种机会。

所谓体育运动中的角色，是指个人在由体育而结成的社会关系中所处的地位。这种地位有其权利、义务和相应的行为。例如，篮球课上的教学比赛，两队各自的中锋、前锋和后卫等角色，都是在自己所处的位置上，通过与该位置相适应的角色行为而产生相互的社会关系。再如，足球守门员和场上队员，由于承担的角色不同，守门员可以在规定的区域内用手触球，而场上其他队员则只能用手和手臂以外的其他部位触球。场上队员只要不与守门员交换身份，就没有在该规定区域内用手触球的权利与义务。另外，权利与义务又伴随着行为过程而发生。所以，这个权利、义务与行为的总体构成了指定的角色。在由体育而结成的社会关系中，每个角色都有获胜的权利、获得嘉奖的权利和按照规则进行技术动作行为的权利；同时，也有遵守体育规范、道德规范和技术规范的义务。运动场景在许多时候都是通过角色学习出现的，同时，群体内的每个角色或位置又是相互关联的。群体的目标实现是以每个成员能力被群体成员接受为前提的，也检验和督促着每个角色能力的提高。这使每个成员在群体的关联中获得信赖，并获得相应的地位。

学习体育角色，可以使练习者懂得社会角色是与人们的某种社会地位、身份相一致的一整套权利和义务的规范与行为模式；也可使练习者体会到经过个人努力是可以成功扮演各种角色的，从而体验到人的主观努力是改变社会地位的重要途径。

5. 体育锻炼可以提高人际交往能力

一位哲人说过，人生的美好是人情的美好，人生的丰富是人际关系的丰富。无论你是在享受美好人情的温馨、宽慰、甜蜜，还是在抱怨人际冲突的烦恼、茫然、愤怒，你都不会怀疑人不能没有朋友，不能不与他人交往。试想，你一个人长期居住在南极大陆；你一个人迷失在大森林里，多日不能与别人相逢；你一个人被长期囚禁于单身牢房……那样，生活将会变得怎样？

既然人际关系对人的生活具有如此大的影响，那么，通过何种途径才能有针对性地培养当代大学生的人际交往能力呢？体育作为教学内容的重要组成部分，又能在此过程中起何等作用？

社会学家指出，影响人际关系改善的主要因素有沟通能力、对身体语言的理解和使用能力、自我意识水平和移情能力等。体育锻炼恰恰对影响人际关系改善的主要因素具有直接作用，所以，应当重视体育锻炼，以培养和增强人际交往能力。

① 体育锻炼可以提高人的沟通能力。一个人与他人的沟通及关系的状况，是其生活品质的最主要方面。生活的丰富、事业的成功、与别人稳定情感关系的建立和维持都离不开沟通。试想一个不具有沟通能力的人，怎么能与他人交流思想、交流感情？一个不具备完全、准确表达个人意愿和意图的人，又怎能让对方给予充分的理解和支持？体育锻炼对人的沟通能力的提高发挥着重要作用。

由于体育教学和体育锻炼的特殊性，每一个动作技术都是在教师的讲解示范和参与者练习实践中进行的。因此，时时存在对动作技术纠正的沟通，处处存在相互练习中自我完善的沟通，同时还存在相互配合的默契沟通。这种沟通不仅具有直观性、及时性和准确性，而且也是主动性沟通、注意力集中沟通和信息交流充分性沟通的典型体现。所以，经常参与体育锻炼，对提高人的沟通能力、形成良好的人际关系将产生积极的影响。

② 体育锻炼可以增强对身体语言的理解和使用能力。身体语言是沟通的有效方式之一，是社交过程中必须具备的能力。人们既可以从不同的身体姿态所代表的含义中去理解对方的寓意，又可以通过身体语言向对方表达自己内心真实的感情。缺少了身体语言的沟通能力，

人们不仅可能无法对对方的身体语言表达进行准确的解释，使信息发出者得不到应有的反馈信息，失去一次又一次的联系，也有可能让别人从你身上找不到代表任何情景的身影，使人感觉到你是一个感情淡漠、不易接近的人。体育作为社会文化的组成部分，在劳动人民的创造和实践中不断地丰富着自身艺术表现的内涵。所以，世人曾用优美的词句把各种各样的体育动作加以赞美，如“空中的芭蕾”、“浮出水面的鲜花”……的确，体育对提高人的身体语言表达能力是无与伦比的。即使是普通的体育活动，也能够提高参与者的协调和柔韧性，使参与者在练习中寻找美的身姿，使参与者在练习中体会动作外观与内涵的统一。所以，体育锻炼可以发展人们的身体语言，使身体语言在社会的人际交往中发挥积极的作用。

③ 体育锻炼可以提高自我意识水平，培养移情能力和社交技能。自我意识水平在制约人际关系中的作用具有针对性，尤其在现代社会中人与人之间往往表现得非常含蓄，甚至表现为恭维而不讲实话。例如，明明我们能力平平，某人却说我们能力超群，实际上这个人并不接受我们，只是为了表明与我们有很密切的关系。特别是当一个人的社会地位越来越高时，他很可能得不到有关自我信息的真正反馈，从而脱离真实世界，并导致自我意识水平越来越低、移情能力越来越差、社交技能越来越低，最终成为自以为是，天下唯我独尊，只会板着脸孔训人、抓起笔杆画圈的庸人。

对于体育活动，教师或教练的评价是阶段性的，观众的评说又带有滞后性，所以随时随地进行自我意识的体会，就成为改进动作技术、调整比赛战术的直接方法。通过体育运动形成的自我意识行为，在实践中将变成一个人的自觉行动，将这种能力运用到社会交往中，则可以了解自己、提高自身的社交技能。

同时，体育比赛经常出现因某一队员故意犯规或裁判员反判、错判，使比分落后的情况；因久攻不下出现急躁或因胜利在望而放松警惕等状况也会出现。如果能准确判断和迅速采取相应措施，比赛就有可能发生转机。如果我们把对体育比赛中表现出来的真实情绪状态和行为做准确理解的习惯运用于社会交往中，就能够掌握如何对别人作出恰当而又为社会接受的判断，从而提高我们的社交技能。

第二章 体育保健

第一节 体育锻炼的卫生常识

1. 做好准备活动与整理活动

体育运动过程是人体由静态到动态再到静态的变化过程，准备活动和整理活动就是实现这种变化的过渡手段。

（1）准备活动。体育锻炼前进行充分的准备活动对于体育锻炼者来说是非常重要的，有些大学生就是由于不重视锻炼前的准备活动而出现各种运动损伤，不仅影响锻炼效果，更影响锻炼兴趣，甚至会对体育活动产生畏惧感。

做好准备活动能起到以下作用：①克服机体的生理惰性；②加速肌肉组织的新陈代谢，提高氧的利用率；③调节心理状态，提高神经系统兴奋性；④预防运动损伤。

（2）整理活动。整理活动是人体由运动状态（无序状态）过渡到相对安静状态（有序状态）的活动过程，是促进体力恢复的一种有效手段。整理活动的作用包括：①有助于人体机能尽快恢复常态；②有助于偿还氧债。

整理活动应侧重于全身性放松，特别是在紧张剧烈的运动之后，一定要进行全身放松活动，以免身体受到损伤。整理活动之后，还要注意保暖，防止着凉、感冒。

2. 运动饮食卫生

经常进行体育锻炼，可促进胃肠道的蠕动和消化液的分泌，对消化吸收机能产生良好的影响。但是，如果在体育锻炼中不注意饮食卫生，则会严重影响锻炼者的身体健康。长此以往，会造成消化不良或其他消化道疾病。因此，在体育锻炼中应注意饮食卫生。

① 运动后不宜立即进餐。体育锻炼后不要急于进食，待心肺功能稳定下来，胃肠道机能逐渐恢复后再用餐。这是因为运动时大量血液流入运动器官，消化器官内的血液量相对减少，胃液分泌减少，消化系统的功能处于相对的抑制状态。如果运动后立即进餐，必然影响食物的消化和吸收。这段时间一般为半小时，如果在下午进行较剧烈的体育锻炼，间隔的时间应更长。应注意的是，由于运动后易产生饥饿感，用餐时不要狼吞虎咽，更不能暴饮暴食。

② 饭后不宜立即进行剧烈运动。饭后立即进行剧烈运动，不仅易产生消化不良，还会引起腹痛、恶心等症状，甚至会造成胃下垂等疾病。可见，吃饭与运动之间要有一定的时间间隔，一般在饭后半个小时方可进行运动，剧烈运动或比赛最好安排在饭后 1.5 小时。缺乏体育锻炼或体质较弱的人，吃饭与运动的间隔时间应更长些。

③ 空腹不宜进行长时间剧烈运动。长时间剧烈运动要消耗大量能量，而能量主要来自体内血糖的氧化。早晨空腹进行长时间剧烈运动，无充足的血糖补充，易发生低血糖症状。另外，空腹进行长时间剧烈运动会使胃发生痉挛性收缩，出现胃痛，久而久之，就会导致胃炎等疾病。因此，早晨空腹锻炼的时间，一般不宜超过 30 分钟，且运动强度不宜过大。

④ 体育锻炼中或锻炼后应正确补充水分。体育锻炼中或锻炼后正确的饮水方法是：首先确认是否体内真的缺水。在短时间的体育运动中或剧烈的体育运动中感到口渴，主要由口腔和咽部黏膜水分蒸发、唾液分泌减少引起，或者由心理紧张造成，这时候不必补充水分，只需用水漱口增加口腔湿润感即可。对体育锻炼中失去水分的补充，要采取少量多次的办法。预防运动失水的最好办法是每 15～20 分钟饮水 150 毫升左右，这样，既随时补充水分，又可避免对身体的损害；在锻炼前 10～15 分钟，可饮水 300～500 毫升以保证体内水分充足，预防失水过多。一次补水最大量不能超过 800 毫升。

3. 防止和消除运动性疲劳

（1）运动性疲劳的概念

疲劳是一种暂时的生理现象，对人体是一种保护性抑制。运动性疲劳出现后，只要不使疲劳积累而产生过度疲劳，就不会损害人的身体健康；相反，经过疲劳的产生——消除过程，借助不断强化的体育锻炼，人体机能和运动能力可以达到超量恢复，从而提高运动者的健康水平。

（2）消除运动性疲劳的常用方法

为了使运动中消耗的物质和各器官、系统的机能得到尽快恢复，避免疲劳累积而造成过度疲劳，一般可采用下述消除运动性疲劳的方法。

① 放松活动。放松活动包括慢跑、呼吸体操及各肌群的伸展练习。运动后做伸展练习，可消除肌肉痉挛，改善肌肉血液循环，减轻肌肉酸胀和僵硬程度。

② 补充营养物质。运动时消耗的物质要靠饮食中的营养物质来补充，体育锻炼和比赛后，合理补充营养有助于运动者恢复体力和消除运动性疲劳。因此，运动后应根据运动项目的特点补充足够的糖、蛋白质、维生素（维生素 B_1、维生素 B_6、维生素 C、维生素 E 等）、无机盐（钠、磷、铁等）和水等。

③ 按摩和物理疗法。按摩可改善局部或全身血液循环状况，促进代谢产物的消除，减轻肌肉的酸痛感和僵硬感，提高肌肉的收缩力，改善关节的灵活性。

消除运动性疲劳的物理疗法种类较多，训练和比赛后采用局部热敷和进行温水浴是简单易行的手段。

④ 充足的睡眠。充足的睡眠是消除疲劳、恢复体力的最好方法之一。睡眠时，大脑皮层的兴奋度降低，体内分解代谢处于最低水平，而合成代谢则相对较高，有利于体内能量的蓄积。因此，运动者每天应保证充足的睡眠时间，一般每天不少于 8～9 小时。在大运动量训练和比赛期间，睡眠时间应适当延长。

第二节　运动损伤的预防与处理

运动损伤分为闭合性损伤和开放性损伤。对于运动损伤的处理，一般分为伤前、伤中、伤后处理原则。对于急性损伤前期（24 小时以内）的处理原则是制动、止血、防肿、镇痛。可根据具体情况选用一种处理方法或几种处理方法并用。

1. 急性闭合性软组织损伤的处理方法

急性闭合性软组织损伤是运动损伤中较为常见的一类，肌肉拉伤、挫伤及韧带拉伤等都属于这类损伤。

急性闭合性软组织损伤的特点是皮肤黏膜完整。该类损伤由暴力引起，损伤部位因组织的撕裂、血管损伤等导致出血，组织液渗出，肿胀。在急性闭合性软组织损伤发生后，首先要检查有无合并伤，如腹部挫伤后是否有内脏破裂；肌肉挫伤后有无断裂，有无明显血肿；头部挫伤后有无脑震荡等。如果有，应先处理合并伤，然后处理软组织损伤。在确定没有严重的合并伤后，在急性闭合性软组织损伤后应进行制动、加压包扎、冷敷和抬高伤肢，24小时以后解除包扎，并进行局部热敷、理疗、按摩等，以改善血液循环，促进局部代谢，加速损伤部位的修复。当损伤部位基本恢复后，开始进行肌肉、韧带的伸展性练习，以及加强局部力量练习，以恢复受伤部位的肌肉力量及肌肉、韧带的柔韧性。

2. 开放性软组织损伤的处理方法

常见的开放性软组织损伤有擦伤、切伤、刺伤和撕裂伤。其特点局部皮肤或黏膜破裂，伤口与外界接触，常见组织液渗出或血液自伤口流出。其紧急处理的原则是及时止血和处理伤口，预防感染。

① 擦伤。擦伤多发生在摔倒时，对于伤口较脏的擦伤可先用生理盐水洗净伤口，然后再用酒精棉球或碘酒消毒。伤口较浅、面积较小的擦伤无须包扎。

② 切伤与刺伤。切伤与刺伤的伤口往往较深、较小。如果伤口较脏，除了进行伤口的止血、消炎、包扎外，还要注射破伤风抗菌素。

③ 撕裂伤。撕裂伤中头面部皮肤伤较多见，例如拳击运动中，眉弓被对方肘部碰撞而引起眉际皮肤撕裂等。若撕裂的伤口较小，经消毒处理后，贴上创可贴即可；若撕裂伤口较大，则须止血、缝合伤口；若伤情和污染较重，应注射破伤风抗菌素。

3. 常见运动损伤的征象、产生原因与处置

（1）挫伤

① 征象。挫伤多发生在头部、胸部、四肢，因为这些地方经常暴露在外，常会遇到碰、跌、撞、打、摔等。受伤后局部红肿、疼痛，皮肤破裂的当时就会出血，没有破裂的会出现青紫淤血。

② 产生原因。首先，运动前准备活动做得不够，肌肉关节没有得到充分活动；其次，活动时用力过猛，超过了肌肉、关节和韧带的负荷限度。

③ 处置。对挫伤应根据情况及时处理。如果皮肤出血应立即停止运动，先用酒精或碘酒将伤口消毒，用净布包扎。如果受伤部位红肿、疼痛，可先用冷水或冰进行局部冷敷，抬高受伤部位，必要时加压包扎，防止继续出血。24小时以后改用热敷，用按摩来活血、消肿、止痛。伤势减轻后再做针对性的活动，使关节、肌肉恢复功能，如做下蹲、弯腰、举腿等，可以避免伤后关节不灵活或发生肌肉萎缩。

（2）肌肉损伤

① 征象。如果是细微的肌肉损伤，则症状较轻；如果是肌纤维完全断裂，则症状较重。一般表现为伤处疼痛，局部肿胀、压痛，肌肉紧张或抽筋，伤后肌肉功能减弱或丧失。

② 产生原因。准备活动不充分，肌肉的生理机能尚未达到剧烈活动所需的状态就参加

剧烈活动；若体质较弱，运动水平不高，肌肉的弹性、伸展性和力量较差，疲劳过度也可能导致肌肉损伤。

③ 处置。肌肉损伤治疗要根据具体情况而定：少量肌纤维断裂者，应立即采取局部冷敷、加压包扎等措施，并抬高伤肢；对于肌肉大部分或完全断裂者，应在加压包扎后立即送医院进行手术缝合。

（3）关节韧带损伤

① 征象。关节韧带损伤后，一般表现为压痛、自感疼痛，轻者发生韧带部分纤维的断裂；重者韧带纤维完全断裂，引起关节半脱位或完全脱位，从而出现关节功能障碍。

② 产生原因。上肢关节以肩关节、肘关节、腕关节损伤最为常见，如掷标枪的翻肩动作错误会造成肩、肘关节扭伤；下肢关节以髋关节、膝关节、踝关节损伤较多，如从高处跳下，平衡缓冲不够，使膝、踝关节受伤；做“下桥”练习时，过分提腰造成腰椎损伤等。

③ 处置。发生关节、韧带扭伤应当在24小时内采用冷敷，必要时加压包扎，24小时后采用理疗、热敷、按摩、针灸治疗。待疼痛减轻后可增加功能性练习。对于急性腰部损伤，如果出现剧烈疼痛，切不可轻易处理，可让患者平卧，并用担架送至医院就诊。

（4）骨折

① 征象。骨折分为完全性骨折（骨完全断裂）和不完全性骨折（骨未完全断裂，如裂缝骨折），是运动中一种比较严重的损伤。其主要症状表现为肿胀和皮下淤血、功能障碍，出现畸形和假关节，并有压痛和震痛感。

② 产生原因。骨折由身体某部位受到直接或间接暴力，或肌肉强烈收缩所致。常见的骨折部位有肱骨、尺（桡）骨、手指、胫（腓）骨和肋骨等。

③ 处置。一旦出现骨折，切勿随意移动伤肢，而应先用夹板或其他代用品固定伤肢，动作要轻巧、缓慢，不要乱拉乱拽，以免造成错位，影响整复。如果是上肢骨折，可用木板托住伤肢，用绷带扎紧骨折处的上、下两端；如果是下肢骨折，先将伤腿轻轻放好，然后用宽布条或褥单将两条腿缠在一起，慢慢抬到硬板担架上，送往医院救治；如果是头部、颈部或脊椎发生骨折，运送时就更要小心，以免损伤脑神经和脊椎神经而造成肢体瘫痪。搬运时头部用枕头或衣服垫住，防止移动，固定好以后，告知患者不要扭动伤肢。送往医院时要注意做到迅速、平稳。

（5）关节脱位

① 征象。因受外力作用，关节面失去正常的连接关系，叫做关节脱位，又称脱臼。关节脱位可分为完全脱位和半脱位（或称错位）两种。

② 产生原因。运动中发生的关节脱位大都是间接外力撞击所致。如摔倒时用手撑地，引起肘关节或肩关节脱位。关节脱位后常出现畸形，与健肢相比不对称，表现为局部疼痛、压痛和关节肿胀，并失去正常活动功能，甚至发生肌肉痉挛等现象。

③ 处置。用长度和宽度相称的夹板固定伤肢。如果没有夹板，可将伤肢固定在自己的躯干或健肢上，防止振动，随后及时送医院治疗。必须指出的是，如果没有把握做整复处置，切不可随意做整复手术，以免增加伤害。

（6）脑震荡

① 征象。脑震荡是指头部受到外力打击后，管理平衡的膜半规管、椭圆囊、球囊等感应器官机能失调，引起意识和机能的暂时性障碍。

② 产生原因。例如，体育锻炼时，两人头部相撞、撞击硬物或从高处跌下时头部撞地，都可能造成脑震荡。受伤时，伤者表现为神志昏迷、脉搏徐缓、肌肉松弛、瞳孔稍大但能对

称、神经反射减弱或消失；清醒后，伤者常有头痛、头晕、恶心呕吐感，平时情绪烦躁，注意力不易集中，出现耳鸣、心悸、多汗、失眠、记忆力减退等。

③ 处置。应立即让伤者平卧，头部冷敷；若有昏迷，则指压人中穴、内关穴、合谷穴；若呼吸发生障碍，立即进行人工呼吸。完成上述处理后，若出现反复昏迷或耳鼻口出血，两瞳孔放大且不对称时，则表明病情严重，应立即送至医院救治。在运送途中，要让伤者平卧，头部固定，避免颠簸。轻微的脑震荡一般都可自愈，无须住院治疗，但要注意休息，保持情绪稳定，减少脑力劳动。

第三节 运动性疾病的预防与处置

1. 延迟性肌肉酸痛

（1）产生原因和临床表现

延迟性肌肉酸痛是运动时肌肉活动量过大引起局部肌纤维及结缔组织的细微损伤，以及部分肌纤维的痉挛所致。这种酸痛不是发生在运动结束后的即刻，而是发生在运动结束后1～2天，因此称为延迟性肌肉酸痛。由于这种酸痛现象只是局部肌纤维的细微损伤和痉挛，不影响整块肌肉的运动功能，所以，酸痛后经过肌肉内部对细微损伤的修复，肌肉组织会变得更加强壮，以后同样负荷将不易再发生酸痛。

一般在运动后的24小时之内出现肌肉僵硬、酸痛和自觉酸痛部位肿胀、压痛，多发生于双下肢主要伸、屈肌群，且肌肉远端和肌肉—肌腱移行处症状一般较重，严重者肌肉会发生疼痛，且以肌腹为主。24～48小时之内，酸痛达到高峰，之后可自行缓解，5～7天消失。

（2）预防和处置

① 预防。锻炼时，要充分做好准备活动，把握运动强度及运动负荷的递进性原则，根据自身的身体状况安排锻炼负荷，尽量避免局部肌肉负担过重。锻炼后，要对主要的工作肌肉进行推拿按摩。

② 处置。对酸痛部位进行热敷或按摩，还可配合做一些伸展练习，也可口服维生素C以缓解症状，另外针灸、电疗等也有一定作用。

2. 运动中腹痛

（1）产生原因和临床表现

运动中腹痛多数在中长跑时发生。主要因准备活动不充分，运动刚开始时便过于剧烈，内脏器官功能尚未达到运动状态，致使脏腑功能失调，引起腹痛；也有因运动前吃得过饱、饮水过多或腹部受凉，引起胃肠痉挛而出现腹痛；少数因运动时间过长或过于剧烈，使下腔静脉压力上升，引起血液回流受阻，或者因肝脾淤血，膈肌运动异常，致使两肋部胀痛而出现腹痛。

（2）预防和处置

① 预防。饭后1小时可进行运动，但要做好准备活动，运动负荷要循序渐进，并注意呼吸节奏。夏季运动要适当补充盐分。对于各种慢性疾病引起的腹痛应就医检查，病愈之前，应在医生和体育教师指导下进行锻炼。

② 处置。如果没有器质性病变迹象，一般可采用减慢跑速、加深呼吸、按摩疼痛部位或弯腰跑等方法处理，疼痛便可减轻或消失。如疼痛仍不减轻，甚至加重，就应停止运动，

并口服十滴水或溴丙胺太林（每次 1 片），或揉按内关、足三里、大肠俞等穴位。如仍不见效，应到医院做进一步检查。

3. 运动性贫血

（1）产生原因和临床表现

血液中红细胞与血红蛋白数量低于正常值，称为贫血。因运动引起的血红蛋白数量的减少，即称为运动性贫血。

其发病的主要原因有以下几个方面。

① 运动时肌肉对蛋白质和铁的需求量增加，一旦需要得不到满足，即可引起运动性贫血。

② 剧烈运动时血流加速，易引起红细胞破裂，致使红细胞从新生到衰亡之间的平衡遭到破坏，从而导致运动性贫血。

运动性贫血发病缓慢，其临床表现有头晕、恶心、呕吐、气喘、体力下降，运动后心悸、气促、脸色苍白等。

（2）预防和处置

① 预防。遵循循序渐进和个别对待原则，合理调整膳食。如运动时经常有头晕现象出现，应及时诊断医治，以利于正常参加体育锻炼。

② 处置。在运动中（后）出现头晕、无力、恶心等现象时，应适当减小运动负荷，必要时暂停运动，并补充富含蛋白质和铁的食物。口服硫酸亚铁，对缺铁性贫血的治疗有明显效果。

4. 运动性昏厥

（1）产生原因和临床表现

在运动中，因脑部突然血液供给不足而发生的暂时性知觉丧失的现象，叫做运动性昏厥。运动性昏厥产生的原因是：剧烈运动或长时间运动使大量血液积聚在下肢，回心血量减少，或者是剧烈运动后引起低血糖。

运动性昏厥表现为全身无力、头昏耳鸣、眼前发黑、面色苍白、失去知觉、突然昏倒、手足发凉、脉搏慢而弱、血压降低、呼吸缓慢等。

（2）预防和处置

① 预防。平时要经常坚持体育锻炼，以增强体质；久蹲后不要突然起立；不要带病参加剧烈运动；疾跑后不要立即停下来；不要在饥饿的情况下参加剧烈运动。

② 处置。应立即使患者平卧，脚略高于头部，并进行由小腿向大腿、心脏方向按摩或拍击，同时用手指点压人中、合谷等穴位，必要时给氨水闻嗅。如有呕吐，应将患者头偏向一侧，防止呕吐物反流或阻塞气道；如停止呼吸，应立即进行人工呼吸。轻度休克者，应由同伴搀扶慢走一段时间，帮助进行深呼吸，即可消除症状。

5. 肌肉痉挛

（1）产生原因和临床表现

体育锻炼时，肌肉因受到寒冷的强烈刺激，可能发生肌肉痉挛。一般在游泳或冬季户外锻炼时发生。准备活动不够，或肌肉猛力收缩，或收缩与放松不协调，均可发生肌肉痉挛；也存在因情绪过分紧张所导致的肌肉痉挛。

肌肉痉挛时，肌肉突然变得坚硬、疼痛难忍，且一时不易缓解。

（2）预防和处置

① 预防。运动前做好准备活动，对容易发生痉挛的部位，事先应做适当按摩。夏季进行长时间运动时要注意补充盐分；冬季锻炼时要注意保暖。游泳下水前应先用冷水淋浴；游泳时不要在水中停留过长时间。疲劳和饥饿时，不要进行剧烈运动。

② 处置。对痉挛部位的肌肉做牵引。例如，小腿三头肌痉挛时，应立即伸直膝关节，并配合按摩、揉捏、叩打，以及点压委中、承山、涌泉等穴位，以促使痉挛缓解或消失。

6. 运动中暑

（1）产生原因和临床表现

在高温环境中长时间进行体育锻炼易发生中暑，尤其在气温高，通风不良，头部缺乏保护、被烈日直接照射的情况下，最容易发病。

中暑早期表现为头晕、头痛、呕吐，随后逐步发展为体温升高，皮肤灼热干燥，严重者可出现精神恍惚、虚脱、抽搐、心律失常、血压下降，甚至出现昏迷而危及生命。

（2）预防和处置

① 预防。在高温炎热季节锻炼时，应适当减小运动负荷，避免在烈日下长时间锻炼；夏天在室外锻炼时，应戴白色帽子，穿宽松薄衣；在室内锻炼时，应保持通风，并备有低糖含盐的饮料。

② 处置。先将患者扶送到阴凉通风处休息，同时采取降温消暑手段，如解开衣领、额部冷敷、头部降温，喝些清凉饮料、十滴水，并补充生理盐水或葡萄糖等。对于严重患者，经临时处理后，应迅速送医院做进一步治疗。

7. 低血糖症

正常人的血糖维持在一定的水平（0.8～1.2 克/升）。当血糖低于 0.5～0.6 克/升时，机体会出现一系列症状，称为低血糖症。

运动时肌肉收缩要消耗能量，而能量主要来源于体内糖的氧化，因而运动过程伴随着体内糖的消耗。长时间剧烈运动时，葡萄糖大量消耗可产生低血糖症，此病多发生于长跑、超长跑、长距离滑冰（雪），以及自行车等运动比赛过程中或结束后。

（1）产生原因和临床表现

运动中发生低血糖症，主要是由于长时间剧烈运动时体内血糖大量消耗，大脑皮质调节糖代谢的机制紊乱所引起。赛前饥饿、情绪过分紧张或身体有病等原因都会诱发此症。

患者会感到非常饥饿。极度疲乏，并伴有头晕、心跳、面色苍白、出冷汗等症状。较重者可出现神志模糊、语言不清、四肢发抖、心律不齐或精神错乱（如赛跑者返身向相反方向跑），甚至出现惊厥、昏迷等症状。检查时，脉搏快而弱，血压或无明显变化或昏倒前升高而昏倒后降低，呼吸短促，瞳孔扩大。若验血，则血糖明显降低（0.5 克/升以下）。

（2）预防和处置

① 预防。平时没有锻炼基础或患病未愈或空腹饥饿时，不要参加长时间的剧烈运动（如万米跑、马拉松赛跑、长距离滑冰等）。若举行马拉松赛跑时，途中应准备一些含糖的饮料，供运动员饮用。

② 处置。使患者平卧，注意保暖。神志清醒者可给其饮用浓糖水或姜糖水，并吃少量食物，一般短时间后即可恢复。若昏迷，可针刺或用指掐点人中、百会、涌泉、合谷等穴

位，并迅速请医生处理。这时若能静脉注射50%葡萄糖溶液50～100毫升，可提高血糖浓度，使病情迅速好转。

第四节　运动处方

1. 运动处方的概念

运动处方是指医师针对个人的身体状况，采用处方的形式规定健身者锻炼的内容和运动量的方法。其特点是因人而异、对“症”下药。20世纪50年代，美国生理学家卡波维奇提出了运动处方的概念；1960年，日本的猪饲道夫教授最先使用了“运动处方”这一术语；直到1969年，世界卫生组织才开始采用并在国际上得到确认。德国Hollmann研究所从1954年起对运动处方的理论和实践进行研究，制定出健康人、运动员、中老年人、肥胖病人等的各类运动处方，社会效果显著。

1971年，日本成立了以猪饲道夫教授为主的运动处方研究会，并于1975年制定出各个年龄组的运动处方方案，出版了《日本健身运动处方》一书，指导大众健身。我国用运动处方辅助治疗冠心病、肥胖病等有不少临床报道，也翻译了一些国外运动处方专著；在医学、体育等院校的教材中，运动处方已列入基本内容；在普及运动处方知识方面，做了大量工作。

2. 运动处方的实施阶段

确定运动处方的构成要素后，可以对以下三个运动阶段进行设计。

第一阶段：热身运动。每次运动前都应有一段热身活动，时间一般为5～6分钟。热身使体内温度升高，血流量和肺呼吸量增加，全身肌肉充分伸展，以便使身体适应即将开始的激烈运动，防止运动损伤和肌肉酸痛现象的发生。

第二阶段：主要运动。确定运动的负荷强度和运动持续时间是关键。

第三阶段：整理活动。整理阶段与运动阶段实际上是连贯的，即在激烈运动后以强度较低的方式继续活动一段时间，如跑步后转入步行，做一些伸展练习等。该阶段约需10分钟，使人体有大于安静状态时的摄氧量，以补充运动时体内消耗的氧，使呼吸和心跳逐渐恢复正常，使积累在四肢的血液加快回流到心脏，以免因大脑缺血而出现头昏、晕厥。

3. 制定运动处方的基本原则

在制定运动处方时应遵循下列基本原则。

① 运动处方个体化。由于每个人的身体条件千差万别，不可能有放之四海皆准的处方。即便可能，每个人的身体或客观条件也在经常变化，严格地说，上周的处方本周就不一定适合。所以，必须根据每个人的具体情况，因人而异，个别对待。

② 运动处方要不断调整。对于初定的处方，在实行过程中要进行一次或多次的微调，使之逐渐符合自己的实际情况。一个安全、有效、愉快的运动处方不是别人给予的，而是自己制定的。各种书刊上介绍的运动处方只是制定自己运动处方的参考。

③ 要以耐力为基础。在制定运动处方时，体力的差别比性别和年龄的差别更为重要，以体力（全身耐力）情况为基础制定的运动处方才是最适宜的。

④ 保持安全界限和有效界限。为了提高全身耐力水平，运动必须达到改善心血管和呼

吸功能的有效强度，这就是靶心率范围。如果运动量超过这个上限，就可能有危险，此运动强度或运动量界限被称为安全界限，而达到这个最低效果的下限被称为有效界限。安全界限和有效界限之间，就是运动处方安全而有效的范围。

4. 运动处方的组成

1）健康检查。通过了解锻炼者的一般身体发育、伤病情况和健康状况，确定是否是健身运动的适应者，有无禁忌证等。

2）运动负荷测定。运动负荷测定是指检测和评定锻炼者对运动负荷的承受能力。以心肺功能为主，进行安静和运动状态下的生理功能检测，主要有心率、血压和肺活量等指标。

3）体能测定。体能测定是指进行力量、耐力、速度和灵敏度的身体素质检测，从中判定锻炼者的运动能力和生理机能的状况。

4）制定运动处方。

① 运动目的：运动目的是指通过有目的的锻炼达到预期的效果；由于个人的情况千差万别，制定运动处方的目的有健身、娱乐、减肥和治疗等多种类型。

② 运动项目：在运动处方中，为锻炼者提供最合适的运动项目关系到锻炼的有效性和持久性；选择运动项目，要考虑运动的目的、运动条件（如场地器材、余暇时间、气候等），还要结合体育兴趣、爱好等。

③ 运动强度：运动强度是运动时的剧烈程度，是衡量运动量的重要指标之一，可用每分钟的心率次数来表示大小。一般认为，学生心率120次/分钟以下为小强度，120～150次/分钟为中强度，150次/分钟以上为大强度。测量运动强度的简单办法是：测量运动后10秒脉搏乘以6，就是1分钟的运动强度。

适宜运动强度范围，可用靶心率来控制。以本人最高心率的70%～85%的强度作为标准。其计算公式为

靶心率＝(最大心率－安静时心率)×(0.6～0.8)＋安静时心率

最适宜运动心率。其计算公式为

最大心率＝220－年龄

心率储备＝最大心率－安静心率

最适宜运动心率＝心率储备×75%＋安静心率

④ 运动时间：运动时间是指一次锻炼的持续时间，它与运动强度紧密相关，强度大，时间应稍短；强度小，时间应稍长；有氧锻炼一般在30分钟左右就可以达到较好的效果。

⑤ 运动频度：运动频度指每周的锻炼次数，关于运动频度，日本科学家研究表明：一周运动1次，肌肉酸痛和疲劳每次发生，运动后1～3天身体不适，运动效果不蓄积；一周运动2次，酸痛和疲劳减轻，效果有点蓄积，但不明显；一周运动3次，无酸痛和疲劳，效果蓄积明显；一周运动4～5次，运动效果更加明显。可见，一周运动3次以上较为适宜。

5）效果检查。由于个人情况千差万别，在运动处方实施的过程中，可能会有不合适的地方，应在实践中及时检查和修正，以保证锻炼的效果。

5. 大学生运动处方示例（减肥）

姓名：×××	性别：女	年龄：20岁	职业：学生
体育爱好：乒乓球	健康检查：良好	身高：1.53米	体重：60千克

体质中度超重。

病史：无。

运动负荷测定：台阶试验，安静脉搏 80 次/分钟，血压 75/115 毫米汞柱，肺活量 2800 毫升。

体能测定：力量，仰卧起坐 25 个/分钟；耐力，800 米跑 5 分 30 秒。

体质评定：健康状况一般；体重过重，心肺功能差。

运动目的：减肥和健身。

运动项目：乒乓球、健身跑、健美操等。

运动强度：由小逐渐加大，心率在靶心率范围，即 140～170 次/分钟。

运动时间：12 周（减少体重 3～5 千克），每次 30～60 分钟。

运动频度：4～5 次/周。

第三章 大学生体质健康测评

随着社会的进步和生活水平的提高，青少年的体质健康却出现了下降趋势。为了正确认识自身的体质健康状况，以便通过体育运动等各种手段进一步提高自身的体质健康水平，采用科学的体质健康评测体系，定期进行体质健康测评是十分必要的。

2014 年 7 月 7 日，教育部、国家体育总局在认真总结旧版《国家学生体质健康标准》的基础上，经过修改和完善，重新颁布了《国家学生体质健康标准（2014 年修订）》（教体艺［2014］3 号，以下简称“新《标准》”）。新《标准》是测量学生体质健康状况和锻炼效果的评价标准，适用于所有普通高校的在校学生。

第一节 评价指标与分值

新《标准》从身体形态、身体机能和身体素质等方面综合评定学生的体质健康水平，是促进学生体质健康发展、激励学生积极进行身体锻炼的教育手段，是国家学生发展核心素养体系和学业质量标准的重要组成部分，是学生体质健康的个体评价标准。

新《标准》的学年总分由标准分与附加分之和构成，满分为 120 分。标准分由各单项指标得分（见附录）与权重（见表 3-1）乘积之和组成，满分为 100 分。附加分根据实测成绩确定，即对成绩超过 100 分的加分指标进行加分，满分为 20 分；大学的加分指标为男生引体向上和 1000 米跑，女生 1 分钟仰卧起坐和 800 米跑，各指标加分幅度均为 10 分。

表 3-1 单项指标与权重

测试对象	单项指标	权重/%
大学各年级	体重指数(BMI)	15
	肺活量	15
	50 米跑	20
	坐位体前屈	10
	立定跳远	10
	引体向上(男)/1 分钟仰卧起坐(女)	10
	1000 米跑(男)/800 米跑(女)	20

注：体重指数（BMI）=体重（千克）/身高^2（米^2）。

根据学生学年总分评定等级：90.0 分及以上为优秀，80.0～89.9 分为良好，60.0～79.9 分为及格，59.9 分及以下为不及格。学生毕业时的成绩和等级，按毕业当年学年总分的 50％与其他学年总分平均得分的 50％之和进行评定。

学生测试成绩评定达到良好及以上者，方可参加评优与评奖；成绩达到优秀者，方可获体育奖学分。测试成绩评定不及格者，在本学年度准予补测一次，补测仍不及格，则学年成绩评定为不及格。普通高等学校学生毕业时，新《标准》测试的成绩达不到 50 分者按结业或肄业处理。

学生因病或残疾可向学校提交暂缓或免予执行新《标准》的申请，经医疗单位证明，体育教学部门核准，可暂缓或免予执行新《标准》，并填写《免予执行〈国家学生体质健康标准〉申请表》，存入学生档案。确实丧失运动能力、被免予执行新《标准》的残疾学生，仍可参加评优与评奖，毕业时新《标准》成绩需注明免测。

第二节　学生体质健康测试项目要求

1. 身高

（1）测试目的

测试学生身高，与体重测试相配合，评定学生的身体匀称度，评价学生生长发育的水平及营养状况。

（2）场地器材

身高测量计。使用前应校对 0 点，以钢尺测量基准板平面至立柱前面红色刻线的高度是否为 10.0 厘米，误差不得大于 0.1 厘米。同时应检查立柱是否垂直，连接处是否紧密，有无晃动，零件有无松脱等情况并及时加以纠正。

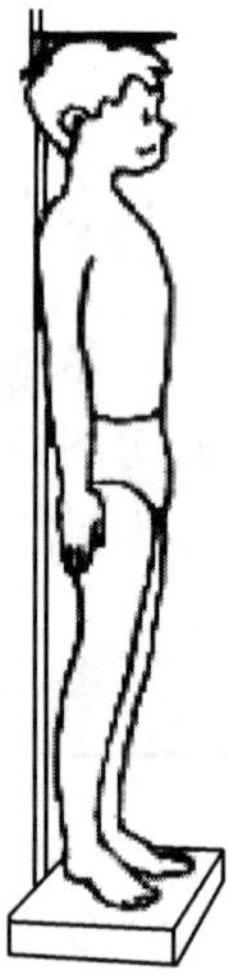
图 3-1　身高测试示意图

（3）测试方法

受试者赤足，立正姿势站在身高计的底板上（上肢自然下垂，足跟并拢，足尖分开成 60°角）。足跟、骶骨部及两肩胛区与立柱相接触，躯干自然挺直，头部正直，耳屏上缘与眼眶下缘呈水平位（见图 3-1）。测试人员站在受试者右侧，将水平压板轻轻沿立柱下滑，轻压于受试者头顶。测试人员读数时双眼应与压板水平面等高进行读数，记录员复述后进行记录。以厘米为单位，精确到小数点后一位。测试误差不得超过 0.5 厘米。

（4）注意事项

① 身高计应选择平坦靠墙的地方放置，立柱的刻度尺应面向光源。

② 严格掌握“三点靠立柱”、“两点呈水平”的测量姿势要求，测试人员读数时两眼一定与压板等高，两眼高于压板时要下蹲，低于压板时应垫高。

③ 水平压板与头部接触时，松紧要适度，头发蓬松者要压实，头顶的发辫、发结要放开，饰物要取下。

④ 读数完毕，立即将水平压板轻轻推向安全高度，以防碰坏。

⑤ 测量身高前，受试者应避免进行剧烈体育活动和体力劳动。

2. 体重

（1）测试目的

测试学生的体重，与身高测试相配合，评定学生的身体匀称度，评价学生生长发育的水平及营养状况。

（2）场地器材

杠杆秤或电子体重计。使用前需检验其准确度和灵敏度。准确度要求误差不超过0.1%，即每100千克误差小于0.1千克。检验方法是：以备用的10千克、20千克、30千克标准砝码（或用等重标定重物代替）分别进行称量，检查指标读数与标准砝码误差是否在允许范围。灵敏度的检验方法是：置100克重砝码，观察刻度尺变化，如果刻度抬高了3毫米或游标向远移动0.1千克而刻度尺维持水平位时，则达到要求。

（3）测试方法

测试时，杠杆秤应放在平坦地面上，调整0点至刻度尺水平位。受试者赤足，男性受试者身着短裤；女性受试者身着短裤、短袖衫，站在秤台中央（图3-2）。测试人员放置适当砝码并移动游标至刻度尺平衡。读数以千克为单位，精确到小数点后一位。记录员复诵后将读数记录。测试误差不超过0.1千克。

（4）注意事项

① 测量体重前受试者不得进行剧烈体育活动或体力劳动。

② 受试者站在秤台中央，上下杠杆秤动作要轻。

③ 每次使用杠杆秤时均需校正。测试人员每次读数前都应校对砝码标重以避免差错。

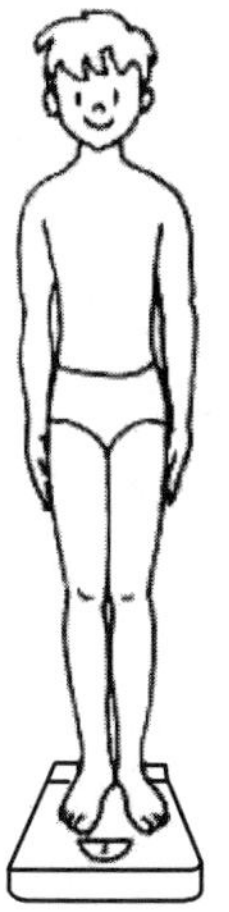

图3-2　体重测试示意图

3. 肺活量

（1）测试目的

测试学生的肺通气功能。

（2）场地器材

电子肺活量计。

（3）测试方法

房间通风良好；使用干燥的一次性口嘴（非一次性口嘴，则每换一次测试对象需消毒一次，每测一人后从口嘴下倒出唾液并注意消毒后必须使其干燥）。电子肺活量计主机放置平稳桌面上，检查电源线及接口是否牢固，按工作键液晶屏显示“0”即表示机器进入工作状态，预热5分钟后测试为佳。

首先告知受试者不必紧张，并且要尽全力，以中等速度和力度吹气效果最好。令受试者面对仪器站立、手持吹气口嘴，面对电子肺活量计站立试吹1至2次，首先看仪表有无反应，还要试口嘴或鼻处是否漏气，调整口嘴和用鼻夹（或自己捏鼻孔）；学会深吸气（避免耸肩提气，应该像闻花似地慢吸气）。受试者进行一两次较平日深一些的呼吸动作后，更深地吸一口气，屏住气向口嘴处慢慢呼出至不能再呼为止，防止此时从口嘴处吸气，测试中不得中途二次吸气（见图3-3）。吹气完毕后，液晶屏上最终显示的数字即为肺活量毫升值。每位受试者测三次，每次间隔15秒，记录三次数值，选取最大值作为测试结果。以毫升为单位，不保留小数。

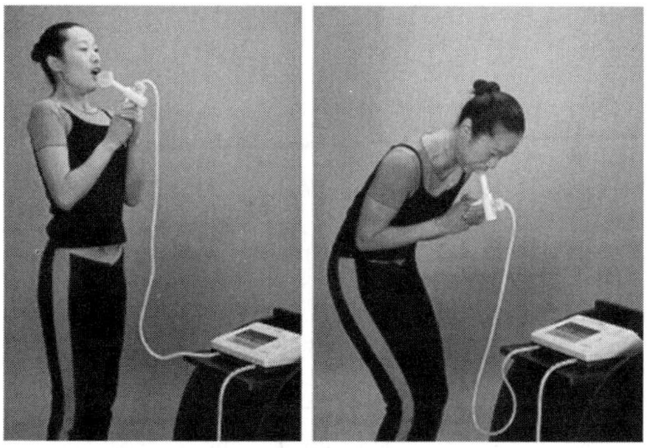

图3-3　电子肺活量计测试示意图

（4）注意事项

① 电子肺活量计的计量部位的通畅和干燥是仪器准确的关键，吹气筒的导管必须在上方，以免口水或杂物堵住气道。

② 每测试 10 人及测试完毕后用干棉球及时清理和擦干气筒内部。严禁用水、酒精等任何液体冲洗气筒内部。

③ 导气管存放时不能弯折。

④ 定期校对仪器。

4. 50 米跑

(1) 测试目的

测试学生速度、灵敏素质及神经系统灵活性的发展水平。

(2) 场地器材

50 米直线跑道若干条，地面平坦，地质不限，跑道线要清楚。发令旗一面，口哨一个，秒表若干块（一道一表）。秒表使用前，应用标准秒表校正，每分钟误差不得超过 0.2 秒。标准秒表选定，以北京时间为准，每小时误差不超过 0.3 秒。

(3) 测试方法

受试者至少两人一组测试。站立起跑，受试者听到“跑”的口令后开始起跑。发令员在发出口令同时要摆动发令旗。计时员视旗动开表计时，受试者躯干部到达终点线的垂直面停表。以秒为单位记录测试成绩，精确到小数点后一位，小数点后第二位数按非零进一原则进位，如 10.11 秒读成 10.2 秒记录之。

(4) 注意事项

① 受试者测试最好穿运动鞋或平底布鞋，赤足亦可。但不得穿钉鞋、皮鞋、塑料凉鞋。

② 发现有抢跑者，要当即召回重跑。

③ 如遇风时一律顺风跑。

5. 坐位体前屈

(1) 测试目的

测量学生在静止状态下的躯干、腰、髋等关节可能达到的活动幅度，主要反映这些部位的关节、韧带和肌肉的伸展性和弹性及学生身体柔韧素质的发展水平。

(2) 场地器材

坐位体前屈测试计。

(3) 测试方法

受试者两腿伸直，两脚平蹬测试纵板坐在平地上，两脚分开约 10～15 厘米，上体前屈，两臂向前伸直，用两手中指尖逐渐向前推动游标，直到不能前推为止（图 3-4）。测试计的脚蹬纵板内沿平面为 0 点，向内为负值，向前为正值。记录以厘米为单位，保留一位小数。测试两次，取最好成绩。

图 3-4　坐位体前屈测试示意图

(4) 注意事项

① 身体前屈，两臂向前推游标时两腿不能弯曲。

② 受试者应匀速向前推动游标，不得突然发力。

6. 立定跳远

（1）测试目的

测试学生下肢爆发力及身体协调能力的发展水平。

（2）场地器材

沙坑、丈量尺。沙面应与地面平齐，如无沙坑，可在土质松软的平地上进行。起跳线至沙坑近端不得少于30厘米。起跳地面要平坦，不得有坑凹。

（3）测试方法

受试者两脚自然分开站立，站在起跳线后，脚尖不得踩线（最好用线绳做起跳线）。两脚原地同时起跳，不得有垫步或连跳动作。丈量起跳线后缘至最近着地点后缘垂直距离。每人试跳三次，记录其中成绩最好一次。以厘米为单位，不计小数。

（4）注意事项

① 发现犯规时，此次成绩无效。三次试跳均无成绩者，应允许再跳，直至取得成绩为止。

② 可以赤足，但不得穿钉鞋、皮鞋、塑料凉鞋参加测试。

7. 引体向上

（1）测试目的

测试男学生的上肢肌肉力量的发展水平。

（2）场地器材

高单杠或高横杠，杠粗以手能握住为准。

（3）测试方法

受试者跳起双手正握杠，两手与肩同宽成直臂悬垂。静止后，两臂同时用力引体（身体不能有附加动作），上拉到下颌超过横杠上缘为完成一次（见图3-5）。记录引体次数。

（4）注意事项

① 受试者应双手正握单杠，待身体静止后开始测试。

② 引体向上时，身体不得做大的摆动，也不得借助其他附加动作撑起。

③ 两次引体向上的间隔时间超过10秒停止测试。

图3-5　引体向上测试示意图

8. 仰卧起坐

（1）测试目的

测试女学生的腹肌耐力。

（2）场地器材

垫子若干块（或代用品）、铺放平坦，秒表一块。

（3）测试方法

受试者仰卧于垫上，两腿稍分开，屈膝呈90°角左右，两手指交叉贴于脑后。另一同伴压住其踝关节，以固定下肢。受试者坐起时两肘触及或超过双膝为完成一次（见图3-6）。仰卧时两肩胛必须触垫。测试人员发出“开始”口令的同时开表计时，记录1分钟内完成次数。1分钟到时，受试者虽已坐起但肘关节未达到双膝者不计该次数，精确到个位。

图 3-6　仰卧起坐测试示意图

（4）注意事项

① 如发现受试者借用肘部撑垫或臀部起落的力量起坐时，该次不计数。

② 测试过程中，观测人员应向受试者报数。

③ 受试者双脚必须放于垫上。

9. 800 米或 1000 米跑

（1）测试目的

测试学生耐力素质的发展水平，特别是心血管呼吸系统的机能及肌肉耐力。

（2）场地器材

400 米、300 米、200 米田径场跑道，地质不限。也可使用其他不规则场地，但必须丈量准确，地面平坦。发令旗一面，口令哨一个，秒表若干块，使用前需要校正，要求同 50 米跑测试。

（3）测试方法

受试者至少两人一组进行测试，站立式起跑。当听到“跑”的口令后开始起跑。计时员看到旗动开表计时，当受试者的躯干部到达终点线垂直面时停表。以分、秒为单位记录测试成绩，不计小数。

（4）注意事项

① 如果在非 800 米或 1000 米标准场地上进行测试，测试人员应向受试者报告剩余圈数，以免跑错距离。

② 受试者跑完后应缓慢走动，不要立刻坐下休息，以免发生意外。

③ 对分、秒进行换算时应细心，防止差错。

④ 其他事项同 50 米跑。

第四章 体育欣赏

第一节 体育欣赏的价值

1. 运动之美

运动之美包含的内容很多，如强壮的体格、潇洒的动作、精妙的配合、高尚的情操、超强的毅力、鲜明的个性、优雅的风度等。具体如乔丹的飞人动作、马拉多纳的过人技巧、刘翔的跨栏、姚明的转身勾手投篮等。

2. 运动美的风格与特色

目前，世界上比较流行的运动项目多达百余种，而且它们的风格与特色又截然不同。激烈的如拳击、摔跤、柔道，平静的如围棋、国际象棋、桥牌，壮观的如滑雪、滑冰、冲浪，优美的如体操、跳水、花样滑冰、花样游泳、健美等。豪放、婉约、阳刚、阴柔……不管哪一种运动项目，都有着它特有的审美价值。在运动领域里，美的事物层出不穷，美的现象也是变化万千。正因为如此，才使现代体育运动具有无限的艺术魅力。

例如，当古希腊奥运会的选手们赤身裸体走进竞技场时，人类突然发现自己的躯体是上帝的造化，是最美的客体。《掷铁饼者》这尊被誉为"体育运动之神"的雕像，取材于古希腊现实生活中的体育竞技活动，刻画的是一名强健的男子在掷铁饼过程中最具表现力的瞬间。雕像选择铁饼摆回到最低点、即将抛出的一刹那，有着强烈的"引而不发"的吸引力。

第二节 体育欣赏的意义

1. 丰富生活，陶冶情操

随着社会的进步和人类文化的发展，现代人把观赏运动竞赛作为社会文化生活中一个很重要的内容。运动竞赛以自己独特的魅力，吸引着成千上万的人们去关心它、观赏它。因为在现实生活中，人们追求的是完美的、高节奏的生活。而运动竞赛通过速度、力量和耐力的激烈竞争，呈现出各种形式的人体美和运动美，迎合了现代人生活的要求和愿望，满足了人们对美的追求，使现代人的心理得以调节。

通过观赏运动竞赛，观众不仅可以欣赏到运动员健康、强壮、匀称、优美的身姿，而且可以观赏到运动员所展现出来的准确、干净、利落、新颖、洒脱的动作造型，给人以愉悦的享受。特别是在紧张激烈的竞赛中，运动员所表现出的高超技术更能令人心旷神怡，就像美妙的音乐将观众引入美的境界，陶冶了情操、净化了心灵，同时还激励着观众去热爱体育、追求美好生活。

2. 振奋民族精神，激发爱国热情

通过观赏比赛，可以强化集体观念，激发爱国主义热情，振奋民族精神。任何运动竞赛都是通过个人或集体发挥体能、技能、心理、智慧等方面的潜力而进行的比赛。参赛者都具有一定社会群体的代表性。他们在赛场上，一要实现自我的价值，二要为所属的群体争取荣誉。而观赏者往往又与运动员有着千丝万缕的社会关系，不是同一学校或单位，就是同一地区、民族或国家。因此，运动竞赛的成败、胜负荣辱都与观赏者息息相关。

在一些重大的国际赛事上，若是参赛队与本民族、本国的关系密切，其竞赛级别越高、场次越关键，观赏者的心理越受胜负的牵制、情感就越发激昂。特别是当本民族或本国运动员获胜，升国旗、奏国歌时，观赏者会同运动员一样情不自禁地热泪盈眶，激动不已，把本国运动员的胜利视为自己民族或自己国家的荣耀，从而产生强烈的民族自豪感。回顾过去，中国亿万人民多次为乒乓球队夺得世界冠军而奔走相告，为女排荣获“五连冠”欢呼雀跃。特别是在美国洛杉矶举办的第23届奥运会上，中国体育健儿获得15枚金牌，实现了奥运金牌“零”的突破，洗尽了“东亚病夫”的耻辱，赢得了“东方巨人”的美称，全国人民无不为之欢欣鼓舞，激发了“团结起来，振兴中华”的热情；同时，也感染了海外侨胞，他们把祖国体育健儿夺得金牌，看成是中华民族的光荣、炎黄子孙的骄傲。

3. 启迪和激励体育意识

体育意识是人们对于体育的现象及其功能、作用的认识和反映。其具体包括：健康意识、真实意识、创新意识、拼搏意识、道德意识、法治意识和竞争意识。

第三节　体育欣赏内容的选择

当人们赞美人类的形体之美时，竞技运动中的美，就这样不断地被人类挖掘与创造出来。在体育运动中，观赏美的事物主要包括以下几个方面。

① 欣赏身体美。其具体包括：健康美、强壮美、体态美、体形美、素质美和风度美。

② 欣赏运动美。其具体包括：技术美、战术美、意志美、智慧美和风格美。

③ 观赏运动环境美。其具体包括：运动服装美和体育建筑美。

从总体上，体育运动能使人的身体变得匀称与健美，但有的运动项目则由于运动需要，运动员身体某些部位变得相对突出，看起来整个身体不够匀称，像举重、铅球、相扑等项目的运动员。

身体线条是指人身体的外部轮廓。根据人们的一般审美经验，男性的魅力在于阳刚之气，其体态线条多平直挺拔，有棱角，显示出一种刚劲有力、粗犷豪放之美。如足球运动员罗伯特·巴乔，脸上几乎没有一点多余的肉，腿上每块肌肉的走向都看得一清二楚，可谓男子汉气十足。

技能篇

第五章
田径

第一节　田径概述

1. 田径的含义

最早的田径比赛，是公元前776年在古希腊奥林匹克村举行的第1届古代奥运会上进行的，项目只有一个——短距离赛跑，跑道为一条直道，长192.27米。直到前708年的第10届奥运会，才正式列入了跳远、铁饼、标枪等田赛项目。当时只准男子参加，女子连观看也不行，违者处以死刑。

1894年，在英国举行了最早的现代田径运动国际比赛，比赛共分9个项目。真正的大型国际比赛是1896年开始举办的第1届现代奥运会。它沿用古代奥运会每隔4年举行一次的制度，每届奥运会上，田径运动都是主要的比赛项目之一。从1928年第9届奥运会起，才增设了女子田径项目。此后，女子便参加了田径项目的比赛。

至今，田径运动仍然是体育比赛中观赏性极强的运动之一。

田径是世界上最为普及的体育运动之一，也是历史最悠久的运动项目。田径、游泳和水上项目被视为奥运金牌三大项目。

田径运动是人类长期社会实践发展起来的，包括男女竞走、跑跃、投掷在内的40多个单项，以及由跑跳、跳跃、投掷部分项目组成的全能运动。以时间计算成绩的竞走和跑的项目，叫“径赛”。以高度和远度计算成绩的跳跃、投掷项目叫“田赛”，田径运动是径赛、田赛和全能比赛的全称。

2. 北京奥运会田径项目设置

2008年北京奥运会田径项目共47个单项，其中男子24项，女子23项。

① 男子：100米跑、200米跑、400米跑、800米跑、1500米跑、5000米跑、10000米跑、马拉松、3000米障碍跑、110米跨栏跑、400米跨栏跑、跳高、撑竿跳高、跳远、三级跳远、铅球、铁饼、链球、标枪、十项全能、20公里竞走、50公里竞走、4×100米接力跑、4×400米接力跑。

② 女子：100米跑、200米跑、400米跑、800米跑、1500米跑、5000米跑、10000米跑、马拉松、3000米障碍、100米跨栏跑、400米跨栏跑、跳高、撑竿跳高、跳远、三级跳远、铅球、铁饼、链球、标枪、七项全能、20公里竞走、4×100米接力跑、4×400米接力跑。

第二节 跑

田径运动中的跑，包括短距离跑、中距离跑、长距离跑、跨栏跑、接力跑、障碍跑、马拉松。虽然各种跑都有其自身的特点，但它们的技术基本原理都是一样的。了解和掌握跑的基本规律，对改进跑的技术和提高成绩具有很大作用。

1. 跑的概念和时期、阶段的划分

跑是人体水平位移的一种基本运动形式，是单脚支撑与腾空相交替、蹬与摆相配合的周期性运动。

跑步中的一个周期是由一个复步（即两个单步）构成的，所以跑步的一个周期包括两个支撑时期和两个腾空时期。支撑时期从脚着地时起到脚离地时止；腾空时期从脚离地时起到另一脚着地时止。

在跑的一个周期中，每条腿的动作是连贯不能分开的。但是，为了便于分析动作，通常以身体重心是否处于支撑点的垂直上方（即垂直支撑）为参照，以下肢（一条腿）整个动用过程的不同位置和状态来划分跑的动作阶段。将支撑时期分为前支撑和后蹬两个阶段，将腿的摆动过程分为后摆和前摆两个阶段（见图 5-1）。

跑的一个周期						
	支撑时期		腾空时间	支撑时期		腾空时间
左腿	前支撑	后蹬		后摆	前摆	
右腿	后摆	前摆		前支撑	后蹬	

图 5-1 跑的时期、阶段划分

① 前支撑阶段（又称着地缓冲阶段）：从脚着地起到身体重心移到支撑点的垂直上方为止。

② 后蹬阶段：从身体重心移过支撑点的垂直上方起到脚蹬离地面为止。

③ 后摆阶段：从脚蹬离地面起到大腿摆至垂直于地面为止。

④ 前摆阶段：从后摆结束到脚着地为止。

按照全程跑技术的特点，通常将全程跑划分为起跑、起跑后的加速跑、途中跑、终点跑 4 个阶段。其中，途中跑的段落最长，对跑的成绩影响也最大。虽然全程跑 4 个不同阶段中，腿部支撑和摆动技术在细节上有所变化，但研究跑的技术原理，通常以研究途中跑为重点。

2. 决定跑速的因素

决定跑速的因素主要是步长和步频。步长是指两脚着地点之间的距离，步频是指单位时间内跑的步数。两者的乘积就是跑的速度（跑速＝步长×步频）。因此，无论是改变步频或步长，还是两者同时改变，都将对跑速产生影响。如果保持步长不变提高步频或保持步频不变而加大步长，都提高跑速。但在实践中，过分加大步长会因完成每一单步的时间延长而降低步频，而过分加快步频也会因每一单步的用力效果受到影响而减小步长。因此，只有了解影响步长和步频的各种因素及两者关系，使两者合理搭配，才能达到提高跑速的效果。

步长是由后蹬距离、腾空距离和着地缓冲距离 3 部分组成（见图 5-2）。后蹬距离是后蹬阶段身体重心向前移动的水平距离，它取决于身体条件（如腿长和髋关节灵活性等）、后蹬角度和后蹬腿伸展的程度等因素。腾空距离是腾空阶段身体重心向前移动的水平距离，它取决于腾空时的初速度、腾起角度和空气作用力等因素，主要是受后蹬阶段的效果所制约。着地缓冲距离是脚着地的一瞬间身体重心投影点到着地点间的水平距离，它取决于腿长、着地角度和脚着地的时机等因素。由于着地缓冲阶段的支撑点位置在身体重心投影点之前，支撑反作用力的水平分力向后（与跑进方向相反），因此，加大步长不应追求这一段距离，当摆动腿前摆至最大幅度时，随即便应做积极的下落着地和缓冲动作，这不仅可以使身体重心尽快通过支撑点垂直上方而转入后蹬，还可有效地增大并拉长支撑腿肌肉在后蹬用力前的紧张度与初长度，从而加强后蹬的用力效果。

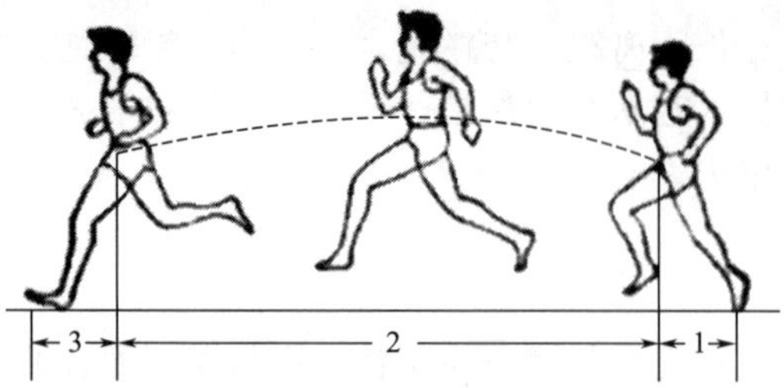

图 5-2　步长的组成

1—后蹬距离；2—腾空距离；3—着地缓冲距离

要通过增加步长来提高跑的速度，就必须提高后蹬和摆动效果。要提高后蹬的效果，就必须做到后蹬的力量要大、速度要快、动作要充分，同时要掌握好后蹬的方向和适宜的后蹬角度。

后蹬力是向前跑进的主要动力。由于后蹬动作是以髋、膝、踝三关节依次伸展的形式完成的，所以，当其他条件相同时，蹬地的力量越大，蹬伸动作完成得越快、越充分，身体获得向前的加速度也越大。

后蹬的方向和角度对提高后蹬效果和保证跑的直线性有重要的作用。后蹬的方向正确，后蹬的角度适宜，不仅能获得更大的与跑进方向一致的支撑反作用力，还能更好地保证跑的直线性，从而提高跑的经济性和实效性。

每跑一步，必然是一腿向后蹬地，另一腿向前摆动，两腿动作是密切配合的。摆动腿正确地前摆不仅为后蹬动作的完成创造良好条件，而且摆动的力量、方向、速度和幅度还会在惯性作用下，直接影响后蹬的效果。同时，正确的前摆动作本身还为着地缓冲打下了良好的基础。所以，对摆动腿前摆的要求是方向要正、速度要快，并通过积极“送髋”加大前摆的力量和幅度。后摆阶段要在腿部运动的惯性作用下通过膝关节放松使大、小腿充分折叠，以达到缩小摆动半径、加快摆动速度的目的。

步频取决于完成每一步的时间，这一段时间可以分为支撑时间和腾空时间。支撑时间是完成步长中着地缓冲距离和后蹬距离所花费的时间，与着地缓冲技术和后蹬动作的完成速度等因素有关。腾空时间是完成步长中腾空距离所用的时间，它与腾起的初速度、腾起角度和空气作用力等因素有关。

提高步频需要缩短每一步中的腾空时间和支撑时间。缩短腾空时间，应在可能的范围内尽量减小后蹬角度，加大后蹬时的水平分力，减小垂直分力，从而降低跑动时身体重心的腾起高度。同时，还应通过减小摆动半径、加快摆动速度来缩短摆动腿前摆至最高时间。因为充分摆动所需时间越短，就为进一步减小后蹬角度、减小后蹬的垂直分力、加大后蹬的水平分力、缩短腾空时间创造了必要的条件。缩短支撑时间主要是缩短着地缓冲时间。在腾空阶段后期，摆动腿积极下压动作能为缩短着地缓冲时间创造良好的条件。除此而外，用前脚向前摆动，这些动作都能加快身体重心的前移速度，达到缩短着地缓冲时间的效果。

步长和步频还与上体姿势和两臂摆动动作有关。正确的上体姿势能为蹬地和摆动创造良好的条件。跑动时，头部和上体应保持比较正直和相对稳定的姿势。两臂的摆动不仅能维持身体平衡，而且能加强下肢动作效果。由于摆臂的力量、速度、方向和幅度对步长、步频和跑的直线性等都有重要影响，因此，摆臂时要以肩为轴，注意加大摆臂的力量，加快摆臂的速度，掌握好摆臂的方向和适宜的动作幅度。整个摆臂动作应自然、放松，并与下肢动作协调配合。

步长和步频的相互关系是因人而异、各不相同的，因为它受每个人的身体形态和身体素质等多种因素影响。在实践中，根据个人的特点，合理搭配和调整好步长与步频的比例关系，是提高跑速的有效途径。图 5-3 是影响跑速的各种因素示意图。

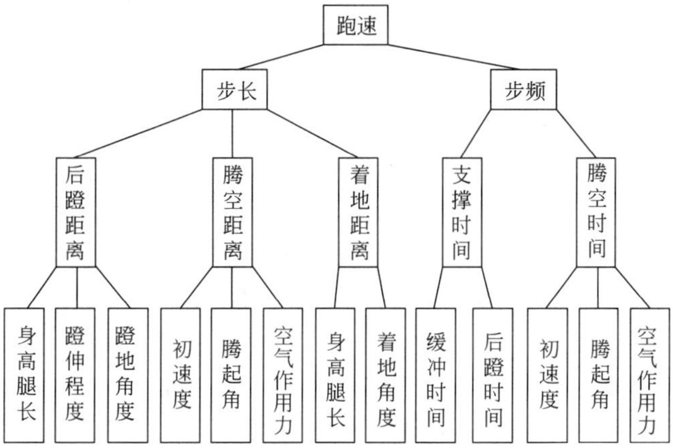

图 5-3 影响跑速的因素示意图

3. 跑的各阶段技术要求

① 起跑。起跑的任务是使身体迅速摆脱静止状态。起跑技术对起跑后的加速跑有直接影响，在短距离跑中尤为重要。由于跑的项目不同，起跑方式也有所不同。短距离跑采用蹲踞式起跑，中、长距离跑采用站立式起跑。蹲踞式起跑使用起跑器，安装起跑器要适合个人特点，其主要要求是两起跑器踏脚板到起跑线的距离和踏脚板支起角度应能保证运动员在完成“预备”动作时，使髋、膝、踝三关节均处于最有利于爆发用力角度。

② 起跑后的加速跑。短距离跑项目起跑后加速跑阶段的任务是在最短时间内尽快地发挥出较高的跑速，迅速过渡到途中跑。这一阶段要求迅速增加步长和步频，要充分利用重力的作用，并配合速度的增长，使上体从较大前倾状态逐渐抬起。随着身体重心逐渐升高和速度的迅速提高，两脚的着地点逐渐靠近一条直线。中、长距离跑则按最短距离原则迅速朝弯道“切点”方向跑去或根据战术需要迅速占据有利的战术位置。

③ 途中跑。短距离跑项目途中跑的任务是运用合理的技术动作继续提高跑速或保持高速跑进。中、长距离跑则是运用技术和战术合理分配体力，最大限度地减少耗时或争取有利于取得好名次的“跑位”。途中跑是各项跑的主要阶段，它的技术与速度对成绩起主要作用。由于途中跑距离长，为节省能量消耗，要善于放松不参加工作的肌群，以保证动作的经济性；同时，还要努力保持好正确的技术动作和适宜的节奏，以保证动作的实效性。在弯道跑时，身体要向内倾斜，倾斜的程度取决于跑速和弯道半径和弧度的大小。

④ 终点跑。终点跑的任务是尽量保持途中跑的速度并进行冲刺，尽快以躯干接触终点线内沿垂直面，通过赢取时间来取得最佳成绩和名次。短距离跑的终点跑，要求保持好途中跑的技术和节奏，把因体力消耗和动作变形引起的速度下降减小到最低程度。中、长距离跑则要求根据项目、个人体力和特点、比赛目的和对手情况来确定终点跑的冲刺距离和战术。

4. 典型技术分析

中长跑属于大强度、耐力性运动。长期的中长跑练习，能够改善人体的呼吸系统、心血管系统的工作能力。由于能量消耗较大，对体内脂肪的消耗和耐久力的提高有着显著的作用。

（1）中长跑的基本技术

中长跑的技术结构与短跑基本相同，但由于跑的距离和速度不同，跑的技术也有所区别。

① 起跑。中长跑采用站立式起跑姿势。800 米和 800 米以上的起跑，是按照两个口令完成起跑动作的，即“各就位”和鸣枪。

听到“各就位”口令后，运动员尽快站在起跑线后，两脚前后自然开立，把有力脚放在前面，身体前倾，两腿弯曲，重心落在前脚上，后脚前脚掌蹬地，前脚异侧臂在体前自然弯曲，同侧臂摆在体后，眼看前方 4～5 米处，保持稳定姿势，集中注意力听起跑的信号。

听到枪声后，两脚向后用力蹬地，在后的支撑腿迅速前摆，两臂配合两腿动作用力前后摆动，迅速冲出。

② 途中跑。中长跑的途中跑技术与短跑基本相同，但是由于途中跑的距离较长，所以在上体前倾角度、摆臂和摆腿动作幅度、后蹬的力量上都比短跑要小。途中跑时，动作轻快、步长均匀，既要保持动作的连贯性、时效性，又要节省体力。

中长跑时，脚着地方法有两种：一种与短跑相同，用前脚掌着地，做“扒”地动作；另一种是用全脚掌或脚外侧先着地，屈膝缓冲后再滚动到前脚掌着地。

在弯道处跑时，整个身体向内倾斜，右臂的摆动幅度大于左臂，左脚以脚掌的外侧着地，右脚以脚掌内侧着地。

③ 终点跑。终点跑是临近终点的一段快速跑，是争取名次的最后阶段。冲刺时要加大摆臂幅度和加快速度，在加快步频的同时，加大步长，以顽强的意志跑过终点。冲刺的距离要根据个人的体力情况、战术要求和临场情况而定。一般中跑冲刺距离为 200～400 米，长跑为 400 米以上。

④ 中长跑的呼吸方法。中长跑的距离长，对氧的需求量大，因此掌握正确呼吸方法对改善氧气供应条件、增强血液循环速度、提高跑的能力，有着至关重要的作用。

中长跑时，一般用半张的嘴和鼻同时呼吸，以嘴为主。呼吸节奏要与跑的节奏相配合，一般按步法节奏两三步一呼，两三步一吸。采用哪种方法要根据个人身体素质和跑的强度来确定。

（2）中长跑的练习方法

① 变速跑。变速跑主要用于发展速度耐力。常用的练习方法是 50 米慢跑，50 米快跑；直道快跑，弯道慢跑；200 米快跑，200 米慢跑；400 米快跑，400 米慢跑。可由长距离到短距离的快跑和慢跑，也可以由短距离到长距离的快跑和慢跑。

② 反复跑。反复跑主要是发展速度和速度耐力。一般采用 50 米、100 米、150 米、200 米、400 米、600 米、800 米距离反复跑。每组间歇时间应注意掌握好。

③ 定时跑。定时跑一般有两种形式：一是只规定跑的时间，不要求距离，主要是用来发展一般耐力和跑的能力，掌握和改进跑的技术，增强内脏器官机能；二是要求在规定时间内跑一定的距离，这种练习方法，不但用来发展耐力，而且更重要的是培养速度感。

④ 越野跑。越野跑不仅是在野外进行的一个竞赛项目，还是用于发展中长跑能力的手段。它不仅能发展耐力、灵敏、弹跳力等身体素质，培养勇敢、坚毅的品质，还能利用充足的阳光和新鲜的空气等自然条件锻炼身体。越野跑时，由于跑的地点地形复杂、环境变化大，因此跑的技术也要因条件而改变。进行越野跑练习时还要特别注意安全。

第三节 跳

田径运动中的跳跃项目（跳远、跳高、三级跳远、撑竿跳高），是运用人体自身的能力（或同时借助一定的器材，如撑杆），通过一定的运动形式，使人体腾越尽可能高的高度或跳越尽可能远的远度。

1. 跳跃运动的力学基础

通常以抛射运动规律作为田径跳跃运动的力学基础。

① 跳跃的腾起初速度。腾起初速度是决定跳跃的高度或远度的最重要的因素。它由助跑水平速度与起跳中所产生垂直速度相结合，由人的身体能力和技术水平所决定。为了获得最大的腾起初速度，根据取得高度或远度的不同，对水平速度和垂直速度有着不同的要求。

跳高是为了取得尽量高的高度，主要是垂直速度，因此，在充分发挥和利用水平速度的情况下，应尽可能地获得最大的垂直速度；而跳远是为了取得尽量远的远度，应尽可能地获得最大的水平速度。

② 跳跃的腾起角。腾起角是指起跳结束、离地腾起时，身体重心的腾越方向与水平线的夹角。根据抛射公式，要取得最大的腾空高度，腾起角应是直角，但是，在实践中并不是这样。跳起时还需要有一定的水平速度，保证身体越过横杆。同时，随着跳高技术的发展，助跑速度越来越快。经研究表明，快速助跑所获得的动量，可以在起跳时加大起跳腿支撑用力的作用，从而提高起跳的功率。因此，在跳高中，越来越强调发挥和利用助跑水平速度来提高起跳效果。如果根据抛射公式的要求，单纯地去追求接近 60°的腾空角度，必须极大地限制助跑水平速度的发挥和利用，在实践中是不能增大垂直速度和提高起跳效果的。从背越式与俯卧式的比较中可以看出，背越式中助跑水平速度的发挥和利用都大大地超过俯卧式，所以背越式的腾起角度也明显小于俯卧式，其起跳效果也优越于俯卧式。在跳远中，根据抛射公式，腾起角应是 45°。但是，跳远时人向前跑动速度可达到 10 米/秒以上，可是垂直速度不能达到这一水平。如果为了追求 45°角这个力学公式中的最佳值而降低水平速度，则会使跳跃的远度受到很大的影响。因此，在实践中，只能是尽量增加水平速度，并达到尽可能大的垂直速度。人的跳远起跳腾起角为 18°～24°。

2. 跳跃运动技术的组成

田径运动的跳跃项目属非周期性项目，各个跳跃项目，虽然运动形式和要求不同，但有其共同点，即人体的运动都是从静止状态开始向前跑进，而后转变为腾空，最后是落地。因此，各项跳跃运动都有可以分成 4 个紧密相连的动作阶段，即人体向前水平移动阶段，技术上称为助跑；人体向前水平移动转变为向前上运动阶段，技术上称为起跳；人体离地后的空中腾越阶段，技术上称为腾空；人体腾空后着地阶段，技术上称为落地。

（1）助跑

助跑的任务是获得高的水平速度，为高效率的起跳创造有利条件，并保证起跳脚在助跑最后能准确地踏上起跳点或起跳板。

根据各个跳跃项目的需要，对助跑的距离、路线、方式、动作和速度等方面都有各自不同的要求。

① 助跑动作基本上与短跑基本相同，但由于助跑不仅要发挥高的水平速度，而且还要为起跳做好准备，所以助跑动作有其本身的特点。

② 助跑速度由于受到起跳的制约不能像短跑那样，发挥到最高速度。但是，在能有效完成起跳的情况下，应当尽量提高助跑速度。

③ 助跑的最后几步在完整的跳跃中，起着十分重要的作用。它要保证助跑中所获得的高速度，尽量少损失地过渡到起跳，使助跑与起跳紧密地衔接起来，从而提高起跳效果。因此，在最后几步助跑时，要求跑的步幅大，步频高，身体重心迅速而平衡地前倾，加速节奏明显。与短跑相比较，从动作结构和形式上看，并不出现明显的变化。

（2）起跳

起跳的任务是充分利用助跑的水平速度，使人体按适宜的腾起角方向腾起，从而获得最高的腾越高度或最大的跳越远度。起跳是完整跳跃技术中的关键部分。

根据各个跳跃项目的不同需要，应采用不同的起跳动作形式。

跳远是在尽量减少水平速度的情况下，力求取得必要的垂直速度。因此，起跳时，起跳脚的着地点相对地应靠近身体重心的投影点。身体迅速前移，以积极有力的起跳动作取得必要的垂直速度，使人体向前向上腾起。跳高是在充分发挥和利用水平速度的情况下，通过起跳动作加大垂直速度，使人体向上向前腾起。因此，起跳时脚的着地点，相对地远离身体重心投影点。

起跳时，起跳脚的着地点离身体重心的投影点，不论是相对地近还是相对地远，都是在身体重心投影点前面，因此，由于脚在支撑点受阻，必然使水平速度有所损失。然而，由于支撑点的制动，却使身体改变运动方向，沿着适宜的腾起角的方向，向空中腾起。起跳脚踏上起跳点时，都是以脚跟先接触地面，并迅速地滚动至全脚掌支撑，即所谓“滚动式”的着地法。

起跳脚踏向起跳点时，由于受到助跑原有跑进速度的作用，使支撑动作得到很大的冲力，所以迫使起跳腿的伸肌进行退让工作。肌肉进行这种退让的缓冲工作，可以减轻起跳腿着地时的制动力，并积极地拉长起跳腿伸肌。这样，可以利用肌肉的弹性，为快速有力的蹬伸创造有利条件。同时，在起跳腿缓冲过程中，又要使身体取得蹬伸前的合理姿势，为沿着适宜的腾起角方向向空中腾起创造条件。例如，在跳高起跳中，身体的前倾，应尽量使身体重心处于蹬伸时垂直向上用力的作用线上。而在跳远起跳中，要求身体迅速移过支撑点，使身体重心处于蹬伸时能够提高向前用力的效果。

起跳腿蹬伸是产生腾起初速度的主要动作。在蹬伸时，起跳腿快而有力地充分伸展髋、膝、踝三关节，同时还要提肩、拔腰，以及与摆动腿和两臂的摆动动作协调配合。

摆动动作在起跳中起着重要的作用。在起跳中，当摆动腿加速摆近支撑腿时，对起跳腿起着减轻压力的作用；当摆动腿加速摆离支撑腿时，而对弹跳腿起着增加压力的作用；最后，当摆动腿减速摆离支撑腿时，又对起跳腿产生减轻压力的作用。因此，在起跳中，当起跳腿依次完成放脚着地、缓冲和蹬伸动作时，必须与相应产生“减压—加压—减压”作用的摆动动作，依次配合一致。这样，才能达到应有的效果。

摆动腿的摆动有直腿摆和屈腿摆两种。直腿摆的摆动半径大，动量大，同时能提高起跳结束时的身体重心位置；屈腿摆的摆动半径小，角速度大，有利于加快起跳速度。两臂的摆动，除了具有摆动的同样作用外，还有助于提肩和伸展躯干，以及维持身体平衡。

（3）腾空起跳

腾起后，身体重心的运动轨迹，在没有外力作用的情况下，是不会改变的。但是，人体可以利用内力的作用，支配身体某一环节活动，而促使相应的身体环节产生补偿的位移。在腾空阶段，这种补偿性位移，只能改变身体有关环节的位置，而不能产生新的腾空高度或远度。因此，可以利用这种原理，在腾空中有目的地完成一系列动作，以达到充分利用腾起高度，尽快地越过横杆，或者有效地维持身体力行平衡，尽量延长腾空时间，达到跳越最远的水平距离的目的。

为了更有效地完成腾空阶段的任务，必须使人体在空中产生旋转动作，并合理地调节旋转速度。

（4）落地

人体腾空后，由于重力作用，上升速度逐渐减慢，当上升速度减到零时，身体重心达到最高点，而后便开始下落。此时，人体受重力加速度的影响而加速下落，着地时对人体产生很大的振动。为了减轻这种振动，一般当手、脚一接触落点时，立即屈肘、屈膝缓冲或倒体、团身等。同时，注意落地区的设施，如海绵坑的布置及沙坑的松软都要保证十分安全。

在跳跃远度项目中，落地时不仅要注意安全，而且还要注意不影响跳跃成绩。因此，落地前，一般都上体前倾、两腿向上举起，不致使腿过早下落，尽量延长腾空时间，以增加跳跃远度。

3. 典型技术分析：蹲踞式跳远

（1）蹲踞式跳远技术

蹲踞式跳远是人体通过快速的助跑和积极有力的起跳，采用合理的腾空姿势和落地动作，使人体腾越水平距离的一种跳远技术。其由助跑、起跳、腾空和落地4个部分组成（见图5-4）。

图5-4 蹲踞式跳远连续动作

① 助跑。助跑的任务是获得最大的水平速度，为准确地踏上跳板和有力地起跳创造有利条件。因此，要求助跑加速平稳、准确、富有节奏，并和起跳有机地结合起来。

助跑距离和步数应以保证助跑任务的顺利完成为前提，根据个人身高、运动水平和技术特点而定。男子一般为18～24步，约35～45米；女子一般为16～20步，约30～35米。助跑的前几步，身体前倾较大，大腿积极前摆，脚着地积极有力，后蹬充分，两臂前后用力摆动。助跑到中段时，躯干逐渐抬起，上、下肢摆动幅度加大，后蹬充分有力，使身体重心快速向前移动。助跑的最后几步，是助跑与起跳技术完美结合的关键环节，既要使助跑发挥和保持最高速度，又要做好起跳准备。

② 起跳。起跳在跳远技术中是最关键的技术环节。合理的起跳技术，就是把助跑时获得的水平速度，通过起跳动作，获得最理想的腾起初速度和适宜的腾起角，将身体腾空，使整个身体腾越较长的距离。

助跑最后一步，摆动腿的脚着地后，起跳腿大腿前摆，然后积极下压，以全脚掌踏板。此时，上体基本正直或稍有后倾，两臂在体侧前后摆动，摆动腿蹬离地面屈膝前摆，增加起踏的力量，促使起跳脚踏板速度加快。起跳脚踏板时前伸不要过大，否则身体重心距离起跳脚支撑点过远，会影响起跳效果。起跳脚着板后，由于惯性迫使起跳腿的髋、膝、踝关节被动弯曲，此时，身体由原来的正直或稍后倾变为稍前倾，摆动腿也随着惯性，大小腿折叠后向前上方摆动，身体重心迅速前移，当重心移到起跳腿支撑点上方时，起跳腿应及时蹬伸，充分伸展髋、膝、踝关节，上体保持正直，提肩、拔腰，起跳腿同侧臂屈于胸前，小臂向上，肘关节向前，异侧臂后摆，摆动腿则继续以膝关节快而有力地向前摆出，摆到大腿水平部位，突然制动，以维持身体平衡和获得理想的腾起初速度。

③ 腾空。起跳腾空后，即进入腾空步，在空中行成“跨步”姿势，向前向上腾起。腾空步可以克服起跳中身体产生的前旋，有利于完成紧接着的各种空中动作。起跳成腾空步后，上体保持正直，摆动腿继续向前向上摆动，靠近胸部，起跳腿从身后向前摆，向摆动腿主动靠拢，也继续上举靠近胸部，同时两臂向前上方挥摆，形成空中蹲踞式姿势。当身体下落时，躯干前倾，两小腿前伸，两臂由体前经体侧摆到体后，准备落地。

④ 落地。跳远的落地动作要完成收腹举腿、前伸小腿。当两脚跟接触沙面后，迅速屈膝缓冲，两臂由后向前摆，借助于惯性作用成全蹲姿势向前或向侧倒，使身体重心尽快移过落点，以免后倒，影响成绩。

（2）蹲踞式跳远技术的练习方法

蹲踞式跳远技术的练习方法包括以下几个方面。

① 立定跳远，是跳远落地的辅助动作，也是发展腿部力量和弹跳力的练习。两腿蹬伸与两臂前摆协同一致用力，落地时脚跟先着地，屈膝缓冲。

② 立定三级跳，是锻炼跳跃能力的方法之一。第一跳原地双脚起跳单脚（右脚）着地；第二跳左腿前摆，然后下压着地；第三跳用着地的左腿起跳，双脚落入沙坑。

③ 多级跳，通常第一步为单足跳，以后为两脚交换着地的跨步跳，最后一步双脚入坑。可以原地开始，也可以助跑开始。常用的练习有五级跳、十级跳等。

④ 模仿起跳练习，原地做起跳、蹬、摆动作，然后做上一步起跳踏板练习。

⑤ 助跑4～6步起跳，在空中成腾空步动作，并以腾空步姿势落入沙坑，体会起跳脚踏板的技术。

⑥ 在跑道上连续做三步助跑起跳练习。原地站立时摆动腿在前，跑三步做起跳动作，连续完成3～5次。

⑦ 在跑道上或助跑道上做好标记，反复做快速助跑练习。要求跑起来有弹性、节奏好。

⑧ 确定助跑距离后，反复做加速跑踏上跳板的练习。

第四节　投

田径中投掷项目有推铅球、掷铁饼、掷标枪和掷链球。

1. 投掷的技术原理

全部投掷项目，尽管器械形状、落地区和比赛规则不同，但都属于斜抛运动。斜抛运动的力学公式为

$$s = {v_0}^2 \times \frac{\sin 2\alpha}{g}$$

从公式中可以看出，投掷的器械所飞行的距离，主要取决于最适宜的出手角度和出手时的初速度。从实践中看，不同项目的投掷出手角度分别为：推铅球 38°～42°为宜；掷铁饼和标枪以 30°～35°为宜。

根据力学原理，在物体上施加的力越大，物体的加速度也就越大；施加力与物体的距离越长，用力的时间越短，则物体的速度越大。因此，要在最短的时间里，使器械有较长的动作距离，就必须把力量充分发挥出来，作用到器械上，使器械得到更大的速度。

为了便于学习，可将投掷运动技术分解为器械的握法、助跑前的准备和助跑、最后用力和维持平衡。

（1） 器械的握法

投掷项目中各种器械的握法都要符合以下要求。

① 稳固、自然，有利于助跑和最后用力。

② 尽量利用投掷臂的长度和力量。

③ 有利于投掷臂的肌肉在投掷前放松。

④ 有利于控制器械。

（2） 助跑前的准备和助跑

① 助跑前的准备。助跑前准备的主要任务是将注意力集中到完成投掷的整体动作上，以获得合理的开始姿势，如推铅球的摆腿、掷铁饼的摆饼等。

② 助跑。在投掷运动中，有的助跑呈直线运动（如标枪），也有的呈旋转运动（如铁饼、链球）。无论哪种助跑形式，都要求自然、协调、均匀地增加速度，保持身体平衡，并做出正确的操纵器械动作，形成良好的最后用力姿势。

（3） 最后用力和维持平衡

最后用力是投掷技术的重要部分。助跑之后，一旦运动员获得双腿支撑，腿部肌肉收缩，躯干抬起，同时骨盆前送。伸直腿部和前送骨盆，是为了使躯干肌肉保持拉长的状态，伸直左腿则起到一种停止环节运动的作用。

器械出手后，由于身体向前运动的惯性，易使身体失去平衡而冲出投掷圈（起掷弧或起投线）。这时，应迅速降低重心，改变重心移动方向，以维持身体的平衡。

2. 典型技术分析：推铅球

（1） 推铅球技术分析

① 握球和持球。五指自然分开，把球放在食指、中指和无名指的指根上，拇指、小指分别自然地扶在球的两侧，手腕背屈，以防止铅球滑落。

握球后，把球放在肩上锁骨窝处，贴着颈部，手稍外转，掌心向前，右臂屈肘抬起。

② 预备姿势。预备姿势分为高姿势和低姿势两种。

高姿势：持球后背对投掷方向，站在圈内靠近边沿处，两脚前后开立，右脚脚跟正对投掷方向，左脚前脚掌着地，持球手臂的肘略低于肩或与肩平，左臂自然上举并稍向内，上体正直并放松。

低姿势：持球后背对投掷方向，右脚在前，左脚在后，两腿弯曲，重心落在右腿上，持球臂自然下垂，左臂自然下垂并稍向内。

③ 滑步。滑步动作的关键是两腿摆蹬动作的配合，即左腿向投掷圈前沿抵趾板方向摆出，右腿向投掷方向蹬伸，紧接着收落，右腿靠近地面滑动，同时左腿尽快落在投掷方向左侧抵趾板处，两脚落地时间越短越好，以保证动作连贯，加速过渡到最后用力。

④ 最后用力。最后用力是推铅球的主要环节。滑步结束后，从左脚着地的一刹那开始，在左腿支撑配合下，积极蹬右腿同时转髋向投掷方向转动，随之左臂向投掷方向摆动，使胸部适时地展开，髋轴超越肩轴，腰部扭紧，左腿压紧微屈支撑。在两腿继续用力蹬地时，右肩向前上方送，右臂推球的同时，抬头挺胸，手腕稍向外转，最后用手指把球拨出。

(2) 自我学练提示

1) 发展力量素质的练习。

① 利用实心球、铅球、石块或砂袋等，做抛、投和推的练习。

② 利用杠铃做各种练习，如杠铃的抓举、挺举、半蹲跳和深蹲等。

③ 跨步跳、蛙跳、立定跳远、多级跳和跳台阶等。

2) 发展爆发力的练习。

① 连续半蹲跳、连续跨步跳、蛙跳等。

② 快速投实心球、小铅球、小木棒等。

3) 发展柔韧性的练习。

① 徒手或利用肋木做身体的柔韧性练习，如压腿、压肩、背弓等，加大身体各关节的活动范围。

② 垫上做弯腰、压腿、拉长背肌等练习。

4) 发展协调性的练习。

① 可做一些上、下肢不协调动作的练习，以及上、下肢协调配合的练习。

② 可经常进行球类活动，如足球、篮球。

第五节　全　　能

1. 男子十项全能项目

① 项目概述。田径运动被誉为“运动之母”，而全能比赛则可谓“田径之王”，该项比赛无疑最能体现奥林匹克“更快、更高、更强”的精神。全能运动最早起源于古希腊，早在公元前 708 年的第 18 届古代奥运会上便设有五项全能项目，当时的“五项”是指：赛跑、跳远、铁饼、标枪和摔跤。现代全能运动则始于欧洲，18 世纪初部分国家就开展全能运动，但比赛项目很不统一。

田径运动中全能运动项目是一种由跑、跳、投等 10 个田径项目组成的综合性男子比赛项目。田径全能运动曾经历过多次演变和不断增大难度的过程。1904 年，将男子五项全能列为现代奥运会的正式项目。从1912年第5届奥运会开始，又列入由瑞典人首创的、分两天举行的男子十项全能的比赛项目。1924年第8届奥运会取消男子五项全能，只保留男子十项全能的比赛，一直沿用至今。

现代男子十项全能比赛是1904年在美国圣路易斯城召开的第3届奥运会上开设的。当时，十项全能的项目有100码（91.44米）跑、推铅球、跳高、880码（804.60米）竞走、掷链球、撑杆跳、120码（118.87米）跨栏、跳远、掷壶铃和1英里（1609.31米）跑。这与今天的男子十项全能项目有较大的区别，参加这一届十项全能比赛的选手有6人，其中5人为美国人，但唯一的外国选手爱尔兰人托马斯·凯利却战胜了全部的美国选手，以6036分获得了金牌。

② 项目顺序。参加十项全能比赛的运动员必须在两天内按顺序完成10项比赛。第一天：100米跑、跳远、铅球、跳高、400米跑。第二天：110米跨栏、铁饼、撑杆跳高、标枪、1500米跑。

③ 评分标准。十项全能选手的得分基于他们在每一项比赛中的表现，最后总成绩最高的人获胜。因此，运动员只有每项比赛都有上佳表现而不是偏重一项才能最终获得冠军。实际上，人们设计了复杂的计分系统以保证在一项比赛中占尽优势的运动员的得分不会高于在几项比赛中成绩都较好的运动员。每一项比赛的得分都取决于该项目的评分标准，奥运会根据世界纪录制定出一个得分对应表格（即田径运动全能评分表，由国际业余田径联合会制定），将选手的成绩在表格中换算成分数，然后相加得出总分。

2. 女子七项全能

女子七项全能是田径运动中全能运动项目的一种。比赛成绩是按照田径运动全能评分表，将各个单项成绩所得评分加起来计算的，总分多者为优胜。

女子全能运动历史不长，但变化最多。1981年女子五项全能改为七项全能，并设置了世界纪录。七项全能比赛顺序为：第一天100米跨栏跑、跳高、铅球、200米跑；第二天跳远、标枪、800米跑。女子七项全能是一个高难度的项目，只有经过多年全面系统的训练，在所有项目全面提高的基础上，突出自己特长项才能取得优异成绩。短距离跑在全能训练中占有重要的位置，而熟练掌握100米跨栏跑、跳高、跳远、标枪技术则是成功的关键。

第六章 球类运动

第一节 足球运动

1. 足球运动概述

足球运动深受世界各国人民的喜爱，有“世界第一大球”之称。

男女足球分别于1900年第2届奥运会和1996年第26届奥运会被列为比赛项目。1904年5月21日，国际足联在法国巴黎成立。第一次世界大战后，职业足球开始风靡于欧洲和南美洲。但当时的奥运会足球比赛仍然禁止职业球员参加，1920年罗马会议上，国际足联作出了实际上承认非公开性职业足球为业余足球的瑞士提案，导致英国的4个足协集体退出国际足联以示抗议，使奥运会足球比赛的水平大打折扣。

1930年首届世界杯足球赛举行，这一世界大赛的展开使奥运会足球赛更是陷入困境。直至1988年，国际足联才正式决定，今后奥运会足球赛的球员年龄将限制在23岁以下，并列为国际足联系列赛4个年龄组中的一个世界大赛，从1992年第25届奥运会开始实施。这一变革使奥运会足球赛的吸引力空前提高。1995年11月，国际足联成立了由国际足联主席和各洲足联主席组成的“国际足联管理委员会”，负责管理一般事务。1997年后又对比赛规则做了部分修改。

2. 现行规则

（1）比赛场地

① 场地面积。比赛场地应为长方形，其长度不得多于120米或少于90米，宽度不得多于90米或少于45米（国际比赛的场地长度不得多于110米或少于100米，宽度不得多于75米或少于64米）。在任何情况下，长度必须超过宽度。

② 画线。比赛场地应按照平面图画出清晰的线条，线宽不得超过12厘米，不得做成“V”形凹槽。较长的两条线叫做边线，较短的叫做球门线。场地中间画一条横穿球场的线，叫做中线。场地中央应当做一个明显的标记，并以此点为圆心，以9.15米为半径，画一个圆圈，叫做中圈。

③ 球门区。在比赛场地两端距球门柱内侧5.50米处的球门线上，向场内各画一条长5.50米、与球门线垂直的线，一端与球门线相接，另一端画一条连接线与球门线平行，这3条线与球门线之间的地区叫做球门区。

④ 罚球区。在比赛场地两端距球门柱内侧16.50米处的球门线上，向场内名画一条长16.50米与球门线垂直的线，一端与球门线相接，另一端画一条连接线与球门线平行，这3

条线与球门线之间的地区叫做罚球区。在两球门线中点垂直向场内量 12 码处各做一个清晰的标记，叫做罚球点。以罚球点为圆心，以 9.15 米为半径，在罚球区外画一段弧线，叫做罚球弧。

⑤ 角球区。以边线和球门线交叉点为圆心，以 1 米为半径，向场内各画一段 1/4 的圆弧，这个弧内地区叫做角球区。

⑥ 球门。球门应设在每条球门线的中央，由两根相距 7.32 米、与四面角旗点距离相等的直立门柱与一根下沿离地面 2.44 米的水平横木连接组成。为确保安全，无论是固定球门或可移动球门都必须稳定地固定在场地上。门柱及横木的宽度与厚度，均应对称相等，不得超过 12 厘米。球网附加在球门后面的门柱及横木和地上。球网应适当撑起，使守门员有充分活动的空间。

(2) 球

比赛用球应为圆形，它的外壳应用皮革或其他许可的材料制成，在球的结构中不得使用可能伤害运动员的材料。

球的圆周不得多于 71 厘米或少于 68 厘米。球的重量，在比赛开始时不得多于 450 克或少于 410 克。充气后其压力应相等于 0.6～1.1 个大气压力。在比赛进行中，未经裁判员许可，不得更换比赛用球。

(3) 队员装备

队员装备有以下几点要求。

① 上场队员必需的装备是：运动上衣、短裤、护袜、护腿板和足球鞋。上场队员不得穿戴能危及其他运动员的任何物件。

② 护腿板必须用护袜全部包住，而且应是由适当的材料制成（橡胶、塑料、聚氨酯或其他类似的材料）。

③ 守门员的服装颜色必须有别于其他上场队员和裁判员。

(4) 替补

替补守门员或其他任何队员时，均应遵守下列规定。

① 替补前应先通知裁判员。

② 替补队员在被替补队员离场，并得到裁判员许可后，方可进入比赛场地。

③ 替补队员应在比赛成死球时从中线处进场。

④ 被替补下场的队员不得再次参加该场比赛。

⑤ 替补队员无论上场与否，裁判员均有权对其行使职权。

⑥ 替补队员进入比赛场地，即成为场上队员，同时被替换出场的队员不再是场上队员，至此替补结束。

(5) 越位

在足球比赛中，越位的规则十分重要，包括以下几个方面。

1) 凡进攻队员较球更接近于对方球门线者，即为处于越位位置。下列情况除外：①该队员在本方半场内；②至少有对方队员两人比该队员更接近于对方的球门线。

2) 当队员踢或触及球的一瞬间，同队队员处于越位位置时，裁判员认为该队员有下列行为，则应判为越位：①在干扰比赛或干扰对方；②企图从越位位置获得利益。

3) 下列情况，队员不应被判为越位：①队员仅仅处在越位位置；②队员直接接得球门球、角球或界外掷球。

4) 队员被判罚越位，裁判员应判由对方队员在越位地点踢间接任意球。如果该队员在对方球门区内越位，那么这个任意球可以在越位时所在球门区内任何地点执行。

3. 入门与基础

（1）踢球基础

① 助跑。助跑是指踢球前的几步跑动，它的作用在于调整人与球的方向和距离，使支撑脚处于所需的正确位置，从而增加击球的力量。助跑最后一步要大一些。

② 支撑脚站位。脚内侧和正脚背踢球需要踏在球的侧方，一般距离球 10～15 厘米；脚背内侧踢球需要踏在球的侧后方，一般距离球 25～30 厘米；踢移动球时，要把踢球腿摆动的时间计算在内。支撑脚应选择适当位置，以免造成身体后仰或出球偏高［见图 6-1(a)］。

③ 踢球腿的摆动。以髋关节为轴，大腿带动小腿由后向前摆［见图 6-1(b)］。

④ 脚触（击）球。用脚的某一部位击球后中部，出球平直能获得全部力量［见图 6-1(c)］。击球后侧部，作用力没有通过球的中心，会使球产生旋转并沿着一定的弧线运行，这就是所谓的“香蕉球”。

(a) 支撑脚站位　(b) 摆动　(c) 击球(外脚背)

图 6-1　踢球基础

（2）停球基础

缓冲是停球的关键，缓冲能使来球不反弹出去或反弹到一定距离的位置上，以便将下一个动作连接起来。停球前要快速移动，调整位置迎球；脚接球时，要随球一起向后引，达到降低来球速度的目的，注意动作要放松自然，不要踩球或抬得过高，以免漏球；当来球力量大、速度快时，停球脚要加大后撤以缓冲来球的力量。

① 停地滚球，即停球脚对准来球路线，在脚触球的一刹那后撤［见图 6-2(a)］。

② 停反弹球，即判断落点，停球脚对准球的反弹路线，触球的中上部［见图 6-2(b)］。

③ 停空中球，即停球脚根据来球的高度抬起，在脚接触球的一刹那后撤或下撤［见图 6-2(c)］。

(a) 停地滚球　(b) 停反弹球　(c) 停空中球

图 6-2　停球基础

（3）运球基础

运球时要用脚推拨球，而不是用力踢球或击球。推拨球力量要适当，使球在自己的控制范围之内。运球时要注意观察场上情况，这样可以根据临场情况采取措施。运球过人时，要抓准时机，动作要快，越过对手时一般要与对手保持一大步的距离。

（4）掷界外球基础

面对出球方向，双手持球置于头后，上体后仰成背弓；掷球时，蹬地和收腹发力，两臂前摆甩腕将球掷出。要求动作连贯，身体必须面向出球方向掷球，不能侧身，球掷出前双脚均不得离地且不能过线。

知识链接

贝利，巴西运动员，身高 1.73 米，球艺精湛，脚法细腻，被世人称为“球王”。贝利 14 岁就入选巴西著名的桑托斯队，1958—1970 年四度作为巴西队主力队员参加世界杯足球赛，为巴西 3 次获得世界杯冠军做出重大贡献。到 1977 年正式退役时，贝利共参加 1364 场比赛，进球 1282 个，被足球界视为 20 世纪最佳运动员。

贝肯鲍尔，德国运动员，身高 1.81 米，技术全面，控球技术轻巧优雅，传球准确，射门意识好，被称誉“足球皇帝”。贝肯鲍尔 13 岁加入德国慕尼黑队，20 岁入选国家队，参加 120 多场国际比赛，参加 3 届“世界杯”赛，为德国队 1966 年获世界杯亚军、1974 年获世界杯冠军起到重要作用。1972 年和 1976 年两次被选为欧洲最佳运动员，获“金球”奖。

4. 基本技术

（1）踢球技术

① 脚内侧踢球。踢球腿膝盖外转，脚掌与地面平行，用脚弓击球的后中部［见图 6-3(a)］。

② 脚背内侧踢球。斜线助跑，脚面绷直，脚尖外转以脚背内侧部位踢球的后中部［见图 6-3(b)］。

③ 脚背正面踢球。直线助跑，脚背必须绷直，用脚背正面部位击球的后中部［见图 6-3(c)］。

④ 脚背外侧踢球。膝和脚尖内转，脚面绷直，以脚背外侧部位踢球的后中部［见图 6-3(d)］。

(a) 脚内侧踢球　(b) 脚背内侧踢球　(c) 脚背正面踢球　(d) 脚背外侧踢球

图 6-3　踢球技术

（2）停球技术

① 脚底停球。支持脚站在球侧后方，停球腿向前提，脚尖翘起，以前脚掌触球的中上部［见图 6-4(a)］。

② 脚内侧停球。停球腿提膝外转并以脚弓前迎球，在脚触球的一刹那迅速后撤［见图 6-4(b)］。

③ 胸部停球。①收胸停球：两臂张开，挺胸迎球，在球与胸接触前的一刹那，收胸收

腹，缓冲球速。②挺胸停球：挺胸面对来球，胸触球时上体后仰，用胸部轻托球的下部，使球微微弹起于胸前上方［见图 6-4(c)］。

④ 脚背外侧停球。停球脚稍提起，膝和脚内转，脚背外侧正对来球；接触球的侧后方，把球停在停球脚一侧［见图 6-4(d)］。

⑤ 脚背正面停球。提脚迎球，脚背正面对准下落的球，脚在接触球的一刹那下撤，以脚背正面接触球底部［见图 6-4(e)］。

⑥ 大腿停球。当大腿中部与球接触一刹那撤大腿，使球落在需要的位置上［见图 6-4(f)］。

(a) 脚底停球　(b) 脚内侧停球　(c) 挺胸停球　(d) 脚背外侧停球　(e) 脚背正面停球　(f) 大腿停球

图 6-4　停球技术

（3）运球及运球过人

① 脚内侧运球。支撑腿膝关节稍弯曲，上体前倾，用脚内侧连续推球的后中部。

② 脚背正面运球。运球腿脚跟提起、脚尖向下，在迈步着地前，用脚背正面推送球。

③ 脚背外侧运球。运球腿脚跟提起、脚尖稍内转，在迈步前伸着地前，用脚背外侧推拨球。

④ 推拨球过人。以脚踝的抖拨动作，用脚背内侧和外侧触球。

⑤ 拉球过人。用脚底将球从前向后拖动。

⑦ 扣球过人。身体和脚踝同时急转压扣，以脚内侧或脚外侧部位触球。

运球过人方式还有利用速度强行过人、利用穿裆球过人、利用假动作过人（见图 6-5）、利用变速运球过人及利用身体的掩护强行过人等。

图 6-5　右脚假动作，左脚运球过人

（4）头顶球技术

顶球前，观察来球，预先选好位置，顶球时不要缩脖子，更不要闭眼，要敢于主动迎击球，摆体和甩头动作要保持连贯（见图 6-6）。

① 前额正面顶球。上体后仰成弓形，颈部保持紧张。当球运行到身体垂直部位前的一刹那，两脚用力蹬地向前摆体、甩头，用前额正面部位顶球的后中部。

② 额侧面顶球。上体和头部向出球方向的异侧稍转动，后脚用力蹬地，上体迅速向出球方向扭转，同时甩头。当球运行到出球方向同侧肩上方时，用额侧部位击球的后

图 6-6 跳起头顶球

中部。

③ 鱼跃头顶球。单脚或双脚用力蹬地，身体向前呈水平状态跃出，两臂微屈稍前伸，借助跃起的冲力，用前额正面顶球，然后以两手、胸部、大腿依次落地。

④ 跳起向前或向后顶球。当球运行到头顶上空时，跳起、收腹、挺胸、仰头，触球瞬间颈部做爆发性振摆，用额正面击球。

（5）抢截球

① 跨步抢截球。当对方运球脚即将或刚着地时，支持脚蹬地，抢球脚以内侧对准球跨出抢截。抢球时要快速、果断，抢到球后迅速处理球。

② 侧面合理冲撞抢球。与对手并肩跑动时，防守者重心稍下降，紧贴对手身体。当对方靠近自己一侧的脚离地时，用肘关节以上部位冲撞对方相应部位，使对方失去平衡，乘机将球抢截过来。冲撞时力量要适当，臂不能扩张形成推人，冲撞的时机要准，动作要快。在球门区内不能对守门员进行任何冲撞。

③ 铲球。①同侧脚铲球：当控球者拨球的一刹那，抢球人的同侧脚向外侧沿地面滑出，用脚尖、脚背捅球或踢球［见图 6-7(a)］。②异侧脚铲球：当控球者拨出球的一刹那，抢球者的异侧脚向内侧沿地面滑出，用脚底或脚尖捅球［见图 6-7(b)］。

需注意的是：铲球脚要沿地面铲出，不能抬得过高，而且不能在对方背后做铲人动作。

(a) 同侧脚铲球　　(b) 异侧脚铲球

图 6-7 铲球

（6）假动作

1）传球时假动作。骗取对方堵截一个方向的传球路线，然后突然改变方向进行传球；也可以变化为假传真运，突破对手。假动作要逼真，变化要快。

2）停球时假动作。先假装向某一方向停球，然后突然改为向另一方向停球；也可以对来球做假传真停动作。做停球假动作要注意和下一个动作衔接好。

3）顶球时假动作。先做假顶球动作，然后突然改为胸部停球；也可假做胸部停球，诱使对方逼近抢球，然后突然改为头顶球。

4）运球过人时假动作。

① 虚晃：对方迎面抢截时，采取身体或腿左右虚晃，使对方发生重心的偏移，然后迅速用另一脚背外侧向同侧拨球，从而越过对方。

② 变速：对方从侧面抢截时可采用变速运球方法。如先快速运球，诱使对方追赶，然后突然减速或停顿，当对方刚减速或停顿时，突然又快速起动甩掉对方。

③ 转身：当对方在后面抢截时，运球人可假做向前运球，用脚在球上迈过，吸引对方，

然后突然转身运球晃过对方。

知识链接

马拉多纳，阿根廷运动员，身高 1.68 米，球艺精湛，突破能力强，射门刁，被足球界公认为当代足坛最佳前锋。马拉多纳 1977 年入选阿根廷国家队，从 1982 年开始，4 次代表阿根廷国家队参加世界杯足球赛，对阿根廷夺得第 13 届世界杯冠军起着决定性作用，被称为继“球王”贝利之后的世界头号足球巨星。2010 年，马拉多纳作为主教练，率领阿根廷队参加了南非世界杯足球赛。

（7）守门员技术

1）选位。通常情况下，守门员应站在两球门柱与射门时球所处位置所形成的角的平分线上。对方近射时，位置靠后些；球向中前场运动时，守门员位置前移到球门区线附近。

2）接球。接球前做好准备，接球时两手和双腿的距离原则上不能让球漏过（见图 6-8）。

(a) 直腿式接球　　(b) 单腿跪撑式接球　　(c) 接高球

图 6-8　接球

① 直腿式接球：上体前倾，两臂伸向前下方，手掌前迎，接球的后底部［见图 6-8(a)］。

② 单腿跪撑式接球：后腿跪立，膝盖接近地面、靠近前脚，距离不能超过球的直径，手臂向前下方伸出，手掌正对来球，接球的后底部［见图 6-8(b)］。

③ 接平直球：屈肘前迎，两手掌心向上，手触球时，屈肘后引缓冲，将球抱于胸前。

④ 接高球：两臂上伸迎球，两手拇指相对成八字形，手掌对球［见图 6-8(c)］。手触球后，屈肘回缩下引，翻掌将球抱于胸前。

⑤ 侧向倒地扑球：防守距离较远的地滚球时，两腿蹬地侧向倒地扑球。

⑥ 腾空扑球：防守距离较远的空中球时，两腿蹬地，身体腾空飞出扑球。

5. 基本战术

（1）比赛阵形

①“433”阵形。“433”阵形（变化后也有“4123”和“4213”）的 3 个中场队员有明确分工，根据情况可一个侧重防守，两个侧重进攻，或者相反。

②“442”阵形。“442”阵形的 4 个中场队员基本上是一字形横向排开或菱形排列。其分工一名为进攻型前卫，一名为防守型前卫，另两名为边前卫。

③“532”阵形。“532”阵形的后场由 5 个后卫组成，侧重防守，一般较适合打防守反击战术。进攻时，边后卫可插上助攻，增强攻击力；防守时，必须迅速回位，如回位不及时，前卫线和后卫线之间要相互协调，互相补位。

（2）进攻战术

1）二人的局部进攻战术。场上局部地区二对一的局面往往转瞬即逝，进攻队员必须抓住这一战机以多打少，若稍一迟疑，防守队员就会回防到位，变成二对二的形势。常见的二人进攻配合主要有以下几种。

① 创造二打一：比赛中，一般情况下，防守队员都是一个防守一个，进攻队员利用摆脱或运球过人的动作，在短时间内形成局部地区二对一的有利局面。

② 踢墙式二过一的配合：要求插入的队员突然快速起动去接球。运用回传反切配合时，要有一定的纵深距离，特别是在中间，更要估计到守门员或其他防守队员可能的阻截情况。

③ 交叉掩护配合：运球者用远离防守者的一只脚运球，运到靠近同伴时，不要再拨球，让同伴选择有利时机突然起动，接带球越过对手。

2）边路进攻战术。在对方半场两侧地区发起以传中创造射门为目的的进攻称为边路进攻。一般是快速下底传中或切底回扣传中，中间同伴包抄射门或跟进射门。

3）前卫或后卫插上进攻战术。前卫、后卫的插上进攻已为各球队广泛使用，一般是由边锋、中锋左右扯动或回撤，以牵制防守队员，把防守队员引开，造成防守局部空当，由前卫或后卫迅速插上到空当处，获得进攻战机。

4）转移进攻战术。进攻者适时地把球从防守“坚固区”转移到“薄弱区”，这种避实就虚的战术叫做转移进攻战术。例如，从边路转移到中路为“边转中”；从中路转移到边路叫做“中转边”；从一边转移到另一边叫做“边转边”，由于距离长，故又叫做“大转移”。

5）中路进攻战术。在对方半场中间地带发动的进攻称为中路进攻。运用远射、运球突破和撞墙式配合突破中路防守是行之有效的战术。当然，边路进攻和中路进攻必须密切结合运用，才能更好地发挥进攻的威力。边路和中路的结合主要通过长传或短传转移进攻方向来实现。

6）反越位进攻战术。当发现对方有意识制造“越位陷阱”时，进攻的传球队员应当机立断，突然变传球为快速运球突破，或把球传给从后面快速插上的队员，突破“越位陷阱”。

7）快速反击战术。当对方全力进攻而疏于防守时，利用对方在进攻中失球后回防不及时、防守阵形不稳之机，采用快速传递或长距离直线传球，发动突然的攻击，利用“尖刀”人物快速插进对方后场薄弱之处，射门得分。

8）任意球进攻战术。比赛中主要有直接射门或一拨一射两种，如是间接任意球则可采取一拨一射的战术，或者是采取假射真传，主罚队员假装射门，在触球时改为传给其他位置、插上或切入的球员射门。

任意球战术要点如下。

① 传球次数不能多，经一两次传递即完成射门。

② 运用假动作迷惑对方，声东击西，避开“人墙”，争得射门机会。

③ 传球要及时、准确，插入“人墙”后面的队员要避免越位。

（3）防守战术

防守战术的基本要领是：丢球后迅速抢、封和堵；层层设防，保持阵形；局部紧逼，相互保护和补位；重点盯住对方的组织者和攻击手；积极围抢；有意制造“越位陷阱”，且尽量不要在禁区附近犯规。

1）人盯人防守战术。盯人的目的在于阻止对手接球、过人和射门，常见的人盯人防守战术有半场盯人和后场盯人两种。半场盯人是当进攻方进入防守方半场时，防守队员各自盯住相应位置的对手。后场通常是在距本方球门 30 米左右的区域，在这个区域里采用对位人盯人的战术称为后场人盯人战术。派专人把对手中的突出人物盯死，是人盯人防守战术的一种。

2）区域防守战术。区域防守战术是指根据每个队员在场上的位置分布，在防守时各自负责一个区域，并相互协调补防。

3）混合防守战术。混合防守战术既有区域防守，又有人盯人防守，把二者的长处结合起来使用。基本的打法是：对控球方队员及同伴采取紧逼盯人，对逼近球门的进攻队员实行紧逼防守；对距球较远的对方队员采用区域防守。

4）以少防多战术。

① 防传球：堵住对方切入和向前直传威胁球的路线，迫使对方减慢速度，争取时间让同伴回防。

② 防中放边：首先防止对方从中间突破，迫使进攻队员把球传给靠近边线的队员，从而减小对球门的直接威胁。

③ 防射门：在有效射门距离内必须防住对手的射门，其他防守队员则采用区域站位，保护防射门的同伴和防守其他有射门威胁的对手，同时注意二人的配合。

6. 评价与欣赏

① 评价。评价自己掌握足球运动的程度主要是从是否掌握足球的基本技术、基础战术配合和对规则的理解程度来衡量的。为达到大众健身的目的，一般情况下，达到如表 6-1 所示的基本要求，就能基本胜任足球的健身和比赛，并拥有相应的能力。

表 6-1　足球技术、战术自我评价表

序号	位置或技术、战术	基本要求	易犯错误
1	后卫	掌握好控球、大脚解围技术	黏球
		补防意识强、果断	不果断
2	前锋	掌握各种射门技术，突破能力强、跑动速度快	射门时机不好、不准，突破不力
		熟悉基本战术的跑动路线和时机	缺乏联络，路线和时机不对
3	中锋	具有较强的对抗能力，头球和抢点好	持球不稳、对抗能力差
		具有顽强的作风，不畏重防，有强烈的攻击欲望	畏惧，精神不佳
		熟悉围绕中锋的基本战术	不知道分工和配合
4	中场组织	掌握各种转身、变向等方式的运球，寻找空当传球的意识较好	组织不力
	运球技术	掌握各种转身、变向等方式的运球	低头运球、球性不熟悉
		保护好球	人球距离较远，被盗走球
5	射门技术	掌握头球、原地射门、行进间射门技术	击球不准
		善于抢到落点	抢位不好

续表

序号	位置或技术、战术	基本要求	易犯错误
6	传接球技术	传球隐蔽，掌握提前量和接球稳	接球不稳，传球时眼睛、动作暴露意图
7	防守技术	移动快、防守面积大	移动太慢，回防慢
8	战术配合	分工明确	分工不明确
		熟悉基本战术跑动路线和时机	跑动相互影响
		密切联络	信息不畅，各自为战

② 足球比赛的欣赏。足球运动能够成为拥有球迷最多的项目，重要原因就是足球比赛具有较高的观赏性。在观看足球比赛时，不难发现，其最鲜明的特点就是比赛中的高强度对抗性，这主要体现在整体对抗和运动员的个体对抗。运动员技术动作的高度技巧性，是智慧、力量、速度和弹跳等的完美统一。优秀足球运动员娴熟的盘带过人突破、腾挪躲闪，时而变速、时而转身、时而变向，技惊四座，使防守者人仰马翻，难于围追阻截；射门时如炮弹般的大力射门、轻推射门、挑射门、带过守门员射空门等让观众在焦急期盼中得到满足；而守门员一夫当关、腾空扑球，犹如老鹰抓小鸡，使得无数射门无功而返，让观众佩服守门员之勇猛；一环接一环紧紧相扣的整体战术，使一支球队形成全攻全守，最终进攻或防守成功，表现出高度的集体性和团队合作精神，成为球队屡创佳绩的重要法宝。

第二节 篮球运动

1. 篮球运动概述

（1）篮球的起源与发展

篮球运动起源于美国，1891 年由美国马萨诸塞州斯普林菲尔德市基督教青年会训练学校的体育教师詹姆斯·奈史密斯发明，最初是将桃篮钉在健身房内看台上的栏杆上，向桃篮投球的一种游戏。1932 年国际业余篮球联合会在瑞士日内瓦成立，1936 年男子篮球进入第 11 届奥运会，1976 年女子篮球进入第 21 届奥运会。1992 年国际篮联允许美国职业篮球联盟（NBA）职业球员参加第 25 届奥运会比赛。

篮球主要赛事有奥运会篮球赛、世界篮球锦标赛和洲际篮球比赛。

1895 年篮球运动传入中国。1913 年在华北运动会上被列为比赛项目；1956 年举办了全国甲级、乙级、丙级篮球联赛，以后又被列为第 1 届全运会主要比赛项目。近年来，中国男子篮球一直称雄亚洲，多次代表亚洲参加世界大赛，在 2008 年北京奥运会上获得第 8 名；女子篮球在 1992 年巴塞罗那奥运会上获得亚军。但与世界强国相比，我国的篮球运动水平仍有较大的差距。

（2）现代篮球比赛特点

现代篮球比赛对抗性强，技术、战术变化多端，攻守双方更是短兵相接，高、快、准、变相结合的对抗成为篮球比赛的主要特点。

（3）比赛的基本方法

篮球比赛由两队各 5 名队员参加。比赛分为 4 节，每节 10 分钟，第一节和第二节，第三节和第四节中间休息 2 分钟，第二节和第三节中间休息 10 分钟或 15 分钟。投球进篮筐即得分，3 分线内投中得 2 分，3 分线外投中得 3 分，罚篮投中一次得 1 分。当第四节结束，双方最终得分相等时，比赛进入 5 分钟的决胜期，如比分还相等，则再进行下一个 5 分钟的决胜期，直到分出胜负为止。

（4）锻炼价值

经常参加篮球运动，通过跑、跳、投的锻炼，对促进人体的协调性、灵活性和应变能力及培养团队精神等素质的全面发展都会起到良好的作用，是大学生课余锻炼中的重要运动项目。

2. 入门与基础

（1）移动

① 跑。篮球运动中的跑主要有侧身跑、变向跑、变速跑和后退跑。

② 急停。根据步法，急停可分为跨步急停和跳步急停。跑动中，最后两步采用跨步或跳步，身体稍后仰，屈膝降低重心，双脚用力蹬地，达到制动的目的。

③ 转身。重心移至中枢脚，以其为轴向前或向后转身。

④ 滑步。滑步是指向滑动方向前脚跨出、后脚蹬地跟上的移动步法，根据滑动方向可分为侧滑步、前滑步和后滑步等。

打篮球时之所以要保持低重心的基本站立姿势，是因为这种姿势使身体提前获得了一定的肌肉张力，便于随时完成各种复杂的动作，如突然的移动、抢球、断球、变速、变向、摆脱、接球和投篮等。相反，如果直腿站立、重心高，要做动作就需要先屈膝降低重心，这样便会出现处处比对方慢半拍的现象。

（2）传、接球

1）双手胸前传球、双手接球。

① 双手胸前传球：双手用力快速前伸，外翻手腕，手指拨抖，将球传出（见图 6-9）。

图 6-9　双手胸前传球

图 6-10　单手肩上传球

② 双手接球：双手伸出迎接来球，拇指相对成八字形，接球后收臂缓冲来球。

2）单手肩上传球、单手接球。

① 单手肩上传球：侧身，肩部对着接球者，单手肩上持球，蹬地挥臂传球，手腕前屈，用食指和中指拨球，将球传出（见图 6-10）。

② 单手接球：伸臂放松迎球，五指自然张开，掌心正对来球，腕、指放松，接到球时顺势引球缓冲。

（3）投篮

① 原地单手肩上投篮。以右手为例，右手五指自然张开持球的后下部，左手扶球左侧，上臂与前臂成 90°角，而手腕后伸也与前臂呈近 90°角。用力时，两脚蹬地，伸右臂，右手掌向上方拨球，由拇指和小指控制方向，最后用食指和中指将球拨出。这样的投篮会使球产生后旋，碰到篮板或篮筐不会产生很大的反弹。

知识链接

单手投篮具有出手点高、灵活性大、变化多、便于用力、出手快、防守者难以防守的特点。现代篮球普遍采用单手投篮。

② 行进间单手肩上投篮。第一步，跨步接球；第二步，持球踏跳；第三步，空中进行单手肩上投篮（见图 6-11）。由于惯性大，投篮时力量要轻。

图 6-11　行进间单手肩上投篮

知识链接

提高投篮命中率的技巧

◎选择适当的投篮时机，果断出手。

◎投空心篮时，瞄准点是篮圈的中心点；投碰板篮时，瞄准点是碰板点。

◎选择合适的投篮出手角度和球的飞行弧线。

◎投出后旋球，以保持球的飞行方向和均匀速度。

◎要有强烈的投篮欲望和信心。

◎规范投篮动作，加强投篮练习。

（4）运球

以肩关节为轴，手腕随球上下起伏，五指自然张开柔和触球，利用反弹和缓冲控制运球方向。运球时手腕要放松，用向下按压动作拍球，而不是抽打动作。同时，运球时应抬头，时刻观察场上情况。如果运球时只顾低头看球，很容易被对手断球，而且也看不到处于有利位置的队友，甚至自己处于容易投篮的位置也不知道。

（5）抢篮板球

抢篮板球关键是抢占有利位置，挡住对手，使其远离篮板，同时抢到球后要护住球。

知识链接

抢篮板球技巧

进攻方要有强烈的冲抢篮板球意识，掌握绕过、闪躲对手冲抢篮板球的移动步法。作为防守人需养成“挡人抢球”的习惯，做到“一挡二抢”和“挡抢结合”。

3. 基本技术

（1）传球

① 反弹传球。传出球击地落点在防守者身旁，这种传球的距离不宜过长。

② 行进间传接球。侧身面对来球，第一步接稳球，第二步传出球，落点要有提前量，做到人球相遇，使同伴容易接到球。

知识链接

狡猾的传球

◎隐蔽传球意图，出球突然，减少横传球和跳起传球。

◎将球传到远离防守者的一侧；传给移动的接球人时，要留出提前量。

◎传给内线插上的队员时，传球高度和速度要适中，便于其接球后马上投篮。

◎传给近距离迎面跑来接球的人时，传球力量要小而柔和。

（2）投篮

① 行进间单手低手投篮。以右手投篮为例。双手接球时右脚跨出一大步，左脚跟上快速踏地起跳，腾空后由下向上“伸（臂）”、“屈（腕）”、“拨（指）”将球投出（见图 6-12）。

图 6-12　行进间单手低手投篮

② 跳起单手肩上投篮。用力屈膝蹬地，跳起腾空后进行单手肩上投篮。强调跳到最高点出手，并防止身体前冲。

（3）运球

① 体前变向运球。拍球的外侧手改变方向，转体倒肩，脚步迅速跟上，然后换手运球（见图 6-13）。

图 6-13　体前变向运球

② 运球转身。一脚做中枢，运球手拉球转向另一脚方向，迅速转身，然后换手拍球（见图 6-14）。运球转身时，步法要稳，重心要低，切忌拉球动作过大，以免形成明显的翻腕和长时间携带球动作，造成运球违例。

图 6-14　运球转身

(4) 持球突破

持球突破是持球队员运用移动和运球技术快速超越对手的方法。

① 交叉步突破。以中枢脚为轴，利用交叉步突然变向，突破对手（见图 6-15）。

图 6-15 交叉步突破

② 同侧步突破。利用球和身体向异侧做假动作，然后从同侧突破（见图 6-16）。

图 6-16 同侧步突破

需注意的是：持球突破时，要把真、假动作结合起来，真真假假，让对手摸不清自己的意图。

(5) 防守技术

① 防守无球队员。防守无球队员时，选位最重要，应时刻注意人、球、篮筐的位置，根据球的转移随时调整防守位置，集中注意力，张开手臂，随时断球。球近时，防守要面向对手；球远时，防守要侧对对手。

② 防守有球队员。防守有球队员时，要随时调整好防守位置和防守距离，对手接到球时，迅速到位防守，手脚紧密配合防守。防善于突破的对手时，平步站立，张开双臂扩大防守面积；防善于投球对手时，两脚前后站立，一手上举、另一手侧举。

③ 抢断球。抢断球的关键是判断准确和动作快捷，把握好时机，避免扑空或失误。例如，在防守持球者时，要紧逼。每个球员都有自己习惯的运球手，应紧逼其最习惯的一侧，迫使其背对防守者和篮筐。一旦其转身背对防守者，就应紧紧贴住他；同时，还应张开双臂、手掌，一旦有机会便可以出手断球。只要对手伺机传球，便可下手抢断球。需要注意的是，抢断球很容易犯规，因此，最好先将球捅掉，即使无法得到球，同伴也会抓住机会快速反击。

4. 基本战术

比赛中战术变化多端，只有熟练地掌握与运用战术基础配合，才能更加灵活、更加有效地发挥战术效果。

(1) 进攻战术基础配合

① 传切配合。传切配合是进攻队员之间利用传球和切入技术组成的简单配合，传切配

合包括一传一切和空切配合两种。

在防守者只注意球或因封断传球而失去防守位置的瞬间，乘机切入。当对方防守较紧时，要利用假动作或改变动作方向和速度来摆脱对手，快速切入篮下。持球队员则要做瞄篮、突破、运球或其他进攻假动作，以牵制对手，但当切入者摆脱对手并能接到球时，要及时地将球传出。

② 突分配合。突分配合是持球队员突破后，利用传球与同伴配合的一种方法。持球突破队员要结合真假动作进行突破。在突破过程中，既要做好传球准备，又要做好投篮准备，传球要及时，而其他进攻队员要掌握时机，及时跑到有利的进攻位置上去接球。

③ 掩护配合。掩护者用身体挡住同伴的防守者必经的移动路线，使其受阻，让同伴借以摆脱防守的配合方法。依据掩护的位置和方向，可分为前掩护、侧掩护和后掩护 3 种。比赛时，根据场上情况的变化，也可做反掩护、假掩护、定位掩护、行进间掩护、连续掩护和双掩护等。掩护可以在无球队员之间进行，也可在无球和有球同伴之间进行。

配合要领是：a. 掩护队员给同伴做掩护时，面向或侧向同伴的防守者，两脚开立，站在同伴防守者的必经路上，距离约为半步；b. 掩护动作完成后，应根据场上的情况，及时转身切向篮下或摆脱防守队员去接球；c. 同伴在队友掩护之前，要以进攻的动作吸引住自己的对手，并借助队友的掩护突然摆脱防守。

④ 策应配合。策应配合为内线的队员背对或侧对篮筐接球，由其做枢纽，与外线队员的空切相配合而形成的一种里应外合的进攻方法。

配合要领是：策应队员策应前要注意及时抢占有利位置，接球后两脚开立，用臂和身体保护好球，并在策应过程中利用转身、跨步等动作及时调整策应的方向和位置，增加策应的变化和威胁，在同伴摆脱防守后，及时将球传给同伴。

（2）防守战术基础配合

1）挤过配合和穿过配合。挤过配合和穿过配合都是破坏掩护配合的积极有效的方法，是破坏对方掩护配合并及时防住自己对手的配合方法。

① 挤过配合，指发现掩护时，为了盯住进攻队员，挤过掩护者后，仍然盯住对手，挤过时要贴近进攻者。

② 穿过配合，指防守掩护的队员要及时提醒同伴，并主动让路，让同伴从自己的位置上穿过，仍然盯住原对手。

2）绕过配合和交换配合。

① 绕过配合，指当防守移动路线被堵死和穿过、挤过无济于事时，同伴主动贴前站，自己从后面绕过去防住原对手。

② 交换配合，指防守队员及时交换自己所防守的对手。

3）夹击。夹击的攻击性较强，迫使对方传球失误或迫使持球者 5 秒违例。两个队员夹击防守持球者，两人站位距离小到使持球者不能通过，而手臂要随着球的移动而移动，以破坏对方的传球。

4）关门。两人协同，进攻者可能突破和超越同伴时，及时向同伴靠拢“关门”，造成其带球走步和撞人犯规。

5）补防。当临近的同伴被对手突破时，主动放弃自己的对手，果断补防威胁最大的进攻者，被突破的防守队员则应快速回防或防守篮下。

（3）集体防守和集体进攻战术

1）人盯人防守战术与进攻人盯人防守战术。人盯人防守战术是每个防守队员盯住一个进攻队员，并协同完成集体防守任务的全队防守战术。进攻人盯人防守战术是针对对方人盯人防守情况，运用掩护、策应、传切、突破等组织全队进攻战术。

① 人盯人防守战术，分为两种：一种是半场人盯人战术，由攻转守时，全队迅速退回后场，每个队员盯住自己的对手，此防守具有较强的针对性；另一种是全场紧逼人盯人防守，由攻转守时，防守队员在全场范围内各自分工紧逼自己的对手，此防守具有较强的攻击性。进行人盯人防守时要快速找人、抢位，掌握“人球兼顾，不让接球，前紧后松，放边堵中”的原则，并利用夹击、换防、补防等集体配合来破坏对方的进攻。

知识链接

全场紧逼人盯人防守战术的运用时机

◎主动变化战术时。

◎有意识消耗对方体力、扩大战果或挽回败局时。

◎对付切入少而中投很准的球队时。

◎对付经验不足的球队。

② 进攻人盯人防守战术，是篮球队必须掌握的基本进攻战术。首先要沉着，然后运用运球突破分球、快速传球、摆脱空切、拉开掩护和策应等基础配合来破坏对方的人盯人防守。注意：边角不要停球，避免遭夹击，也不要挤成一团。

2）区域联防战术与进攻区域联防战术。

① 区域联防战术。这是防守进入指定区域的进攻队员，并与同伴协同防守，用一定的阵形，把每个防守区域有机地联系起来而组成的区域联防战术。它要求5个队员必须协同一致，明确负责的防守区域，积极地随球移动，集中加强对有球一侧的防守，兼顾远侧，以防球为主，人球兼顾，并要协助同伴进行关门、夹击、补位等防守配合。区域联防战术的主要防守阵形有“2—1—2”、“2—3”、“3—2”、“1—3—1”。

② 进攻区域联防。要想攻破区域联防，最有效的办法是在对方防守立足未稳、防守队形还未形成时，发动快速反击。当对手区域联防阵形已经形成后，则采取迅速落位，快传球调动对方，再利用空切、穿插、遛底线等跑动制造以多打少的区域优势，攻破区域联防。

知识链接

区域联防的运用时机

◎对方外围中远距离投篮不准，而内线威胁较大时。

◎对方频繁地采用穿插移动和运球突破，本队个人防守技术差，或犯规较多时。

◎有策略地改变防守战术时。

◎为了加强组织抢篮板球时。

5. 评价与欣赏

（1）评价

评价自己掌握篮球运动的程度主要是从是否掌握篮球的基本技术、基础战术配合和对规则的理解程度来衡量的。为达到大众健身的目的，一般情况下，如达到如表6-2所示的基本要求，就基本上能够胜任篮球比赛，并拥有相应的能力。

表 6-2　篮球技术、战术自我评价表

序号	位置或技术、战术	基本要求	易犯错误
1	后卫	掌握控球、远距离投篮技术，跑动速度快	控球不稳
		作为枢纽，具备指挥、联络和组织能力	缺乏联络
2	前锋	掌握各种投篮、突破技术	投篮时机不好、不准，突破不力
		熟悉基本战术的跑动路线和时机	缺乏联络，路线和时机不对
3	中锋	具有近距离作战的技术和对抗能力	持球不稳，对抗能力差
		具有顽强的作风，不畏强手，有强烈的攻击欲望	畏惧，精神不佳
		掌握争抢前后场篮板球的技术	抢不到位置
		熟悉围绕中锋的基本战术	不清楚分工和配合
4	运球技术	各种转身、变向等方式的运球	低头运球，球性不熟悉
		保护好球	控球不好，被断
5	投篮技术	掌握跳投、原地投篮、行进间投篮技术	投篮不准、前冲太大，球飞行轨迹太平
		善于抓住投篮时机	投篮时机不好
6	传接球技术	手触球就能拿到球，传球隐蔽	接球不稳，传球时眼睛、动作暴露意图
7	防守技术	移动快、防守面积大	移动太慢，站位不对
8	战术配合	明确分工	分工不明确
		熟悉基本战术跑动路线和时机	跑动相互影响
		密切联络	信息不畅，各自为战

（2）篮球比赛的欣赏

篮球运动是一项具有较高观赏性的比赛项目。观看篮球比赛时，不难发现，其最鲜明的特点就是比赛中的高强度对抗，这主要体现在整体对抗和运动员的个体对抗两个方面。运动员技术动作的高度技巧性，是力量、速度和弹跳等的完美统一，使观众对运动员的精彩动作不断叫好，并为之感叹、为之兴奋，更为运动员获得这样高难度的技术动作所付出的艰苦训练而感动，这些都是欣赏篮球比赛的重要看点。运动员在比赛中的突破防守、飞身上篮、急停跳投、大力灌篮、火暴盖帽、奋勇抢断等精彩动作层出不穷，让人应接不暇，尤其是在最后几秒钟内决定胜负的一投和防守，更是让观众随之感到紧张、兴奋与刺激，仿佛自己已经成为比赛中的一员，也在比赛，也在拼搏。在这方面，NBA 篮球比赛是主要的代表，它已成为世界篮球球迷欣赏的主要焦点。出色的 NBA 球星在比赛中领军表演，高招频出，他们的表现往往决定了球队的胜负和战绩。因此，他们的表现也就成了欣赏篮球比赛时的又一个重要看点。

欣赏篮球比赛还要从整体性上观察球队在比赛中各个环节的配合是否默契。例如，进攻中通过后卫的组织和主攻手的跑动完成进攻，以及全队队员巧妙的配合和隐蔽的组织，使对手疲于奔命，顾此失彼，形成无人防守下的投篮和扣篮局面。前面一连串的环节囊括了由守转攻的推进、后卫组织指挥、战术布置、各个球员跑动（路线和时机）与接应等环节。因此，一支球队要想取得好成绩，必须拥有较高的整体性水平。NBA 球员无论是身体条件还是基本技术，各个方面都比欧美其他球队（古巴、克罗地亚、西班牙、德国、俄罗斯、巴西等）要好。但是在奥运会上，美国“梦之队”却不能所向披靡。造成美国队败北的原因很多，其中 NBA 球星组成的“梦之队”由于组队时间短，造成其球队整体水平不尽如人意是最主要的原因。克罗地亚、西班牙、德国、俄罗斯等球队整体性水平高、战术体系快速多变则是 NBA 球队所不能及的，这也就是这些球队战胜对手、屡创佳绩的重要法宝。

（3）了解规则

违例有以下几种情况。

① 掷界外球违例，指 5 秒钟内未将球掷出；从裁判员指定地点沿边线移动超过正常的一步；在球离手后，在球触及场内队员之前掷球队员首先触及球；在球触及场上队员前，球触及界线或界外等。

② 3 秒违例，指当球进入前场，并且计时钟开启时，进攻队员在对方限制区内停留持续超过 3 秒时。

③ 5 秒违例，指掷界外球时，5 秒内未将球掷出；持球队员被紧逼防守，在 5 秒内球未离手；裁判员将球递交给罚球队员，在 5 秒内未将球投出。

④ 8 秒违例，指进攻队在后场控制球未能在 8 秒内使球进入前场。

⑤ 24 秒违例，指进攻队未能在 24 秒内完成投篮并使球触及篮筐。出现防守队员犯规时重新计算 24 秒。

⑥ 球回后场违例，指位于前场的进攻队队员，不得再控球回到后场。

⑦ 运球走步违例，指持球队员在投、传、拍或滚球之前，移动了中枢脚。

⑧ 二次运球违例，指持球队员运球开始后，该队员用双手同时触球或使球在手中停留的瞬间，运球完毕，若再运球即为违例。出现下列情况不判二次运球违例：同一人连续投篮，但投出的球必须触及篮筐、篮板或其他队员；与其他队员抢球中用挑、拍等手法得到球后运球；抢断得球后运球。

⑨ 脚踢球违例，指故意踢球或用脚的任何部位拦阻球。

⑩ 跳球时违例，指当球在上升阶段时，跳球队员触及球；跳球队员未触及球时，其他队员进入中圈或移动位置；跳球队员直接接住球。

⑪ 干扰投篮违例，指投篮的球在飞行中下落，并完全在篮筐水平面上时，防守队员触球即为违例，判给投篮得分。

犯规有以下几种情况。

① 侵人犯规，即场上队员通过手、臂、肩、髋、膝、脚、弯曲身体成不正常姿势或使用粗野动作以拍、阻挡、拉、推、撞、绊等动作来阻碍对方队员，即为侵人犯规。侵人犯规的罚则包括，如被侵犯的队员未做投篮动作，应由被侵犯的队员在犯规的最近点掷边线球或端线球；如犯规队在一节内已累计达 4 次犯规，则判给被侵犯队员 2 次罚球；如被侵犯的队员正在做投篮动作，则投中有效，再判给 1 次罚球；如果未投中，应判给 2 次罚球，如果是 3 分投篮未成功，则应判给 3 次罚球；如进攻队员犯规，则由对方队员在犯规的就近处掷边线球或端线球。

② 违反体育道德的犯规，即裁判员认为队员蓄意地对对方队员造成侵人犯规，为违反体育道德精神的犯规。两次违反体育道德犯规将被取消比赛资格。违反体育道德的犯规罚则包括：登记犯规队员 1 次违反体育道德的犯规，判给对方 2 次罚球，再追加 1 次中场掷界外球权；如果被犯规队员正在做投篮动作，投中有效，再判给 1 次罚球和 1 次掷界外球权，如果投篮不中，则应判给罚球（投三分球时罚 3 次）和 1 次掷界外球权；罚球时双方队员都应站在罚球线的延长线之后，罚球结束后，掷中场界外球的队员必须两脚骑跨中线，可以将球传给场上任何位置上的队员。

③ 取消比赛资格的犯规，凡属十分恶劣的不道德行为，可判为取消比赛资格的犯规。取消比赛资格的犯规罚则包括：登记犯规队员 1 次取消比赛资格的犯规，并令其离开比赛场地，余下判罚同违反体育道德的犯规罚则。

④ 技术犯规，即运动员出现场上骂人、不服从裁判判决、故意拖延比赛时间等现象要被判技术犯规；教练员技术犯规主要是指不服从裁判员、随意走出球队席区域或在场外干扰比赛正常进行等。技术犯规罚则包括：要进行登记，判给对方队员 2 次罚球和随后的掷界外球权，对方队长可以指定罚球队员。罚球时，双方队员都应站在罚球线延长线后。罚球后，由对方队员在中场处掷界外球，比赛正常开始。若在比赛开始前或休息期间，判队员或教练员技术犯规，都应在比赛开始前由对方队员罚球 2 次后，再由跳球开始比赛。队员的该次技术犯规累计带入下一节全队的犯规累计之中。

第三节　排 球 运 动

1. 排球运动概述

(1) 排球的起源与发展

排球运动始于 1895 年，创始人是美国马萨诸塞州的霍利沃克城基督教青年会干事威廉·莫根。他把球网架在 6 英尺 6 英寸的高度上，然后让人们用篮球胆隔着网来回拍打。之后又制成了与现代排球相近的、外表是皮制的、内装橡皮球胆的球。1896 年在美国开始有了排球比赛，很快受到美国国内各教会、学校和社会的广泛重视，同时也被列为军事体育项目，最终由美国的传教士与驻外国的军官和士兵带到了世界各地。1947 年国际排球联合会成立后，排球运动成为一项世界性的体育项目。

目前，国际排联已有 200 多个会员国。1949 年举行了第 1 届世界男子排球锦标赛。排球运动世界大赛主要有奥运会排球赛、世界锦标赛、世界杯赛、世界沙滩排球锦标赛、残疾人奥运会排球赛等。中国女排共夺得 2 次奥运冠军和 5 次世界冠军，她们的拼搏精神，对壮我国威、振奋民族精神起到了极大的推动作用。

(2) 现代排球比赛特点

① 形式的多样性和广泛的群众性。排球运动场地设备比较简单，室内外均可进行，形式多种多样，参加人数可多可少，运动负荷能大能小，适合不同年龄、性别、体质和不同训练程度的人在不同的环境下进行活动。

② 技术的全面性和高度的技巧性。参加比赛的每个运动员都要参与防守和进攻，规则还要求队员轮转换位，因此运动员必须全面掌握各项技术，使球不落地，也不能连击、持球和四次击球。

③ 激烈的对抗性和严密的集体性。各个比赛环节都是在激烈的对抗中进行的，对抗的焦点尤其集中在网上的扣、拦上。

④ 轻松的娱乐性和高雅的休闲性。排球运动不拘于形式，可支网相斗，亦可围圈嬉戏，只要有一块空间、沙滩或草地，便可尽情享受击球的乐趣。排球比赛隔网进行，双方斗技，没有身体接触，安全儒雅，是理想的休闲方式。

(3) 比赛的基本方法

正式室内排球比赛球网的高度为男子 2.43 米，女子 2.24 米，比赛场区为长 18 米、宽 9 米。比赛采用五局三胜制和每球得分制。比赛时双方各上场 6 人，分前后排站位，由获得发球权一方的后排 1 号位队员在端线后宽 9 米的区域内发球。发球方胜一球后，由该队同一发球队员继续发球；接发球队胜一球后，按预先登记的发球顺序，换由下一名队员发球。前四局先得 25 分并同时超出对方 2 分的队胜一局；当比分为 24∶24 时，比赛继续进行，直至某队领先 2 分为止，如 28：26。第五局则为先得 15 分并同时超出对方 2 分的队获胜；当 14：14 时，比赛继续进行，直至某队领先 2 分为止，比分无最高限制。局间进行交换场区，决胜局中某队先获得 8 分时，两队交换场区。第一至第四局，每局有两次技术暂停，时间为 60 秒，每当领先队达到 8 分或 16 分时自动执行。另外，每局还有两次请求暂停的机会，时间为 30 秒；第五局无技术暂停，每队在该局中可请求两次 30 秒的普通暂停。同时，每队每局最多允许请求 6 人次换人。

（4）锻炼价值

排球运动量适合不同年龄、性别、体质和不同训练程度的人参加。参加排球运动能提高人们的身体素质和运动能力，改善身体机能状况，培养团结协作的团队精神和良好的作风。

2. 入门与基础

（1）准备姿势

按照身体重心的高低，准备姿势可分为稍蹲、半蹲和低蹲 3 种。

（2）移动

常用的主要移动步法有并步、跨步、交叉步、滑步和跑步等。

要求：做好准备姿势，及时判断来球性质，快速移动，移动中身体重心起伏不能太大，以免影响移动速度。

（3）正面双手传球

① 传球手形：两手自然张开成半球形，两拇指相对成“一”字或“八”字形（见图 6-17）。

图 6-17　传球手形

② 击球点：在额前上方约一球距离处。

③ 用力：主要利用蹬地伸臂、伸腕和手指上的弹力把球传出去（见图 6-18）。

图 6-18　用力

知识链接

传球错误动作

◎大拇指朝前。

◎伸手过早或过晚，判断不准。

◎触球部位离身体太远。

(4) 正面双手垫球

① 垫球手形：抱拳式、叠掌式和互靠式［见图 6-19(a)］。

② 击球部位：利用腕关节以上 10 厘米左右处的桡骨内侧平面击球的后下部［见图 6-19(b)］。

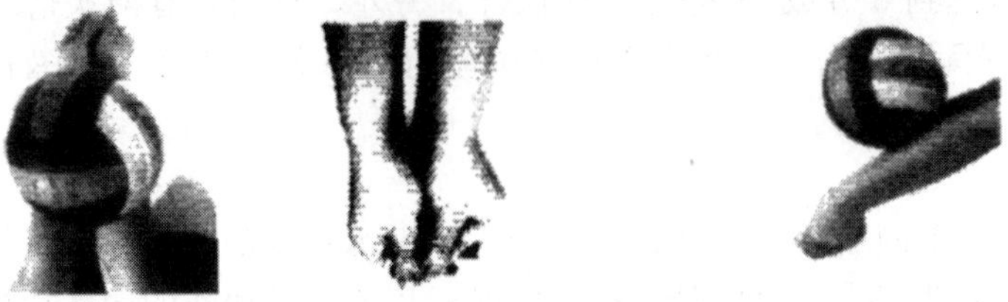

(a) 垫球手形　　(b) 击球部位

图 6-19　垫球手形与击球部位

③ 用力：两臂夹紧、前伸，插到球下，蹬地压腕抬臂击球（见图 6-20）。

图 6-20　用力

知识链接

垫球错误动作

◎屈肘，两臂弯曲。

◎手臂用力突然。

◎只用手臂，重心不前移。

(5) 正面下手发球和正面上手发球

1) 正面下手发球（见图 6-21）。

图 6-21　正面下手发球

① 抛球：平稳抛球。

② 击球部位：直臂掌根、全掌或虎口击球的后中下部。

③ 用力：以肩为轴挥臂，依靠蹬地和身体重心前移，挥臂击球。

知识链接

发球技巧

◎抛球稳。

◎击准球的后中下部。

◎全身协调用力。

2）正面上手发球（见图 6-22）。

图 6-22　正面上手发球

① 抛球：垂直抛于右肩前上方。

② 击球部位：半握拳、全掌或掌根击球后中下部。

③ 用力：身体转动，在肩上方伸直手臂的最高点，快速挥臂击球。

（6）正面扣球（见图 6-23）

(a) 助跑起跳　(b) 空中击球　(c) 落地

图 6-23　正面扣球

1）助跑起跳。

① 步法：采用一步、两步、多步或原地垫步等，助跑前注意观察二传传出球的性质，寻找起跳时机和击球点。

② 节奏：步幅由小到大，速度先慢后快，最后一步左脚及时跟上，踏在右脚侧前方，制动身体，增加弹跳高度，同时避免前冲力过大而触网。

③ 起跳：左脚跟上，两脚用力蹬地、踏跳，加强摆臂以增加弹跳高度。

知识链接

扣球技巧

◎准确判断二传球落点。

◎加大摆臂，增加高度。

◎挥臂放松，如鞭甩。

◎高点击球，手掌包满球。

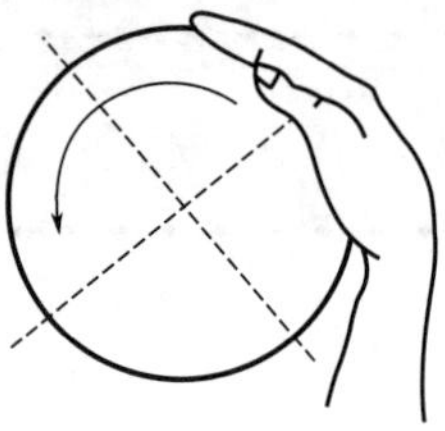

图 6-24　扣球手形与推裹动作

2）空中击球。

① 手形：五指张开呈勺形。

② 击球：在最高点击球，全掌击球后中下部，手掌包满球，用推裹动作击出上旋球（见图 6-24）。

③ 用力：身体成反弓形，腰腹发力，身体带动大臂，大臂带动小臂，小臂带动手腕，做出鞭甩动作。

（7）单人拦网技术（见图 6-25）

图 6-25　单人拦网完整动作

① 准备姿势：站在距球网 30～40 厘米处，两臂置于胸前并屈肘，手指张开（见图 6-26）。

② 移动起跳：采用移动步法，选好起跳点，重心降低，两膝弯曲，用力蹬地，垂直起跳。

③ 空中击球：双臂尽力过网，两手自然张开，当手触球时，突然紧张，手腕用力下压盖住球的前上方。

需注意的是：避免触网、脚过中线的犯规；避免起跳过早，否则对方扣球时身体已下降；避免拦网时低头或闭眼睛，不看扣球动作和球，盲目阻拦。

图 6-26　拦网手形

（8）“中二传”进攻阵形

由前排 3 号位队员担任二传，2 号位和 4 号位队员扣球的战术形式，称为“中二传”进攻阵形（见图 6-27）。

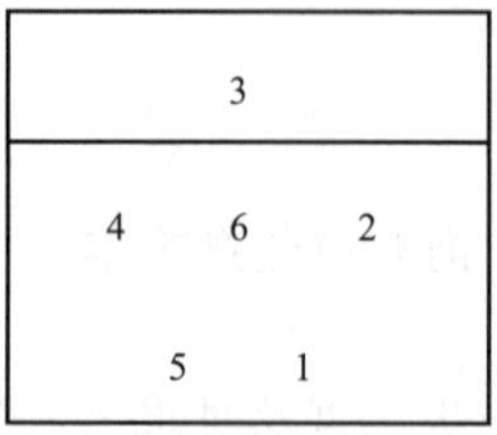

图 6-27　“中二传”进攻阵形

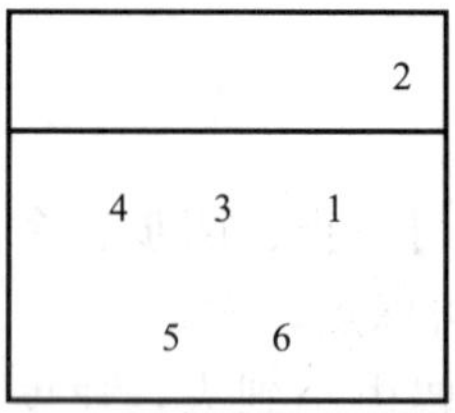

图 6-28　“边二传”进攻阵形

（9）“边二传”进攻阵形

由前排 2 号位队员担任二传，3 号位和 4 号位队员扣球的战术形式，称做“边二传”进攻阵形。战术变化多于“中二传”（见图 6-28）。

（10）五人接发球站位阵形

除站在网前的 1 名二传队员或由后排“插上”的二传队员不接发球外，其余 5 名队员都按接发球的阵形站位。

① W 形站位：前面 3 名队员接前场区的球，后排 2 名队员接后场区的球，也称“一三二”站位（见图 6-29）。

② M形站位：前面2名队员接前区球，中间队员负责接中区球，后面2名队员接后区球，也称“一二一二”站位（见图6-30）。

③ 一字形站位：5名队员一字形排开，左右距离较近（见图6-31）。

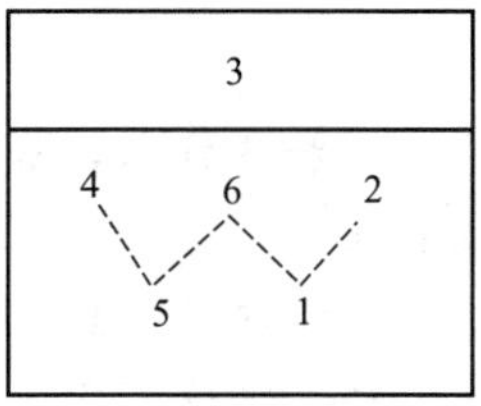

图6-29　W形站位

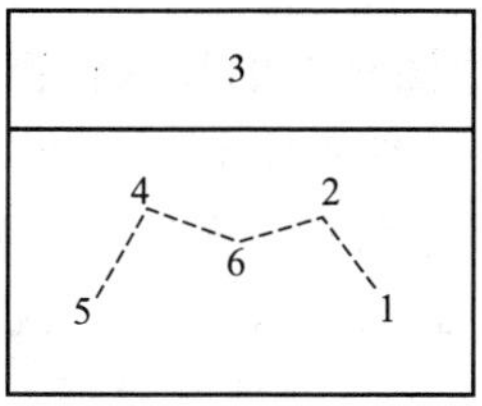

图6-30　M形站位

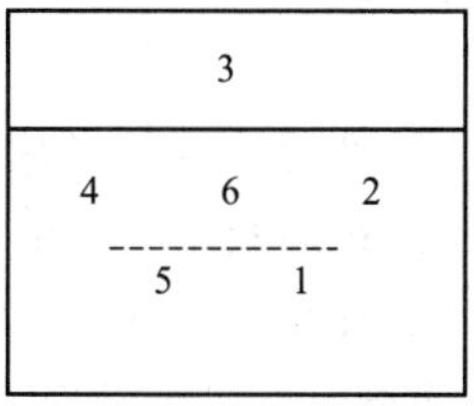

图6-31　一字形站位

④“边二传”站位换成“中二传”阵形：发球出手后，二传队员在4号位或2号位时，可以换位成“中二传”进攻阵形。

⑤“中二传”站位换成“边二传”阵形：球发出，二传队员换到2号位组成“边二传”进攻阵形。

3. 基本技术

（1）传球技术

① 背传。上体比正传时稍直立，击球点保持在额上方，手腕适当后仰，掌心向上，手指击球的下部，依靠蹬腿、展腹、抬臂、伸肘向后翻腕及手指、手腕的弹力将球传向后上方。

② 顺网二传。当一传来球时，二传队员身体不宜正对来球方向，要适当转向传球方向，尽量保持正面传球，使球顺网飞行。

③ 调整二传。调整二传以传高、远球为主，应充分利用蹬地伸膝，伸臂及屈指、腕的全身协调力量将球平稳传出。

（2）垫球技术

① 体侧垫球。侧垫时两臂夹紧向体侧伸出，同侧臂要高，保持好反弹角度，用力时以腰带动手臂，双臂截击来球，将球平稳垫起。

体侧垫球在来球速度较快、落点较低、来不及移动进行正面垫球时采用。

② 背垫球。快速移动到落点，背对垫球方向蹬地抬头挺胸，蹬腿展腹使身体成反弓形，双臂夹紧向后上方摆臂，垫击球的后下部。

背垫在球飞行较远、较高，无法运用一般垫球技术时采用。

（3）正面上手发飘球

正面上手发飘球与正面上手发球动作相似，但击球是用掌根击球的后中下部（见图6-32），同时击球时的挥臂伴有突停动作，传球产生飘晃效果。如球不飘晃，原因是击球的作用力没有通过球的中心。

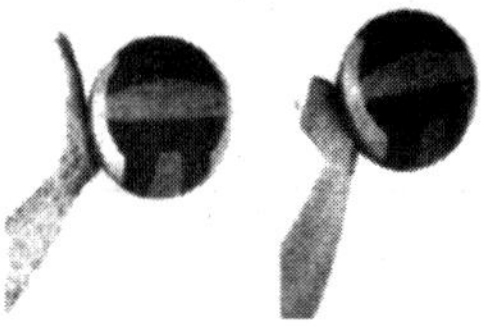
图6-32　发飘球的击球部位

（4）接发球技术

接发球技术主要采用正面双手垫球技术。但在接大力发球时，不要抬臂用力，相反手臂还要稍后撤缓冲来球。接发球时要有必能接好球的信心，避免互相抢球或让球，注意配合。

（5）接扣球技术

早判断、快取位，降低重心，高球挡，低球垫，千方百计争取多起球。要防好扣球，要有争抢险球的作风，不怕重球，防止重心后坐，根据对方扣球动作、特点和同伴拦网情况，及早判断，快速移动。

知识链接

中国排球的技术创新

◎男排：创造并掌握了“盖帽”拦网技术；创新了“平拉开快球”扣球技术，成为我国传统的快攻特点；名将汪嘉伟创造了“前飞”、“背飞”等进攻打法。

◎女排：创新了“快速反击”战术，在技术、战术打法上走在世界前列；创造了“全攻全守”、“高快结合”的新型打法；创造了单脚起跳背飞扣球、前快错位背飞等快攻战术。

（6）扣近体快球和半高球

扣近体快球队员的起跳时间在二传队员传球前或传球时起跳；扣半高球则比扣近体快球要晚，因为半高球的高度一般在 1～1.5 米。

需注意的是：重点掌握好助跑起跳的时机，解决好人与球的关系和与二传队员的熟练配合。

（7）集体拦网

集体拦网是 2～3 名队员的协调配合，应以 1 人为主，拦住直线，其他队员移动过来，拦住斜线。配合拦网时注意避免身体在空中相互冲撞，形成的拦网面不能留有大于球的缝隙。

需注意的是：后排队员不能参加拦网。

4. 基本战术

（1）个人战术

① 发球个人战术的运用。主要运用有变换发球方法，变化发球力量、落点和飞行路线；对方处于进攻较弱的轮次时，应注意发球的稳定性；“找人”发球，发给连续失误、信心不足、情绪急躁或刚上场的队员；得分困难或比分落后较多的情况下，采取攻击性强的发球战术等。

② 扣球个人战术的应用。扣球战术的要点是避强打弱、避重就轻。从对方身材矮、弹跳力差或拦网能力差的队员的拦网区域进行突破。扣球落点尽量找人、找点，向防守技术差的队员或对方空当扣球。

③ 防守个人战术的运用。集中注意力观察对方进攻的意图和本方拦网的情况，在接球前作出正确的判断，选择有利位置，当判断出对方进行大力扣球而本方布置好拦网时，重点防守未拦到的线路或防打手出界的球；而对方扣球变吊球时，则要快速前压防守。

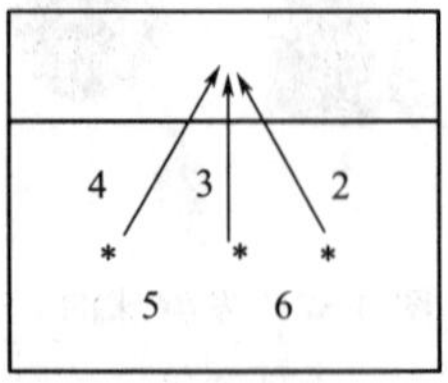

图 6-33 “插上”进攻战术

（2）“插上”进攻战术

“插上”进攻战术指后排二传队员分别从 1 号、6 号或 5 号位充分利用球网全长，突破对方的防线，由后排担任二传队员插到前排传球，以保持前排三点进攻的战术（见图 6-33）。

需注意的是：发球时，二传必须在发出球后方可移动“插上”，否则要被判为位置错误。同时，不要影响其他队员接球，“插上”队员传球后，应立即对进攻队员进行保护，防拦回球或后撤防守。

（3）进攻战术的各种打法

① 平快掩护。平快掩护是 2 号位和 4 号位平拉开进攻，3 号位中间短平快进攻的战术形式（见图 6-34）。

② 交叉进攻。两名队员用交叉跑动路线换位进攻的形式，目的在于扰乱对方盯人拦网的布置（见图 6-35）。

③ 重叠进攻。两名队员几乎在同一点上进行不同时间的进攻，成重叠之势，使拦网人难以判断真假（见图 6-36）。

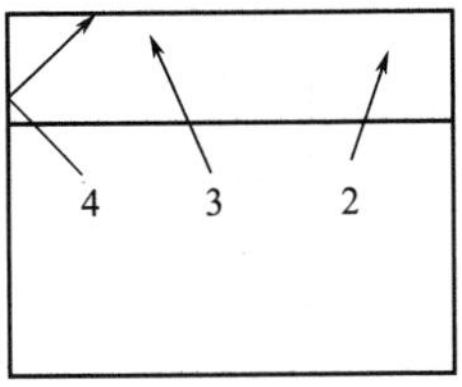

图 6-34　平快掩护

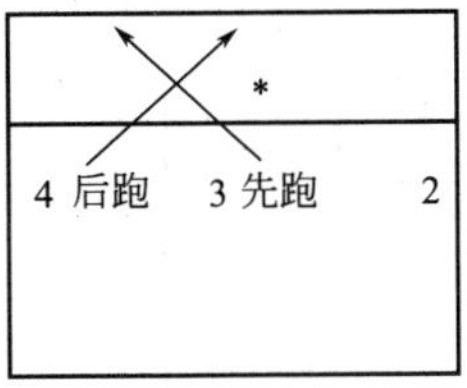

图 6-35　交叉进攻

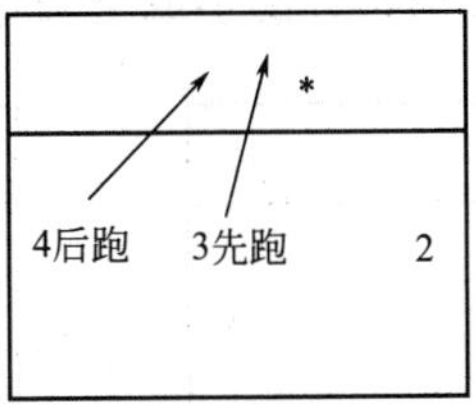

图 6-36　重叠进攻

④“夹塞”进攻与“串平”进攻。以短平快为掩护，另一进攻队员跑动，“夹”在传球手与快攻手之间的进攻，称“夹塞”进攻；扣球队员在短平快掩护队员的背后打平拉开快球的进攻，称为“串平”进攻（见图 6-37）。

⑤ 双快一跑动进攻。双快一跑动进攻是两名队员进行快球进攻，第三名队员进行大范围的跑动进攻（见图 6-38）。

⑥ 前后排互相掩护的进攻。前后排互相掩护的进攻也称立体进攻，这是近年来世界排球十分流行的战术，优点是可以形成进攻队员人数上的优势，进攻点多，扩大了进攻的纵深范围（见图 6-39）。

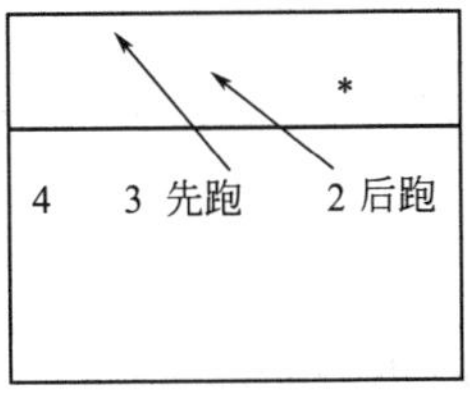

图 6-37　“夹塞”进攻与“串平”进攻

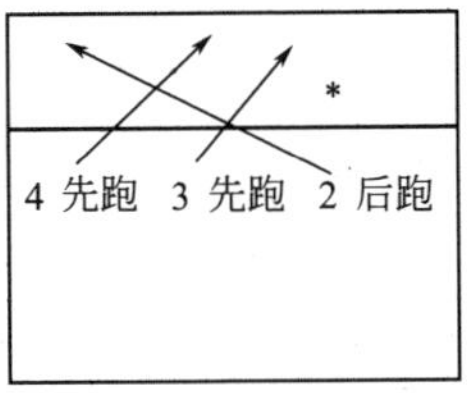

图 6-38　双快一跑动进攻

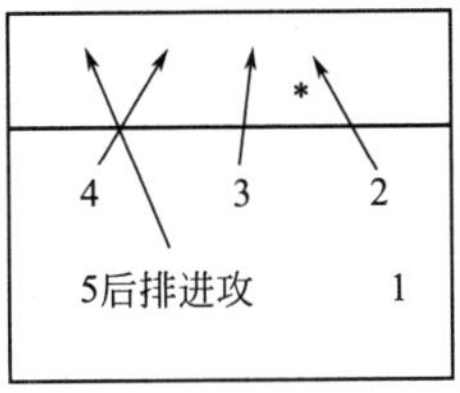

图 6-39　前后排互相掩护的进攻

（4）防守战术

① 单人拦网防守战术。这是最基础的防守配套形式，在水平高的比赛中也时常被采用。一般情况下，多采用拦对方相应位置的攻手，邻近的队员则后撤保护，也可以由本队一名拦网好的队员专门拦网，不拦网的队员则后撤保护。

② 双人拦网防守战术。由前排 2 人拦网，其他队员组成防守阵形。

“边跟进”防守阵形：防守队员取位呈半圆形，“边”上 1 号位的队员重点防守中心和边侧的吊球。这种阵形有利于防对方的大力扣杀，其弱点是在于防吊球，中心处的空当太大，为此，便出现了“死跟”和“活跟”的变化。

“活跟”：1 号位队员根据判断来决定是“退守长线”还是“跟进防吊”的灵活布置，叫做“活跟”（见图 6-40）。当前压跟进时，要求 6 号位队员及时补直线，4 号、5 号位队员积极侧应，前排拦网则要拦住中区。

“死跟”：对方进攻无论是扣球还是吊球，1 号或 4 号位防守直线的队员皆固定跟进防吊球，6 号位固定防守直线，叫做“死跟”（见图 6-41）。其在对方吊球多、对方直线进攻少时运用较多。

“双卡”：当对手攻击力不强、吊球多时，采取 4 号或 2 号位前排队员向内后撤，1 号或 5 号位队员直线半跟，形成“双卡”防守阵形（见图 6-42）。

“心跟进”防守阵形：在本方拦网好、对方运用吊球多的情况下运用“心跟进”防守阵形（见图 6-43）。除“心跟进”队员外，其他队员扼守各自的位置。但因后场只有两人防守，后场中央和两腰容易形成空当，如对方进攻多变、突破点多时，则不宜采用这种防守阵形。

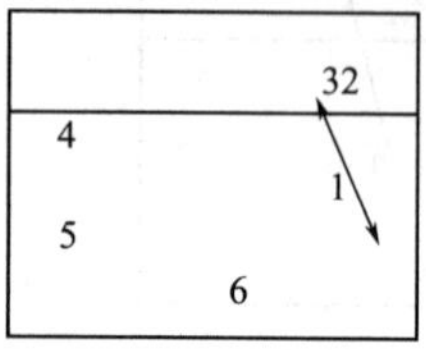

图 6-40 “活跟”

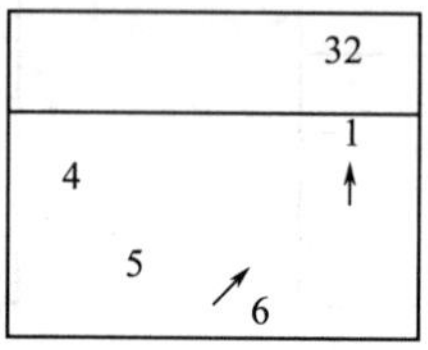

图 6-41 “死跟”

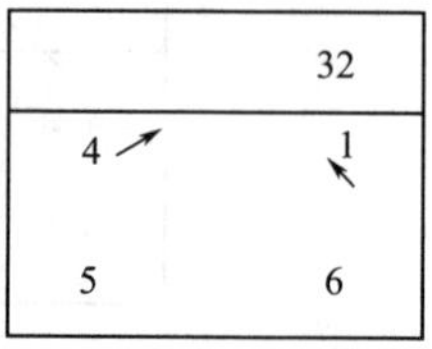

图 6-42 “双卡”

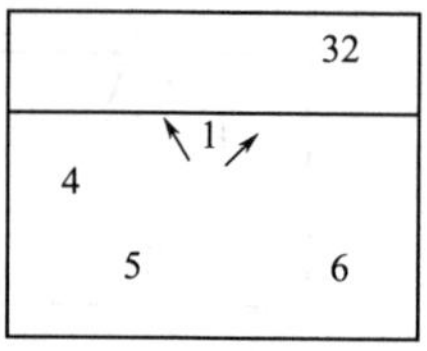

图 6-43 “心跟进”防守阵形

5. 评价与欣赏

（1）评价

评价自己掌握排球运动的程度主要是从是否掌握排球的基本技术、基础战术配合和对规则的理解程度来衡量的。为达到大众健身的目的，一般情况下，达到如表 6-3 所示的基本要求，就能够参加大众排球比赛，并拥有相应的能力。

表 6-3 排球技术、战术自我评价表

序号	位置或技术、战术	基本要求	易犯错误
1	二传队员	掌握正面或背面传出 4 号位或 2 号位高球、3 号位快球和半高球的技术	判断不好，移动不及时，传出球效果不佳
		作为枢纽，具备指挥、联络和组织能力	缺乏联络
2	扣球队员	掌握扣 4 号位或 2 号位高球、3 号位快球和半高球的技术	起跳时机不好，击球手法不对
		熟悉二传手的传球特点、基本战术的跑动路线和时机	缺乏联络，路线和时机不对
3	防守技术	具有接好一般性能发球、防起一般力量的扣球和吊球的能力	判断不好，移动不及时，不会控制不同性能的球
		具有顽强的作风，不畏重扣，有强烈的防守起球欲望	畏惧，精神不佳
		掌握一般的扣球落点规律和防守位置分工	不知道分工和配合
		及时接应	只有二传手接应
4	拦网技术	正确判断进攻点，拦网手动作正确	被晃开、手未伸到对方空间
		拦网配合好，形成严密拦网面积	有漏空、相互冲撞
5	战术配合	明确分工	分工不明确
		熟悉跑动路线和时机	跑动相互影响
		密切联络	信息不畅，各自为战

（2）排球比赛的欣赏

在观看排球比赛时，不难发现，其最显著的特点就是球队严密的整体性和运动员技术动作的高度技巧性。欣赏排球比赛只要抓住这两个特点，就能很好地理解排球、看懂排球。从整体性上主要是观察球队在比赛中的各个环节配合是否默契，如进攻中通过二传的组织和进攻手的跑动进攻来完成。精彩时，常常出现巧妙的配合和二传隐蔽的组织把对手的拦网晃开，形成扣空网或只有单人拦网的局面，在对手还来不及进行补拦时，紧接着就是迅雷不及掩耳的扣杀，球应声落地，观众掌声响起。当看到这样的扣球效果时，不要忘了，前面一连串的环节都不能出问题，即接发球或防守起球、二传、跑动路线和时机、扣球、保护等配合。但是，也会看到竟然出现二传手传球后没有进攻队员进行扣球，看着球落地的现象，让支持进攻球队的观众干着急，其实这是二传手对攻击的布置与进攻队员的意图不了解造成的，导致配合失误，令人惋惜，由此也可以看出这支球队的整体性水平。中国女排运动员在身体条件方面与欧美球队（古巴、美国、德国、俄罗斯、巴西等）相比，没有多少优势，但中国女排高水平的整体性、快速多变的战术体系却是其他球队所不能及的，球队的勇于创新和艰苦的训练使之始终保持领先，这也正是中国女排屡创佳绩的重要法宝。

运动员高超的技术动作使观众一再叫好，为之感叹、为之兴奋，更为运动员获得这样高难度的所付出的训练而感动，这也成为欣赏排球比赛的重要看点。在排球比赛中，精彩表演层出不穷，令人应接不暇：发球时的大力跳发球，看似平常而飘忽不定的（长或冲）飘球，尤其是在胜负关键时刻，发球更是让人担心和激动；扣球时的大力扣球突破对手集体拦网、轻吊巧妙得分令人赞叹和刺激；二传狡猾的传球让对手拦网无从选择，令人不得不佩服二传队员的智慧；防守时球员不畏重扣防起扣球、腾空鱼跃勇救险球、疾跑冲向广告板救球，运动员顽强的拼搏作风令人敬佩。这时，观看比赛的观众也融入到了比赛中，成了比赛中的一员。

（3）了解规则

① 发球规则：必须在发球区内将球抛起后，在球落地前用一只手或手臂的任何部位将球击出，发球队员不得踏及场区（包括端线和发球区以外地面），鸣哨后在 8 秒内将球发出；发出的球必须由过网区进入对方场区内。

② 持球和连击犯规：没有将球击出，使球产生停滞，为持球犯规；同一人连续击球为连击犯规，但拦网时的连续触球及全队第一次击球时同一动作击球产生的球连续触及身体部位除外。

③ 四次击球犯规：每队最多击球 3 次（拦网除外），将球从球网上成功击回到对方场区，超过规定次数的击球判为四次击球犯规。无论是主动击球或被动触球，均作为该队击球一次。

④ 过网击球犯规：在对方区场空间触击球为过网击球犯规，但在对方进攻性击球后拦网触球除外。

⑤ 过中线犯规：比赛进行中队员的一只（两只）脚或一只（两只）手完全越过中线触及对方场区是允许的，但身体的其他任何部位从网下穿越接触对方场区，为过中线犯规。

⑥ 触网犯规：比赛进行中，队员触及 9 米以内的球网和标志杆、标志带为触网犯规。但队员未试图进行击球轻微触网和被动触网除外。

⑦ 拦网犯规，包括：从标志杆外进行拦网并触球；当对方队员击球前或击球的同时，在对方场区空间拦网触球；后排队员或后排自由防守队员完成拦网或参加了完成拦网的集体，包括球触及前排队员；拦网出界；拦对方发球。

⑧ 进攻性击球犯规，包括：后排进攻犯规，即后排队员在前场区内或踏及进攻线及其延长线，将整体高于球网上沿的球击入对方场区；过网击球犯规，即在对方场区空间内击球；扣击发球犯规，即在前场扣对方发来的、整体高于球网上沿的发球，完成进攻性击球；自由人进攻性击球犯规，即队员在高于球网处对同队自由防守队员在前场区用上手传出的球完成进攻性击球，后排自由防守队员完成对高于球网上沿的球的进攻性击球，均为自由人进攻性击球犯规。

⑨ 各队在最后确认的12名队员中，可选择1名队员为后排自由防守队员。具体规则包括：后排自由防守队员必须穿着区别于其他队员颜色的服装，式样可以不同，但必须有与全队样式一致的号码；可以替换后排任何1名队员；不允许发球，进攻性击球过网、拦网和试图拦网。

第四节　手球运动

1. 手球运动概述

手球是综合篮球和足球的特点而发展起来的一种运用手的传球、接球与运球等技术和队员之间相互配合的组成战术，以将球射入对方球门为取胜手段的一项球类运动项目。

手球运动起源于欧洲。1917年，德国首次组织手球比赛。1936年，手球（11人制）被列为第11届奥运会正式比赛项目，但实际并未进行比赛。1972年，在联邦德国慕尼黑举行的第20届奥运会上，男子7人制手球被列为正式比赛项目；在1976年的第21届加拿大蒙特利尔奥运会上，女子7人制手球也被列为正式比赛项目。

手球运动锻炼价值较大，它包括跑、跳、投、搓等综合技术，经常参加手球运动，能使人体各个器官得到改善和增强，能促进身体素质的全面提高。在手球比赛中，双方对抗激烈，队员要不断进行奔跑、跳跃、闪避、倒地和有力地挥臂搓球等动作，所以手球运动可以锻炼勇敢、顽强的战斗作风，培养刻苦耐劳的精神，并有助于培养集体思想，增强组织性和纪律性。

由于手球运动的对抗性强，比赛紧张激烈，攻守转换频繁，情况千变万化，如凌厉的快攻反击、灵活多变的射门技术等，被人们所喜爱。目前，手球已成为国际上比较盛行的体育运动项目。

2. 手球基本技术

手球和其他球类运动一样，基本技术是提高运动水平的基础，只有掌握全面、熟练、准确、实用的技术，在比赛中才能提高个人的攻击和防守能力，才能更好地组织机动、灵活的战术。手球的基本技术包括持球、移动、射门、传接球、运球、突破、防守和守门员技术等。

（1）持球

① 单手持球。五指自然分开，依靠手指和手腕的力量拿住球。单手持球时，掌心不能贴住球，拇指不能张得过大。单手持球比较灵活，便于进行下一个动作，射、传动作多用单手完成。

② 双手持球。双手五指自然分开，两拇指成八字形，握球的两侧偏后，用手指及手掌的桡侧持球。双手持球较牢同，持球突破时不易被对方打掉。

（2）移动

移动指比赛中的脚步动作。打好手球必须掌握各种跑动技术，而且要跑得快、变向灵、停得稳、变换动作活，这样，才能适应快速、激烈的对抗。

① 两三步的快速急切步。两三步的快速急切步是在防线前快速切进的步法，是突破防守、急切到球门区前射门时经常采用的步法。面对球门，直接切向球门区前的快速移动方法称为直切；侧对球门，斜线切向球门区的快速移动方法称为斜切。

② 侧身跑。侧身跑是在快速移动中，头部和上体向后面或侧面来球方向扭转的跑法。

③ 变速、变向跑。变速、变向跑是在快速跑动中，用变换速度和突然改变方向来摆脱防守的方法。

④ 快速弧形跑。快速弧形跑是在球门区前，沿弧线跑动的方法。跑动时，上体稍向球门方向倾斜，两手自然置于胸前，身体重心不要太高，步幅不要太大，步频快，眼睛看着球，注意不要踩线。

⑤ 急停。急停是在快速移动中突然停止，借以甩开防守的方法。急停分跨步急停和跳步急停两种，跳步急停是徒手或接球突破防守前常采用的急停方法。

⑥ 转身。转身是摆脱防守或改变身体方向进行传接球或射门时采用的方法。转身时，以一脚为轴，另一脚向前后移动，改变原来的方位。移动脚前跨为前转身，绕过作轴的脚后跨为后转身。

（3）射门

射门是比赛中得分的唯一手段，一切技术、战术的运用都是为了获得良好的射门机会。射门从动作上可分为原地射门、跑动射门、跳起射门和倒地射门 4 种，按射门时球的出手部位又可分为肩上射门、高手射门、体侧射门和低手射门等方式。肩上射门能用上全身的力量；体侧射门的动作特点是挥臂幅度小，以肘腕关节用力为主，动作变换快，突然从对方臂下射出；低手射门是在防守者严密封锁上面和侧面时，从对方体侧将球射出；如果防守者偏向投掷臂一侧，完全封锁了右侧射门路线时，可采用向左侧屈体射门的方法，从对方体身体右侧将球射出（见图 6-44～图 6-47）。

图 6-44　肩上射门

图 6-45　体侧射门

图 6-46　低手射门

图 6-47　左侧屈体射门

1）原地射门。原地射门多用于罚 7 米球和突然性射门，是其他射门方法的基础。

2）跑动射门。跑动射门是从球场各位置和角度向球门区前跑动，在跑动中接球或运球中进行射门的方法。跑动射门分跑动中射门和交叉步射门两种。前者具有速度快、动作突然的特点；后者可借助身体的惯性冲力，充分发挥身体各部位的力量，适于中远距离射门。

3）跳起射门。跳起射门多用于防线外或切入防线时的射门。

① 向前跳起射门：是切入射门效果最好的办法。切入后向前起跳射门可以甩开防守者的阻拦，跳入球门区上空，缩短射门距离。由于动作连贯快速，故守门员不易封堵。

② 向上跳起高手射门：适于外围进攻队员在防线前进行的中远距离射门。这一射法出手点高，能避开防守者的封堵。如防守者跳起封堵，可改变出球部位，向上跳起体侧射门，

在对方手臂下出球。

③ 快板射门：特点是快速、突然。乘防守者不注意，突然跳起腾空，在射门区上空接同伴来球射门，命中率很高。

④ 同侧脚跳起射门：右手射门的队员从左侧切入，右脚蹬地向左前方跳起，与防守者拉开一定的距离，使投掷顺利伸展、射门。

4）倒地射门。倒地射门是内线队员切入防线后，为摆脱防守者的阻挠所采用的射门方法。该射法难度较大，技巧性较高。

① 原地倒地射门，是内线队员在球门区线前获得球时采用的射门方法，也用于罚 7 米球。这一射法能避开防守者的阻拦，缩短与球门的距离，提高命中率。

② 鱼跃倒地射门。适合正面攻击，威胁大、应用范同广。由小角度向 7 米线方向跃起倒地射门，可扩大射门范围。

（4）传接球

传接球是组织全队进攻配合的纽带、增强攻击力的保证、提高战术质量的主要环节。

① 传球。传球和射门有密切关系，传球和射门的方法基本相同。比赛中，传射动作灵活变换使用，能起到迷惑对方的作用。原地、跳起、交叉步、跑动中射门等，都可作为传球方法。最基本的传球方法是原地肩上传球和跑动中传球，此外还有跳起单手肩上传球、单手头后传球、单手背后传球、单手体前甩传和反弹传球等。

② 接球。比赛中，传接球大都在跑动中进行。由于场地大、传球距离长、球体小、速度快、力量大，接球技术要求很高。接球有单手接球和双手接球两种，双手接球又有双手上手接球、双手下手接球和接地滚球等方法。

（5）运球

运球是进攻队员个人推进时的技术。手球比赛中不提倡过多地使用运球，不必要的运球会影响进攻的速度，而且容易造成失误。但合理的运球能创造良好的进攻机会，给防守造成一定的威胁。运球用于可以绕过防守者直接射门时、为缩短与球门距离射门时、同伴被对方盯住无法传球时和为调整位置进行战术配合时。

运球时，运球手的五指要自然分开，掌心向下，以肘关节为轴，前臂上下摆动，指、腕用力柔和。比赛中常用的运球方法有直线运球和变向运球两种。

（6）突破

突破是具有攻击性的进攻技术，是个人进攻的主要手段。突破以脚步动作为基础，有时结合运球一起进行。手球规则允许持球走三步，充分利用三步，以灵活多样的步法伴以巧妙的假动作，就更易突破防守，达到进攻的目的。

① 徒手突破。不持球的进攻队员，运用灵活的脚步动作，改变速度、方向，并利用转身或假动作摆脱和突破对手的防守。徒手突破包括变速突破、变向突破和转身突破等。

② 持球突破。手球持球突破不像篮球有中枢脚的限制，可充分利用走三步的规则。突破防守时，应持球快速蹬跨三步从对手身边切过。切进时，身体前倾幅度不要过大，切肩动作要小，步幅也不宜过大。三步动作短促、快捷，最后一步着地的同时开始引球，并迅速进行下一动作。持球突破的步法可分原地持球突破和移动中接球突破两种。

③ 运球突破。运球突破一般情况下不用，多见于运球进攻队员的位置距球门较远，需要突破后继续运球前进时。运球突破采用变向运球动作。

（7）防守

比赛中的进攻与防守相互制约、相互促进、相互转化。没有较好的防守能力，等于给对方进攻提供方便，所以防守与进攻同样重要。手球规则“允许身体合理的接触”，所以在防守中应选择正确的防守位置，大胆贴近对方，用身体堵截对方的移动和接球路线，并积极采用封、打、断球技术，破坏对方进攻配合，创造较多的反击机会。

（8）守门员技术

守门员是全队最后一道防线，守门员技术的好坏，直接影响比赛的胜负和本队的士气。一个优秀的守门员，除了守好球门外，还要在得球后迅速、准确地发动快攻，起到助攻作用。因此，应根据球的活动方向与位置，不断调整自己的防守位置。守门员一般站在球门线前，使自己始终保持在球与球门柱构成的夹角的分角线上，并能保持迅速、准确地做出挡球动作的准备姿势。调整站位时，常采用滑步、跨步和上步等脚步动作。

挡球是守门员对付对方进攻的主要防守技术。挡球包括手挡球（双手挡球、单手挡球、单臂前臂挡球、双臂前臂挡球、单手撩体侧高球）、脚挡球、手脚并用挡球和正面冲出挡球等。

传球是守门员的助攻技术。守门员使球从端线出界，由守门员掷球门球。因此，守门员发动快攻的次数占全场快攻发动总次数的一半以上，所以守门员应熟练掌握远距离传球技术，使球不仅有速度，而且有理想的弧度和准确的落点。

3. 手球基本战术

（1）进攻基本战术

① 传切战术配合。传切战术是进攻队员利用传球和切入的简单配合（见图 6-48）。

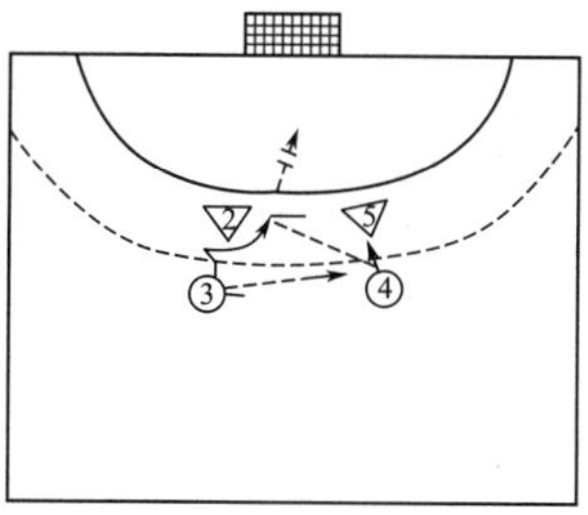

图 6-48　传切战术配合

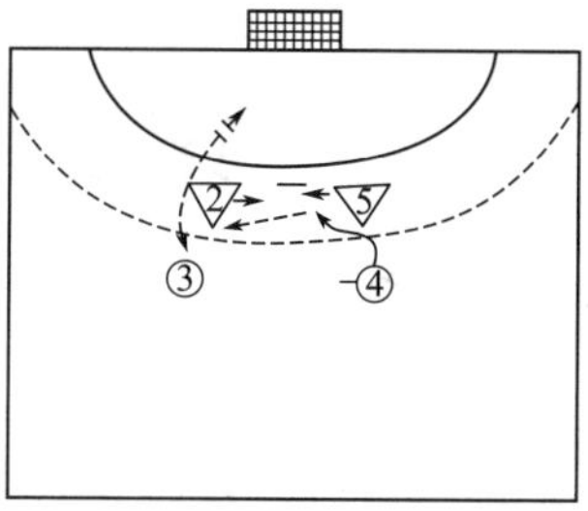

图 6-49　突分战术配合

② 突分战术配合。突分战术是进攻持球队员利用个人突破技术影响、吸引防守队员，给同伴创造机会，并及时地将球传给同伴射门的一种简单配合（见图 6-49）。

③ 交叉换位战术配合。其指两个或两个以上进攻队员在对方防线前做交叉跑动、互换位置，借以打乱对方防守的部署，使其防守在衔接上出现漏洞，以达到进攻的目的（见图 6-50）。

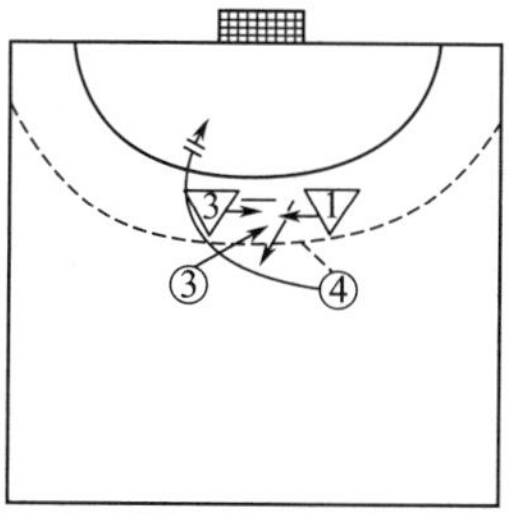

图 6-50　交叉换位战术配合

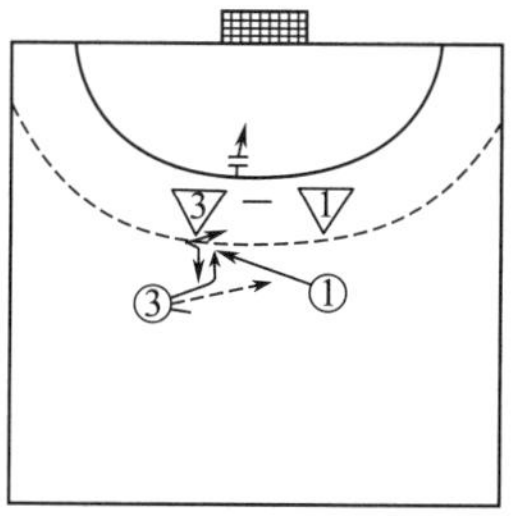

图 6-51　掩护配合

④ 掩护配合。其指进攻队员选择合理的位置，用自己的身体以合理的动作，挡住同伴的

防守队员的移动路线，使同伴借以摆脱防守而获得进攻机会的一种配合方法（见图 6-51）。

（2）防守基本战术

防守基本战术主要有换防、补防等配合。防守基本战术运用得如何，主要取决于个人的防守能力和协同防守的意识。

① 换防战术配合。换防是指防守队员之间相互交换自己的防守对象的一种配合方法。防守队员为了对付进攻队员连续不断地交叉和掩护，而及时采用交换对象来破坏对方企图摆脱防守的目的（见图 6-52）。

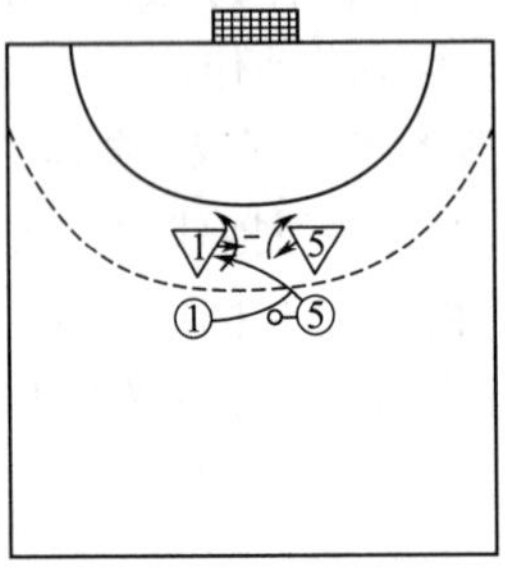

图 6-52　换防战术配合

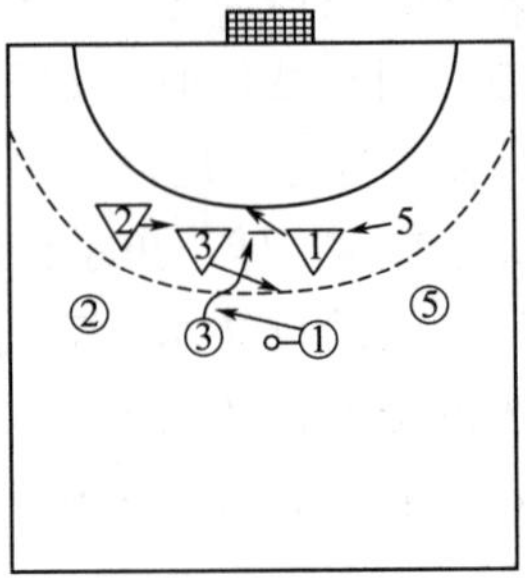

图 6-53　补防战术配合

② 补防战术配合。补防是指当某一防守队员被对方持球者突破，并构成严重威胁时，邻近的防守队员应立即放弃自己的防守对象，补防突破者，以弥补本方防线上的缺口。在比赛中主动积极地进行相互间的补位，才能更好地完成防守任务（见图 6-53）。

第五节　网球运动

1. 网球运动概述

网球运动的起源及演变可以用四句话来概括：网球孕育在法国，诞生在英国，开始普及和形成高潮在美国，现盛行全世界。其被称为世界第二大球类运动。

早在 12～13 世纪，法国的传教士中流行着一种用手掌击球的游戏，方法是在空地上两人隔一条绳子，用手掌将布包着头发制成的球打来打去。渐渐地，这种活动传入法国宫廷，并很快成为当时贵族的一种娱乐游戏。当时，他们把这种游戏叫“teunis”（法语，用手掌击球的意思），即“掌球戏”。14 世纪中叶，法国王储将这种游戏使用的球赠送英国国王亨利五世，于是这种游戏便传入英国。这种球的表面使用埃及坦尼斯镇所产的最为著名的绒布——斜纹法兰绒制作的，英国人将这种球称为“Tennis”（网球），并流传下来，直到现在，使用的球还保留着一层柔软的绒面。

15 世纪，这种游戏由用手掌击球改为用拍板打球，并很快出现了一种用羊皮制作拍面的椭圆形球拍。同时，场地中央的绳子也改为了网子。16～17 世纪是这种活动的兴盛时期，逐渐形成了一种比赛。在这之前，由于这种活动只是在法国和英国的宫廷中流行，所以网球又称为“宫廷网球”和“皇家网球”。1873 年，英国人温菲尔德改进早期网球打法。他在羽毛球运动的启示下，将古代网球和羽毛球结合起来设计出现代网球，并确定了场地、规则和器材。1877 年 7 月，全英网球俱乐部在温布尔登举办首届草地网球冠军赛，标志着近代网球运动的开始。

世界网球重大赛事主要有戴维斯杯赛、联合会杯赛、澳大利亚网球公开赛、法国网球公开赛、温布尔登草地网球锦标赛、美国网球公开赛、ATP 世界巡回赛、国际巡回赛、顶级巡回赛等。

网球运动是在 19 世纪后期随着西方近代体育的传播而进入我国的。中华人民共和国成立以后，网球运动得到了进一步的发展。1953 年成立了中国网球协会，并在天津市举办了新中国的首次全国网球表演赛。新中国网球运动的国际交往是从 1956 年开始的。1986 年中国女子网球队在第 10 届亚运会的团体赛中夺冠，从此结束了中国在亚运会上无网球金牌的历史。2004 年雅典奥运会上，李婷、孙甜甜经过奋勇拼搏，取得了中国体育史上第一个网球双打奥运冠军，为我国网球运动的发展注入了新的动力。

2. 入门与基础

(1) 场地

网球比赛场地分为单打场地和双打场地。若是单、双打共用场地则挂双打网，进行单打时，必须增加两根单打支柱（其直径不超过 7.5 厘米的圆形柱或边长不超过 7.5 厘米的方形柱）（见图 6-54）。

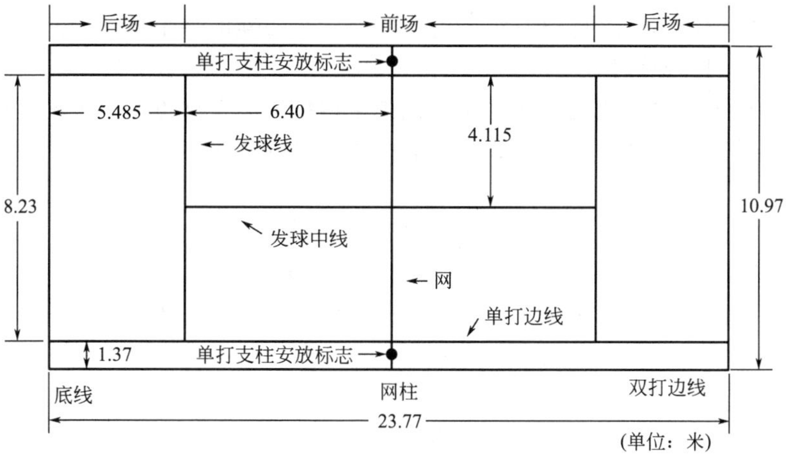

图 6-54 网球场地

(2) 球拍、球与握法

1) 球拍。现在一般选择碳素石墨材料制成的球拍，这种球拍手感较好。选择球拍要考虑以下几个因素。

① 重量：球拍的重量分轻（L）、中（M）和重（T）3 种。练习者应根据自己的力量选择，重量适中、能用得上力就可以。

② 面积：分为小拍面（穿弦面积小于 548 平方厘米）、中拍面（穿弦面积为 554～612 平方厘米）和大拍面（穿弦面积大于 612 平方厘米），初学者一般选用大拍面的球拍。

③ 硬度：球拍的硬度分为 10 个等级，1～5 级为软性球拍，6～10 级为硬性球拍。使用硬度较大的球拍容易造成肘关节受伤，即“网球肘”，因此初学者应选用中性偏软的球拍。

④ 拍柄：选择粗细适宜的球拍。过粗不易控制，过细则握不住拍柄。

2) 网球。网球一般为黄绿色。球的弹性为：在 2.45 米的高度自由下落到混凝土地面的弹起高度为 1.35～1.47 米。

3) 握法。

① 中国式握拍法：中国式握拍法要求V形虎口对准2～3号棱之间，这种握拍法还被称为“榔头”式握拍法（见图6-55）。采用这种握拍方法时，食指根部压在与拍面水平的平面上，拍面的角度几乎与地面垂直，仿佛是用拍框的侧面钉钉子一样。中国式握拍法适合用来击打任何类型的球，并在发球、截击球、削球及防守球时采用这种握拍效果会更好。

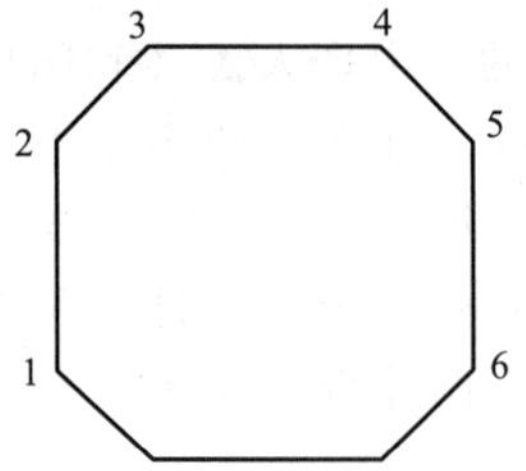

图6-55　拍柄棱

优势：中国式握拍法可以使发球时的手臂自然下压，给手臂的压力小，并且在击正手和反手球时不需要调整握拍法，因此中国式握拍法是网前截击球的最佳选择。

劣势：用中国式握拍法很难打出带上旋的击球或削球。这就要求击球点必须要比球网高，由于球在这一点停留的时间非常短暂，所以击球时间很短。

② 东方式正手握拍法：东方式正手握拍法要求V形虎口对准3～4号棱之间（见图6-55）。这里介绍一个正确采用东方式正手握拍法的小窍门，即将手平放在拍弦上，然后下滑到拍柄根部抓握。

优势：东方式正手握拍法被称为“万能握拍法”，采用这种握拍法，拍面可以通过摩擦球的后部击出上旋球，还可以打出有很大力量和很大穿透性的平击球。同时，从东方式正手握拍法很容易转换到其他握拍方式。

劣势：与大陆式握拍法相比，尽管东方式正手握拍法的击球点在身体前部要更高、更远一些，但它仍不适用于打高球。东方式正手握拍法击出的球多是平击球，不适用于那些希望打出更多上旋球的选手。

③ 半西方式正手握拍法：半西方式正手握拍法要求V形虎口对准4～5号棱之间（见图6-55）。在职业网球巡回赛中，底线力量型选手多采用这种握拍方法。

优势：相对于东方式正手握拍法，这种握拍法可以让选手打出更多上旋球，使球更容易过网，也更好控制线路，因此很适合打上旋高球和小角度的击球。这种握拍法在身体前部的击球点比东方式正手握拍法更高、更远，因此更有利于控制高球。

劣势：半西方式正手握拍法不适合回击低球。因为采用这种握拍法时，拍面自然地呈关闭状态，这样，迫使选手必须打球的下部然后向上挑，于是容易给对手留下进攻机会。

④ 西方式正手握拍法：西方式正手握拍法要求V形虎口对准5～6号棱之间（见图6-55）。

优势：这是一种很“极端”握拍法，手腕的位置迫使拍面强烈地击打球的后部，从而产生更多的上旋。这种握拍法比其他任何一种正手握拍法的击球点都要更高、更远。正是因为西方式正手握拍法对高球的良好控制，因此许多上场选手和青少年都很青睐这种握拍法。

劣势：回击低球是这种握拍法的致命点。采用此种握拍法时，要以更快的挥拍动作来给球加上必要的旋转，以使击出的球有速度，也有深度。

⑤ 东方式反手握拍：东方式反手握拍法要求V形虎口对准2号棱（见图6-55）。

优势：同东方式正手握拍法一样，它可以给手腕提供良好的稳定性，使打出的球略带旋转，或直接打出有穿透力的球。而且，采用这种握拍法只要做非常小的调整就能回到大陆式正手握拍法，这样，在削球或在网前截击时都会比较轻松。

劣势：尽管这种握拍法能很好地处理低球，但它不适合打高于肩部的上旋回球，因为这种握拍法很难控制这样的回球，所以在多数情况下，选手只能采用防守式的削球将球打回对手场内。

⑥ 双手反手握拍法：在双手反手握拍法下，右手是东方式反手握拍法，握在拍柄的后

方；左手是东方式正手握拍法，握在拍柄的前方。

优势：适用于单手力量不足或双手具有良好协调性的选手。比起单手反手击球，双于反手借助肩部的转动和小幅度的挥拍来发力。因此，采用双手反手握拍来接发球的成功率比较高。这种握拍法还适合处理低球，而且在回球时力量很足。

劣势：因为是双手握拍，这就限制了跑动。因此，在进行大幅度移动击球时都很困难，而且不容易转身挥拍。同时，双手反拍选手过分依赖于上旋球，而要想有效地击出削球，双臂挥出的同时，还要保持前肩的稳定性。这对于习惯扭臀转肩的双手反手选手来说，这可并非易事。

（3）基础知识

1）站位。击球前，运动员所选的站立位置称为“站位”。底线击球一般采用 4 种站位方式（见图 6-56）。

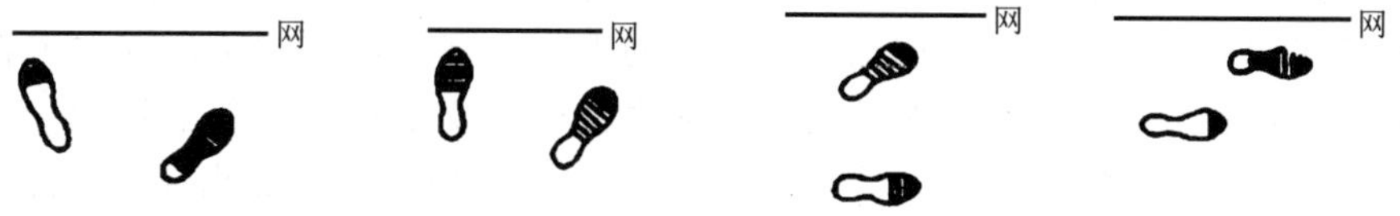

(a) 开放式站位　(b) 半开放式站位　(c) 半关闭式站位　(d) 关闭式站位

图 6-56　基础站立

2）击球点。击球时，球拍与球接触瞬间的空间位置称为击球点。击球点的空间位置是相对击球者的身体而言，从距身体的 4 个方向（前、后、左、右）和高低位置来确定的。最佳击球点在身体侧前方的腰部高度。

3）击球时期。从对方击球瞬间到己方的球拍触球瞬间之前，球在空中的飞行时段称为击球时期。来球从过网点到落点的飞行阶段为空中段，落地后弹起至回落地面前击球前称为反弹段。

4）击球线路。球从击球点飞行到落点间的线路称为击球线路。基本击球线路有直线和斜线两种。

5）击球过程的要点。①判断，对来球的方向、球的旋转性质、球的飞行速度和落点进行的综合分析；②移动，即根据来球的方向调整站位。移动是为了在击球之前抢占最佳击球位置；③击球，在确定了对方的来球特点后，决定自己的回击方法，以达到最佳的击球效果；④还原，是指在完成上述动作之后回到击球前的准备状态（基本姿势和基本位置）。

6）击球技术的要素。①引拍：后摆引拍是击球质量和击球力量的先决条件；②挥拍：挥拍的速度、方向直接影响回球的力量和球的飞行路线；③击球：击球瞬间的击球点、击球时期、拍面的角度、击球部位直接决定回球质量；④随挥：随挥动作是为了保证击球的完整性、协调性和稳定性，并影响着动作的还原。

3. 基本技术

（1）正手击球（见图 6-57）

1）准备姿势。面向球网，两脚开立，略宽于肩，稍屈膝，上体稍前倾，重心置于前脚掌。球拍指向正前方，几乎与地面平行。右手握拍（以右手握拍为例，以下同），左手托着拍颈。眼睛始终盯着来球方向。

2）后摆引拍。当判断球朝正手方向飞来时，双脚迅速右转，肩右转 90°角，同时转髋，

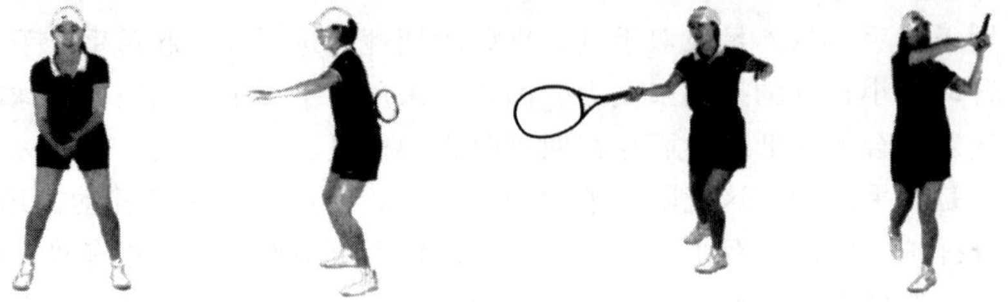

(a) 准备姿势　(b) 后摆引拍　(c) 挥拍击球　(d) 随球跟进

图 6-57　正手击球

左脚向右前方上步，重心移至右脚，右手自然向后引拍，将球拍引于身体右侧。引拍时肘部要自然弯曲下垂，手腕固定，左手前伸保持身体平衡。

3）挥拍击球。将球拍迅速向前挥动，手腕要固定绷紧，握紧球拍，球拍从稍低于腰部处开始，做弧线运动，逐步上升，向前挥动，要迎上去击球。击球时拍面基本垂直于地面，同时将身体重心从右脚移向左脚。击球时身体随之转动，腰部带动大臂击球。

4）随球跟进。当球离开球拍后，击球动作不要停止，应使球拍随出球方向挥一段距离，握拍手臂向前伸展。肘关节向前上跟进，挥至左肩一侧，拍头指向天空。同时身体完全转过来，重新面向球网。在完成一次击球后，应立即回到准备姿势状态，为下一次击球做准备。

5）正手击球动作技术要点：①击球全过程眼睛要始终盯住球；②尽早尽快地后摆引拍；③击球点正对着前髋，击球时握紧球拍、绷紧手腕；④球拍随球送出，充分随挥至左前方。

（2）反手击球（单手）（见图 6-58）

(a) 准备姿势　(b) 后摆引拍　(c) 摆挥击球　(d) 随球跟进

图 6-58　反手击球（单手）

1）准备姿势。向左转髋、转肩，右手持拍，左手托住拍颈，向右后方引拍，同时身体90°角转向左脚使右肩对准来球方向。

2）后摆引拍。完成前挥动作时应保持手腕固定，通过下肢、髋、肩的发力，将力量自下而上送上球拍。

3）挥拍击球。击球时，拍面要垂直于地面，对准来球伸直肘部快速挥动，击球的中下部，手臂前挥，路线由低到高。

4）随球跟进。击球后，手臂要保持击球时的动作继续前送，前移重心，充分上扬手臂。

5）反手击球动作技术要点：①迅速转体、转肩，球拍及早后摆；②眼睛自始至终盯球；③握紧球拍、绷紧手腕，向上挥拍，球拍随球送出（反拍下旋球是向下向前挥拍）；④随挥动作在旁侧的高处结束。

（3）截击球

截击球是指击打过网后还未落地的空中球。一般在发球后或底线回球质量不高时使用。截击球通常采用大陆式握拍法，初学者可先采用东方式正手握拍法进行练习。

1）正手截击（见图 6-59）。

(a) 准备姿势　(b) 挥拍击球　(c) 随球跟进

图 6-59　正手截击

① 准备姿势。正手截击时跨步、移动重心和后摆球拍几乎同时进行，拍头要始终高于手腕。

② 挥拍击球。正手截击时要保持小臂伸直，手腕固定，发力短促、有力。截击球多采用切击，击球点在身体的右前方。

③ 随球跟进。截击球的随挥动作幅度较小，一般不超过中线。截击动作完成后迅速调整姿势，准备迎接下一个来球。

2）反手截击（见图 6-60）。

(a) 准备姿势　(b) 随球跟进　(c) 击球点

图 6-60　反手截击

① 准备姿势。进行反手截击时，身体略向左转，同时重心移至左脚，左手扶住拍颈，向左前跨，右脚对准来球方向。

② 随球跟进。反手截击球的随挥动作很小，一般不超过身体中线，以便快速还原，准备进行下一个动作。

③ 反手击球的击球点。反手击球的击球点要在身体的左前方，比正手更靠前。击球时手腕固定，肘部下拉用肩和小臂的力量向下击球。

（4）挑高球（见图 6-61）

① 准备姿势。挑高球分正手和反手挑高球两种，其握拍方法和正、反手击球的握拍方

(a) 准备姿势　(b) 挥拍击球　(c) 随球跟进

图 6-61　挑高球

法相同。其引拍动作和正、反手击球的引拍基本相同，只是挑高球要求高而深，需要更充分的后摆动作。

② 挥拍击球。向前挥拍时，球拍击打球的下部，向前上方击球。存整个击球过程中，保持手腕绷紧、握紧球拍。挑高球要将球打得高而且深，但稍有偏差就容易出界，因此挑高球的落点应在场地的中间。

③ 随球跟进。随挥动作是将球挑到足够高度的关键，因此应加长击球的时间，顺着球的飞行路线向上做随挥动作，球拍尽可能送远，动作在身体前面的高处结束。随挥动作结束后，应立即回到端线后面中间的有利位置。

（5）反弹球（见图 6-62）

(a) 准备姿势　(b) 挥拍　(c) 击球　(d) 随球跟进

图 6-62　反弹球

① 准备姿势。采用大陆式握拍法，击球前身体重心与其他击球方式的准备姿势类似，对正来球方向迅速降低拍面位置。

② 挥拍。击反弹球的后摆幅度要小于其他击球方式，底线位置后摆动作稍大一些，中、前场后摆幅度很小，几乎只是磕球过场。

(a) 准备姿势　(b) 击球

图 6-63　高压球

③ 击球。与其他击球动作相比，反弹球的击球位置更低，拍面更要保持垂直和平行。击球点尽量在身体的侧前方。

④ 随球跟进。随挥的技术要领与正反手击球基本相同，可根据来球速度、位置掌握运用。

（6）高压球

高压球俗称扣球，是在头上方扣杀的一种击球技术，是有效的得分手段（见图 6-63）。

① 准备姿势。看到对方挑高球时，应尽快地调整位置，用垫步或后退步、前进步移动到球落点后面，侧身对网，两脚前后开

立，左手指向来球，眼睛注视来球。

击球前将球拍提前举到头上，重心放在后脚。

② 击球与随挥。击球时，注意腿部蹬伸、转腰、提重心、顶肘、挥拍、收腹、鞭打击球，同时重心前移，在最高点击球。

随挥路线是从击球后至身体左下方止，重心完全移至前脚。

（7）发球

发球是比赛得分的重要手段，也是运动员技术水平的重要标志。初学者应认真理解动作要领并认真进行练习（见图 6-64）。

(a) 抛球　(b) 挥臂　(c) 击球　(d) 随球跟进

图 6-64　发球

① 抛球。发球的技术动作要求在身体协调放松的状态下进行，左手伸直在身体的侧前方最高点抛球，保持球在头的前上方垂直下落，抛球后双臂保持反 L 形。

② 挥臂。当球拍自然下垂到“搔背”状态时，开始向上挥小臂，直至手臂与身体充分伸展。

③ 击球。整个挥拍动作与高压球动作技术一样自下而上用力，手臂内旋扣腕击球左侧（初学者可采用击球左后上方的削击发球）。

④ 随球跟进。击球后，要继续保持球拍自然挥摆至身体的左下方，同时重心前移，使身体迅速调整位置回到准备状态。

（8）接发球

接发球在网球比赛中有着非常重要的作用，它是控制对手，争取主动的主要手段（见图 6-65）。接发球要求选手有精准的判断力和良好的控球技术。

(a) 准备姿势　(b) 移动转身　(c) 接球　(d) 随球跟进

图 6-65　接发球

① 准备姿势。注意观察对方发球的站位和意图，身体重心比底线击球时更低一些，两眼紧盯对手发球。

② 移动转身。在对方发球后立刻作出判断，迅速移动站好位置并确定回球方式，同时

做好转身后摆动作。

③ 接球。初学者一般发球速度不快，可用对拉底线的击球方法接球。如果感到对方击球速度较快，应采用交叉上步或侧身击球的方式接球；来球角度较大的则可用削球进行接球。

④ 随球跟进。随球跟进动作要充分，还原动作要快，然后迅速移动到中场位置。

4. 评价与欣赏

网球运动是一项讲究智慧、礼仪、高雅的运动，是最受欢迎、最有影响和最具艺术吸引力的大众运动项目之一，也是当今体坛唯一能够与足球分庭抗礼的大项目。

① 看发球。发球分为上旋球、下旋球、侧旋球、前冲及大力发球等。优秀的选手在发球上都具有自己的绝招，如前世界名将桑普拉斯和伊万尼塞维奇的发球，又刁、又准、又狠，常常让对手难以招架。

② 看战术的运用。网球战术具有“快、狠、准、变”的特点，运动员在场上既能满场飞，又能凌空跳跃击球、斜飞鱼跃救球，或者缩前吊后、斜线大力抽打等。正是这些前后左右、真真假假的变化，使得比赛精彩激烈、扣人心弦。

③ 看运动员。网球运动员在场上的动作更富美感，爱好网球的艺术家们认为网球运动的许多动作与舞蹈是相通的。如网坛名将博格，双手握拍反手抽打底线球时，就表现出东欧民间舞蹈的韵味；网坛女杰辛吉斯快速网前击球和奔跑接球的身姿，仿佛再现了舞剧《天鹅湖》中的白天鹅兴高采烈地扑向王子的舞姿。网球比赛从场地的设施到器材的使用，以及比赛环境的布置和运动员服装的设计，都很讲究美，美几乎无处不在。

总之，一场高水平的网球比赛，除了运动员精湛的技艺之外，再加上那富于美感的舞蹈韵味，会使观众如痴如醉，得到极大的满足。

第六节　羽毛球运动

1. 羽毛球运动概述

羽毛球运动是一项比较激烈的球类项目，其特有的观赏性、娱乐性、锻炼性使人们对它特别青睐。人们通过羽毛球技术练习、游戏或比赛，既能锻炼身体、磨炼意志，又陶冶了情操，因而成为深受我国广大人民群众喜爱的健身活动之一，在全国各地广泛开展。

现代羽毛球运动起源于英国，它是由印度的“浦那游戏”（Poonagame）逐步演变而成的。

1873 年，英国公爵鲍弗特在格拉斯哥郡的伯明顿庄园里进行了一次羽毛球游戏表演。从此，羽毛球运动便逐渐开展起来，“伯明顿”（Badminton）也就此作为羽毛球的英文名称。1893 年世界上第一个羽毛球协会在英国成立，并进一步修订了规则和规定了统一的场地标准，确定了羽毛球的形状和重量。1899 年，英国羽毛球协会举办了首届全国羽毛球锦标赛，即一直沿袭至今的全英羽毛球公开赛。

1934 年，由丹麦、英国、法国等 10 多个国家发起成立了国际羽毛球联合会，总部设在伦敦。1992 年，羽毛球运动被列为奥运会的正式比赛项目。当今世界羽毛球赛事主要有汤姆斯杯赛、尤伯杯赛、苏迪曼杯赛、世界羽毛球锦标赛和奥运会羽毛球赛等。

羽毛球运动是在 1918 年传入我国的。1963 年前后，随着华侨中的羽坛名将归国，我国羽毛球运动进入了鼎盛时期。进入 20 世纪 80 年代以来，我国选手在世界大赛中屡次取得优异成绩。

2. 入门与基础

（1）场地

羽毛球比赛场地分为单打场地和双打场地。场地规格如图 6-66 所示。

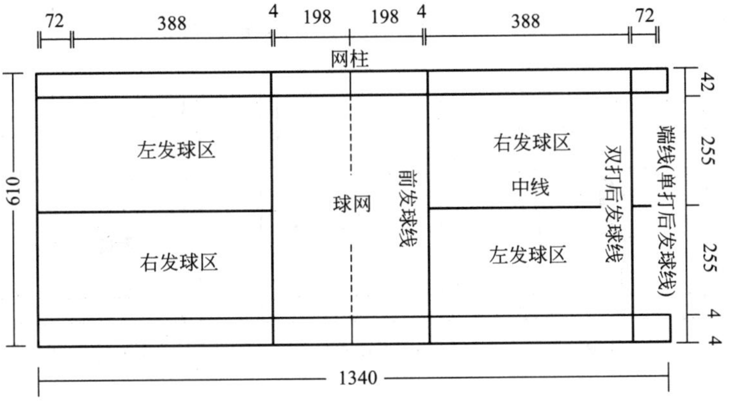

图 6-66 羽毛球场地（单位：厘米）

（2）握拍方法

握拍手指要自然分开、放松握拍，保证手指和手腕的灵活性，在击球时再握紧拍柄发力击球。根据不同的击球位置、角度采用不同的握拍方法，保证击球技术的正常发挥（见图 6-67）。

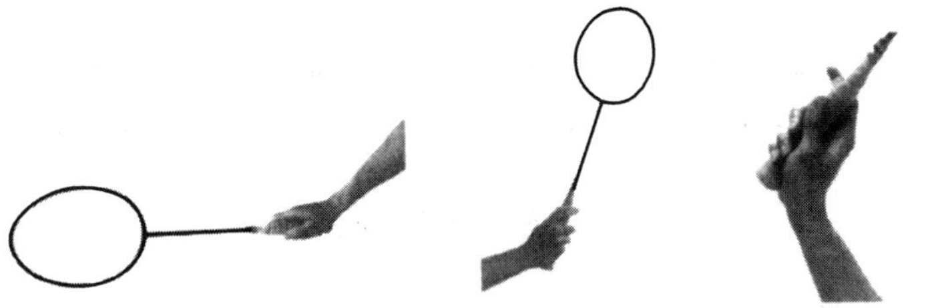

(a) 正手握拍　(b) 反手握拍　(c) 错误握法

图 6-67 握拍方法

① 正手握拍。虎口对准拍柄窄面内侧棱面，采用握手式握拍法。掌心不要紧贴拍柄，注意保持一定空隙。

② 反手握拍。在正手握拍的基础上将拍柄稍向外转，用拇指指腹顶贴在拍柄内侧的宽面上。

③ 错误握法。紧握球拍，俗称拳式握法。掌心没留空间，手腕活动受限，不利于扣杀技术的发挥。

（3）基本步法

羽毛球比赛中，运动员在场上为了移动到适当的位置而采取的快速、合理、准确的移动方法称为移动步法（见图 6-68）。运动员完成一次击球所采用的站位、移动、击球和回位这 4 个环节称为步法结构。

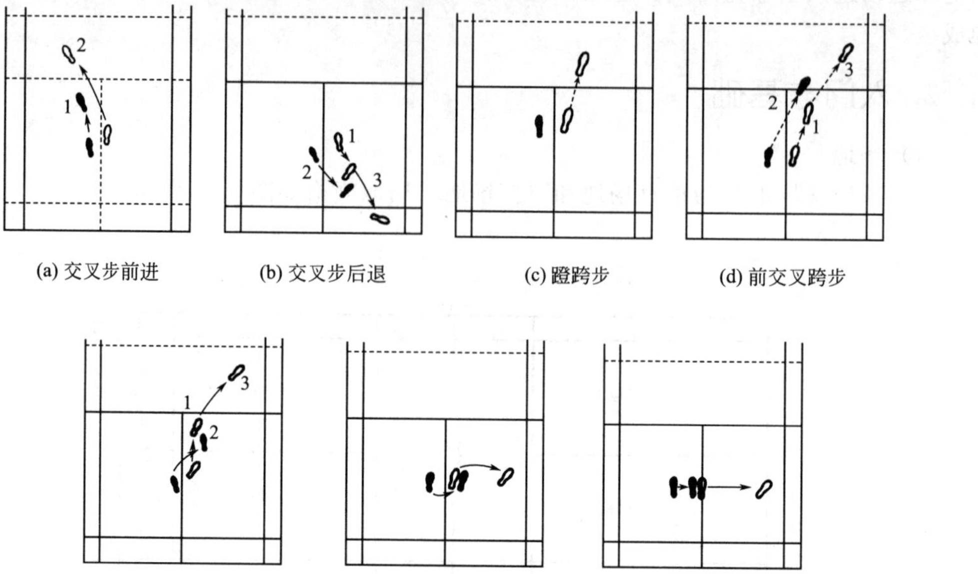

(a) 交叉步前进　(b) 交叉步后退　(c) 蹬跨步　(d) 前交叉跨步

(e) 垫步　(f) 右侧蹬跨步　(g) 右侧垫步(两步)

图 6-68　基本步法

1）交叉步前进。左脚迈进距离略小，重心迅速移至左脚，用左脚掌内侧蹬起，右脚向前跨一大步。

2）交叉步后退。右脚后撤步略小，左脚交叉步后撤，随后右脚再后撤（重心落在右脚）。

3）蹬跨步。左脚用力后蹬，右脚向来球方向跨一大步。

4）前交叉跨步。右脚向来球方向垫步，左脚向前迈步后后蹬，右脚交叉步向来球方向跨一大步。

5）垫步。垫步是上网时采用的一种步法，它能在被动时调整重点，迅速接应来球。

知识链接

羽毛球技术分类

◎手法

① 握拍法：正手握拍、反手握拍。

② 发球法：正手发高远球、网前球；反手发网前球、平快球。

◎击球法

① 后场击球法（上手击球）：高球、吊球、杀球。

② 前场击球法：挑球、搓球、推球、扑球、勾球。

③ 中场击球法：接吊、杀技术，平抽挡、半蹲快打。

◎步法

① 上网步法：跨步或垫步上网、蹬跳步上网。

② 后退步法：并步加跳步。

③ 两侧移动步法：垫步加跨步。

④ 起跳腾空步法：并步加蹬跳步。

⑤ 前后场连贯移动步法。

6）侧向移动步法。侧向移动步法包括蹬跨步和垫步。

7）腾跳步。起跳腾空击球的步法称为腾跳步，一般用在上网扑球、横向突击杀球和起跳到最高点时杀对方的高远球。

3. 基本技术

（1）发球与接发球技术

1）发球。发球是羽毛球运动最基本的技术之一，是开始进攻的关键。发球质量的高与低直接关系到比赛的主动与被动，甚至直接导致得分与失去发球权。

发球可分为反手发球与正手发球（见图 6-69）。

(a) 反手发球　　(b) 正手发球

图 6-69　发球

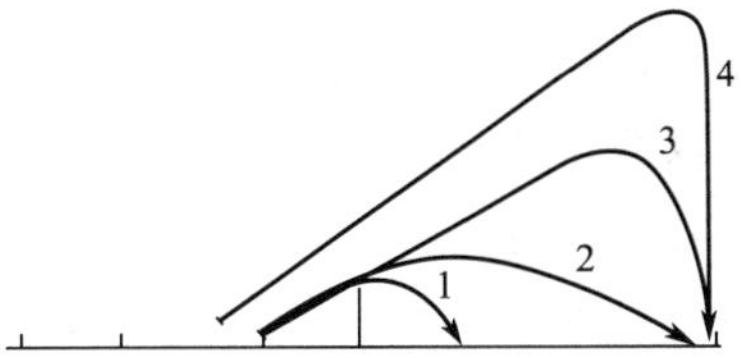

图 6-70　其他发球技术

1—网前球；2—平快球；3—平高球；4—高远球

反手发球：两脚前后开立，右脚在前（以右手握拍为例，以下均同），重心在右脚，左脚跟提起，屈肘，反握球拍，拍头朝下。击球时，前臂带动手腕前送或横切。

正手发球：两脚前后开立与肩同宽，两脚丁字形站立，左脚在前，足尖指向球网，重心在右脚，握拍手臂向侧后自然举起，肘部微屈，击球时重心前移。

除高远球须用正手发以外，其他发球技术用正反手均可（见图 6-70）。

发球的注意事项：发球过程中，双脚必须有一部分与地面接触，不得移动；球与球拍接触瞬间，整个球必须低于腰部，拍框的最高点不得超过整个握拍手部（见图 6-71）；发球开始，球拍必须连续向前挥出不得停顿。

(a) 发球过手违例　　(b) 发球过腰违例

图 6-71　发球违例

单打正手发球站位一般选择站在离发球线 1～1.5 米处，反手发球应站在靠近前发球线 10～15 厘米处。

2）接发球。接发球也是羽毛球运动最基本的技术，在比赛中同样起着重要的作用。只有接好发球才能变被动为主动，为取得比赛的胜利争得更多的机会。

准备姿势：两脚前后开立，身体侧对球网。一般持拍手臂在后，双膝微屈，收腹含胸，重心放在左脚。球拍举在身前，集中精力准备接球（见图 6-72）。双打姿势与单打姿势基本相同，只是持拍位置高于单打，以便于争取主动。

图 6-72　接发球准备姿势

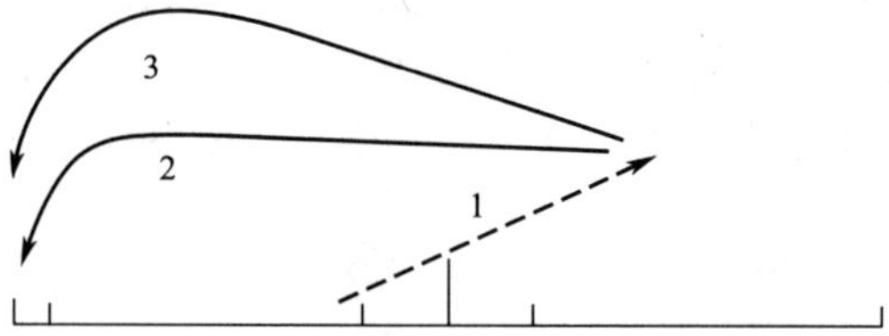

图 6-73　对发平快球的各种回击手段

1—虚线为发出的平快球；2—回平推球；3—回平高球

站位：单打接发球站位要靠近中线离发球线 1.5 米处，而双打站位更靠近发球线，以利于接网前球或便于快攻。

回击各种发球：无论对手采用哪种发球方式，都应根据对手的发球质量和站位，冷静、果断地做出判断，采用有效的回击方式（见图 6-73～图 6-75）。

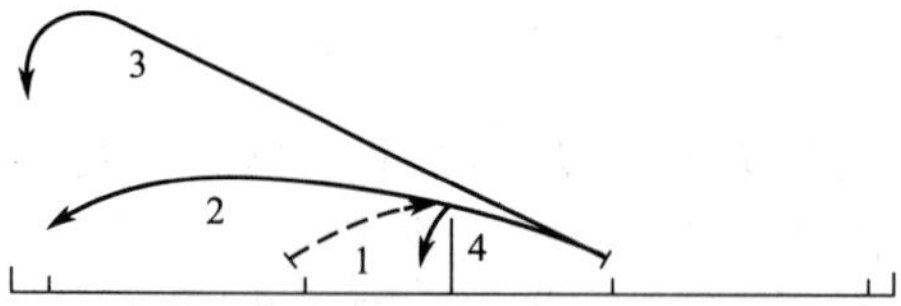

图 6-74　对发网前短球的各种回击手段

1—虚线为发出的网前短球；2—回平推球；
3—回平高球或高远球；4—回网前球

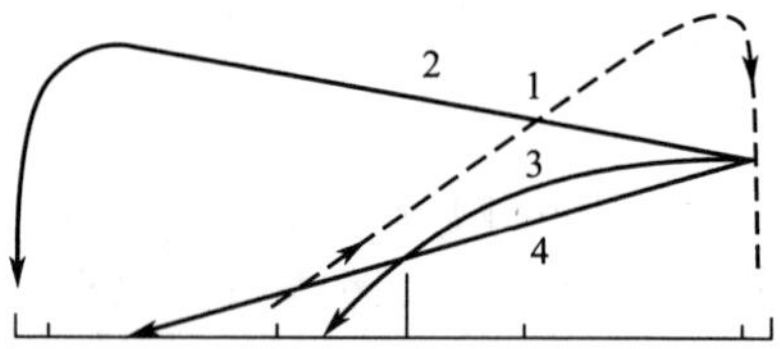

图 6-75　对发高远球的各种回击手段

1—虚线为发出的高远球；2—回平高球；
3—回吊球；4—回杀球

（2）击球技术

掌握正确的击球方法是打好羽毛球的先决条件。击球技术的要点主要包括以下几个方面：第一，身体在做挥拍动作时要协调放松，发力迅速；第二，要找好击球点，看准时机迎上击球，挥拍时机要恰到好处，应在挥拍速度最快时击中球托；第三，控制好拍面，通过手腕的变化来决定出球方向；第四，强调击球动作的一致性，以增加对手的判断难度。

1）后场击球技术。后场球的击球点一般都高于头部，因此也称上手击球。上手击球包括正手、反手、头顶击球，因为击球点高，可打出高远球、平高球、下压球（杀球、吊球），属主动进攻技术（见图 6-76）。

① 正手击高远球：判断好来球的方向和落点，迅速移动使球处于自己头部的前上方，击球前重心落在右脚，屈肘向后引拍，两手上举；击球时上臂上举，前臂急速内旋，闪腕，手指屈指发力，紧握球拍，在手臂伸直的最高点以正拍面击球托后部。

② 反手击高远球：当来球飞向反手方向时，要准确判断落点，迅速移位，右脚用前交叉步法向左侧底线跨出，背对球网，重心在右脚。击球时，要自下而上用力，大臂带动小臂转至小臂带动手腕，最后闪腕击球。击球后顺势转体面对球网。

③ 头部击高球：击球点在左肩上方或偏后的位置，击球前身体向左倾斜略后仰。击球

(a) 正手击高远球　(b) 反手击高远球　(c) 头部击高球　(d) 吊球　(e) 正手杀球

图 6-76　后场击球技术

时，球拍从右后侧绕过头顶，在小臂的带动下充分发挥手腕和手指的力量。掌握头顶击高球的要领后，可采用起跳击球法。

④ 吊球：击球的准备姿势同击高远球，击球点比击高球稍前。击球时突然减力，运用前臂旋外（内旋），闪动手腕切削球托的右侧（后部），打出斜线或直线吊球（反手吊球切击球托右侧）。注意掌握好击球点和击球力量。

⑤ 正手杀球：扣杀球的准备姿势与正手击高球大致相同。身体后仰成反弓形，击球瞬间，要充分利用全身力量，前臂内旋，腕前屈手闪腕，拍面正面击球的后部。

2）中场击球技术。中场击球技术包括接吊杀球、抽球和半蹲快打。

① 接吊杀球：接杀球技术分挡网前球、抽球和挑后场高球。挡网前球。向右横跨步，右肩后转左肩对网，右肩平伸对准来球，松握拍，拍略后仰，将挡回对方网前区。

② 抽球：抽球要有小幅引拍动作，以小臂带动手腕向前上方挥拍，用提拉或球拍后仰来应对来球。

③ 半蹲快打：在中场区击打肩以上至稍高于头部之间的平快球。击球前成半蹲姿势，屈肘举拍于肩上。击球时，以前臂带腕快速挥拍，尽量在身前较高的部位击球（见图 6-77）。其特点是：挥拍幅度小，快速有力。击球位置有半蹲正面击球、半蹲头顶击球、半蹲右侧击球，多用于双打比赛。

图 6-77　半蹲快打

3）前场击球技术。前场击球技术是羽毛球基本技术中比较细腻的技术之一。它击球动作小，战术多变，以巧取胜，是现代羽毛球技术的重要组成部分。网前击球技术包括挑高球、搓球、推球、勾球、扑球和放网前球等（见图 6-78）。

① 挑高球：快速上网，跨步接球，侧身对网，重心在前脚。正手持拍，前臂外旋自然

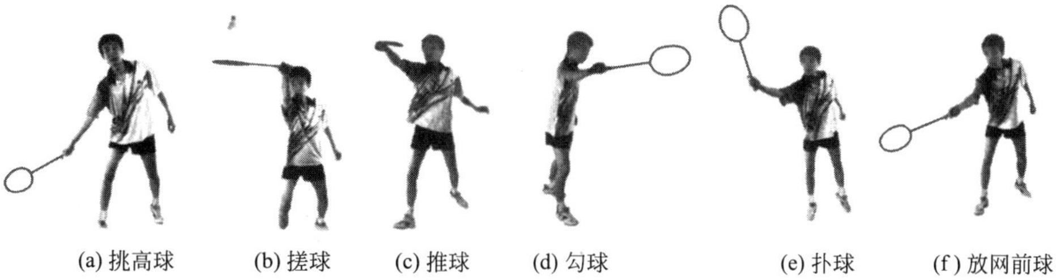

(a) 挑高球　(b) 搓球　(c) 推球　(d) 勾球　(e) 扑球　(f) 放网前球

图 6-78　前场击球技术

前伸，后臂向后自然抬起保持身体平衡。以肘关节为轴，小臂带动手腕、手指右下方向前上方快速挥拍击球。

② 搓球：挥拍时，前臂外旋，手腕动作由后伸到内收，用球拍切削球托侧底部，使球上旋翻转过网。要求尽量高点击球，搓击时出手要快。

③ 推球：正手推球时，由伸腕经前臂内旋至屈腕，食指向前压。反手推球时，腕部动作要由展腕经前臂外旋至收腕，拇指顶压。无论正、反推球都要用前臂和手腕发力，击球瞬间拍面与球网近乎平行。

④ 勾球：正手勾球时，持拍手臂前伸时稍有外旋，拍柄外转使拇指贴在拍柄宽面。击球时，前臂稍内旋、内收，手腕由后伸至屈腕、闪腕，挥拍拨击球托右下部。反手勾球时，肘部要下沉，同时前臂稍外旋，手腕由屈到伸闪动，反拍拨击球托侧底部。

⑤ 扑球：正手扑球时，对准来球快速蹬跳上网，身体右侧扑向网，球拍正对来球，手臂由屈到伸，手腕由后伸向屈腕前闪动，同时手指顶压球拍击球，击球后球拍立即回收。反手扑球时，向左快速蹬跳上网，手腕外展，拍面正对来球，击球时，手臂伸直外旋带动手腕由外展到内收，拇指顶压球拍击球。

⑥ 放网前球：正手放网前球时，跨步上网前伸手臂，左臂自然张开，拍面朝上迎球。击球时，小臂稍外旋，轻收手腕，将球轻击过网。反手放网前球技术与正手相似，不同之处是击球前腰向左转体，用反拍击球。控制好力量是放网前球的关键。

4. 基本战术

羽毛球基本战术是指运动员在比赛中，为表现出高超的竞技水平和战胜对手，而采取的计谋和行动。

在羽毛球比赛中双方都想要控制对手，力争主动。以己之长，克彼之短，以彼之长，避己之短，控制与反控制的竞争是十分激烈的。能根据不同对手的特点，采取相应变化的技术手段战而胜之，这便是战术意义。下面介绍几种常用的战术。

（1）单打战术

羽毛球单打战术包括以下几个方面。

① 发球抢攻战术。多采用发网前低球结合平高球、平快球而获得主动进攻机会。

② 攻后场战术。通过击高远球、平高球压对方底线两角，迫使对手还击无力来获得进攻机会。

③ 攻前击后战术。先用搓球、吊球、放网前球将对手调到网前，然后再用扣杀、平高球和推球来攻击对方后场。

④ 打四方球战术。利用准确的落点攻击对手的四角，待对手出现破绽，再攻击对手空当。

⑤ 逼反手战术。

⑥ 吊、杀上网技术。

⑦ 先守后攻战术。

（2）双打战术

羽毛球双打战术包括以下几个方面。

① 攻人战术。集中攻打对方实力较差的队员，在混双比赛运用得更多；或在对方选手实力相当时采用“二打一”的方法。

② 进攻中路战术。两人平行站立时，攻击对方中路空隙。当对方前后站立时，攻击对

方边线位置。

③ 后攻前封战术。本方后场攻杀见长的选手在后场进行大力扣杀、打出机会，前场选手积极移位进行封杀。

④ 攻后场战术。

⑤ 守中反攻战术。

⑥ 攻直线战术。

5. 规则介绍

自 2006 年 2 月 1 日起，羽毛球比赛实施了新的比赛规则。

（1）单打比赛规则。

① 每场比赛采取三局两胜制。

② 率先得到 21 分的一方赢得当局比赛。

③ 如果双方比分打成 20∶20，获胜一方需超过对手 2 分才算取胜。

④ 如果双方比分打成 29∶29，则率先得到第 30 分的一方取胜。

⑤ 首局获胜一方在接下来的一局比赛中率先发球。

⑥ 当一方在比赛中得到 11 分后，双方队员将休息 1 分钟。

⑦ 两局比赛之间的休息时间为 2 分钟。

（2）双打比赛规则。双打比赛特殊规则包括以下几个方面。

① 改双发球权为单发球权。

② 后发球线保留，现行规则适用。

③ 比赛开始前，双方选手通过投掷硬币方式确定由哪一方来选择是先发球或后发球。

第七节　乒乓球运动

1. 乒乓球运动概述

乒乓球运动是球类运动之一，由两名或两对选手各自单手持拍在中间隔一网的球台两端以推、挡、搓、削、抽、拉等攻防动作交替击球的一项竞赛活动。关于乒乓球运动的起源有多种说法，但是现今较为流行的是：乒乓球运动于 19 世纪后半叶起源于英国。乒乓球运动它是由网球运动派生而来，因此被称为“桌上网球”（Table Tennis）。1890 年英国工程师詹姆斯·吉布从美国带回作为玩具的空心赛璐珞球，由于这种球有较大的弹性，触及球拍、球台发出“乒乒乓乓”的声音，故又被称为“乒乓球”。

乒乓球的特点是球体轻、速度快、旋转变化多，富有技巧性和趣味性。经常参加这项运动可以发展人的灵敏性和协调性，提高动作的速度和上下肢活动的能力，改善心血管系统的机能，促进新陈代谢，增强体质，培养人的勇敢顽强、机智果断等品质。此外，乒乓球运动对场地设备、气候条件和练习者身体素质的要求也相对简单，是一项男女老幼皆宜、健身效果非常好的运动，因而深受国人的喜爱，更是很多大、中、小学生首选的一项运动。

20 世纪初，乒乓球运动在世界各地逐渐开展起来。1926 年 12 月，在英国伦敦举行的第 1 届欧洲乒乓球锦标赛期间，召开了第 1 次国际乒乓球联合会（以下简称“国际乒联”）全体代表大会。会议通过了正式成立国际乒联的决议和国际乒联的章程，讨论了乒乓球规则，推选英国乒协的负责人蒙塔古为国际乒联的第 1 任主席。世界乒乓球锦标赛（以下简称“世乒赛”）从 1926～1939 年间每年举行一届，第二次世界大战期间曾停赛 8 年，“二战”后恢复，于 1947 年在法国巴黎举行第 14 届世乒赛。从 1959 年第 25 届后改为每两年举行 1 次。从 2003 年 5 月，第 47 届巴黎世乒赛起，5 个单项赛和团体赛就分别在两个年度举行，奇数年举行单项赛，偶数年举行团体赛。到 2015 年 4 月举行的是第 53 届世乒赛团体赛。

乒乓球的国际赛事有奥运会乒乓球赛、世乒赛、乒乓球世界杯、国际乒联乒乓球职业巡回赛等。

乒乓球运动自第 1 届世锦赛以来，经过近 80 年的不断发展和演变，特别是 1988 年乒乓球被列入奥运会正式的比赛项目后，乒乓球运动已引起世界各国体育组织和体育爱好者的极大关注和重视。如今，乒乓球运动已遍及五大洲，成为世界广大体育爱好者所喜爱的运动项目之一。2000 年 10 月 1 日，乒乓球运动驶入“大球”航道，球体直径从 38 毫米增至 40 毫米，击球的速度和旋转相对减弱，从而使回合增加，比赛也比以往更激烈更精彩。2001 年 9 月 1 日，沿用了数十年的 21 分制正式改为 11 分制。2002 年 9 月 1 日，国际乒联又对乒乓球竞赛规则进行重大修改，实行了“无遮挡发球”，使乒乓球比赛增加了偶然性和悬念，世界乒乓球竞技水平更加均衡，比赛也更具观赏性。

1904 年乒乓球传入中国，在中国有广泛群众基础，被誉为“国球”。1952 年，中国加入国际乒联，1953 年中国参加了第 20 届世乒赛，1959 年容国团在第 25 届世乒赛上为中国夺得了第一个世界冠军。1971 年，在第 31 届世乒赛期间，毛泽东作出历史性决策，邀请美国乒乓球队访华，打开了中美关系的大门，小球转动地球，开创了“乒乓外交”之先河，将乒乓球的政治功能发挥到了极致。自 1959 年第 25 届世乒赛至今，中国乒乓球队一直称雄世界乒坛，获得数百次世界冠军，成为中国乃至世界体坛的一大奇观。

中国大学生乒乓球运动发展也很快，1990 年中国大学生乒乓球协会在上海成立，每年都组织全国性的大学生比赛活动，中国大学生乒乓球队在世界大学生运动会乒乓球比赛和世界大学生乒乓球锦标赛上战绩卓著，多次为祖国赢得了荣誉。

2. 入门与基础

（1）球拍的选择与持握

1）球拍的选择。初学者由于处在学技术阶段，打法类型尚未确定，因此应选择重量较轻、手感较好、弹性略低的球拍，以便于尽快掌握控球技术。可选用厚度在 1.8 毫米、硬度 40 度左右的反胶海绵或硬度 35 度以下的正胶海绵。可根据自己的习惯选择，一般选择直拍或横拍。

2）球拍的持握。乒乓球握拍方法分直拍握法和横拍握法两种，不同的握法各有其优点，从而产生各种不同的打法（见图 6-79）。无论哪种握法，握拍都不应过紧或过松。过紧会使手腕僵硬，影响发力时的手腕动作，过松则影响击球力量和击球的准确性。同时，也不应经常变化握拍方法，否则会影响打法类型及风格的形成，尤其是初学者，更应注意。

① 直拍握法：直拍握法的特点是正反手都用球拍的同一拍面击球，出手快，正手攻球快速有力，攻斜、直线球时，拍面变化不大，对手难于判断。方法是用食指第二关节和拇指的第一关节扣住拍柄与拍面的结合部位；用中指第一关节顶在球拍背面，其余手指自然弯曲重叠于中指，形成支点。食指和拇指构成的钳形不能过大或过小，以免影响手腕动作的灵活性。

② 横拍握法：横拍握法的特点是正反手攻球力量大，攻削球时握法变化小，反手攻球容易发力也便于拉弧圈；但正反手交替击球时，需变换击球拍面，攻斜、直线时调节拍形的

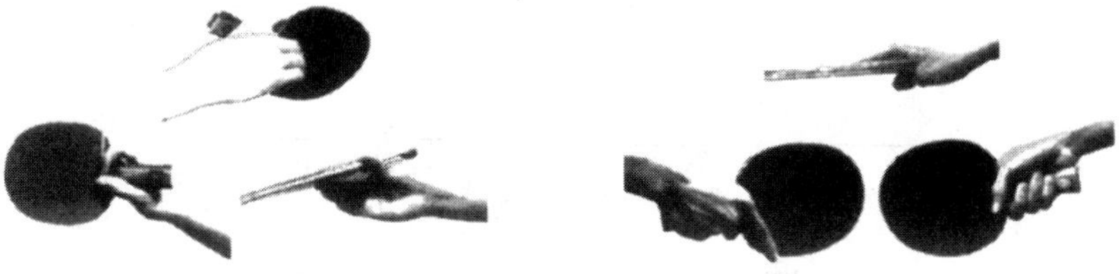

(a) 直拍握法　　(b) 横拍握法

图 6-79　球拍的持握

幅度大，易被对方识破。方法是虎口正对球拍拍肩，拇指与中指、无名指和小指自然握住拍柄，食指自然伸直贴在拍后。正手攻球时，食指稍向前移动；反手攻球时，拇指稍向前移动。

（2）基本步法

步法是指乒乓球运动员为选择合适的击球位置所采用的步法移动方法。乒乓球运动技术包括手法和步法，两者密切联系，缺一不可。随着技术的不断发展，步法也越来越显示出它的重要性。步法是一名优秀运动员必须具备的重要技术因素，是及时准确地使用与衔接各项技术动作的枢纽，也是执行各项战术的有力保证。所以，从初学乒乓球技术开始，就应该重视步法的训练。

1）步法的基本要求。①在合适的时间，跑到合适的位置，以便在该技术所要求的最佳击球时间、最适宜的击球点位置击球；②不妨碍下次击球。踉踉跄跄，虽然跑过去接到了球，但是失去了重心，势必会影响下一次的还击；③步法移动过程应尽量保持身体重心的平稳。

2）步法练习的要点。在步法练习的时候，必须做好以下几点。①准备姿势好，有利于步法的快速移动，当然，这里包括上一板球的还原动作要快，所以要养成每打一板球就要迅速还原的习惯；②判断和反应快：步法的快速移动是为打好下一板球打好基础，如果没有准确和及时的判断和反应，也就谈不上有好的步法；③两脚蹬地要有力：蹬地的力量大，身体移动的速度就快；④重心交换与腰的灵活性："重心交换是步法的灵魂"，这话一点不假，在中心交换中，腰的灵活性具有极其重要的作用；⑤步法移动的正确性：步法移动的方法正确，就可以最经济地达到移步选位击球的目的。

3）基本步法介绍（见图 6-80）。

① 单步：一脚为轴，另一个脚向前、后、左、右不同方向移动，重心随之跟上。单步具有移步简单、灵活、重心平稳的特点，一般用于离身体不远的小范围移动，如接近网短球等。

② 跨步：一脚蹬地，另一个脚向移动方向跨一大步。跨步多用于进攻型选手左右移动击球。为了防止跨步后失去重心，蹬地脚应随后跟上半步或一小步。

③ 并步：一脚先向另一只脚移（或叫并）半步或一小步，另一只脚在并步脚落地后即向同方向移动。其特点是身体不腾空，重心起伏小，很稳定。

④ 跳步：以来球同方向脚蹬地为主，双足有瞬间的腾空，离来球较远的脚先落地，另一只脚跟着离地。其特点是移动范围比跨步大，利于发力进攻。攻球选手在左右移动时常用。

⑤ 交叉步：近来球方向的脚尖先由向前转向移动方向，并略移半步或原地调动一下重

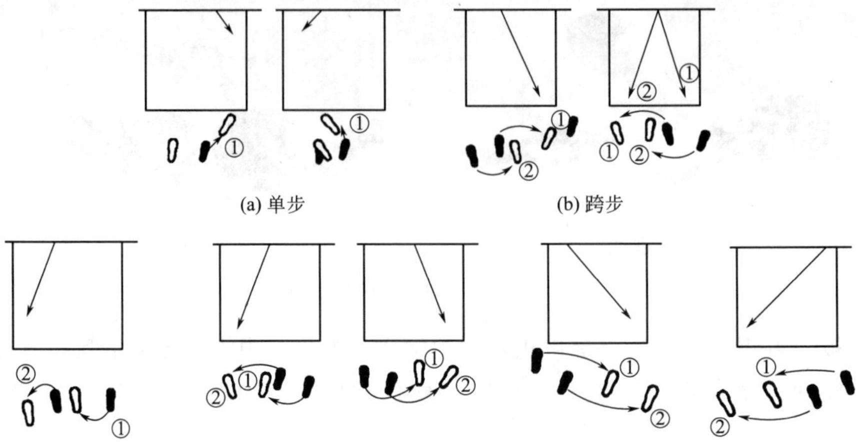

(a) 单步　(b) 跨步

(c) 并步　(d) 跳步　(e) 交叉步

图 6-80　基本步法

心；远来球方向的脚在向来球方向跨一大步，在身体前（侧）瞬间呈交叉状态。身体随之向来球方向移动，另一只脚再跟上一步，身体重心随手臂挥动方向略转。

另外，还有小碎步。较高频率的小垫步，主要适用于步法的调节，在步法移动到一定的位置时还没有找到合适的击球点，就要通过小碎步来调整，争取更好的击球点。小碎步是步法中尤为重要的步法，也是衡量一个人步法跑得是否合理、协调的一个重要因素。正确的步法移动是正常发挥乒乓球技术的有效保障，因此掌握基本的脚步移动方法是初学者的必修之课。

3. 基本技术

（1）发球与接发球技术

1）发球技术。发球是乒乓球运动技术名词，指比赛时每一个回合中的第一次击球。运动员将球抛起，先击中本方台面一次，并越网或擦网落在对方台面。双打时须将球先击中本方右半区台面一次，并越网落在对方的右半区台面。发球技术是初学者必须掌握的基本技术之一，它可以最大限度地施展自己的战术意图，为主动进攻创造条件。通过发球还可以限制对手的技术发挥，破坏对方的战术运用。现将几种常用的发球方法介绍如下（见图 6-81）。

(a) 正手发平击球　(b) 反手发平击球　(c) 正手发左侧上旋球　(d) 反手发右侧上旋球　(e) 正手发转与不转球

图 6-81　乒乓球发球技术

① 正手发平击球，发球前身体略向右转（以右手握拍为例，以下同），持球手将球抛起，同时右臂内旋，使球拍略有前倾，待球落至稍高于球网时，快速挥拍击球中部偏上，击出的球第一落点应在对方球台中区。

② 反手发平击球，身体略向左转，持球手将球向上抛起，同时右臂外旋，使拍面略有

前倾，当球下落至稍高于球网时，击球中上部，击球后的第一落点要在对方球台中区。

③ 正手发左侧上旋球，身体略向右偏，持球手将球向上抛起，同时右臂外旋，直握拍手腕做伸，横握拍手腕外展，拍面方向略向左偏；当球落至球网高度时，前臂加速挥摆，手腕发力向左下方挥拍，直拍手腕做屈，横拍手腕做内收，击球中部向左上方摩擦。

④ 正手发左侧下旋球，挥拍前的动作与发上旋球基本相同。挥拍击球时，手臂向左前下方挥摆，沉腕、拇指压拍，击球中下部向左侧下方摩擦。

⑤ 反手发右侧上旋球，身体略向左偏，向上抛球时，右臂稍向内旋，拍面角度近乎垂直，向左后方引拍，同时腰部略向左转；当球落至球网高时，身体各部位协调配合前臂和手腕同时发力，直握拍手腕做伸，横握拍手腕内收，击球中部向右侧上方摩擦。

⑥ 反手发右侧下旋球，挥拍前的动作与发上旋球相似。挥拍击球时，手腕与前臂较平直，拍面较平，击球中下部，向右侧下方摩擦，触球点略高于网。

⑦ 正手发转与不转球，发下旋加转球时，要在球将至球网高度时前臂加速向左下方发力，持拍手腕做屈内收，用球拍左侧偏下的部位击球的中下部，并向底部摩擦。正手发下旋不转球与发下旋转球动作大致相同，但要在击球瞬间减小前臂外旋幅度和拍面后仰角度，击球的中部或中下部，略加一点前推力而减少摩擦用力。

⑧ 反手发下旋转与不转球，横拍选手运用较多。发转球时，拍面后仰，前臂和手腕发力，击球的中下部向底部摩擦。发不转球时，拍面稍立，击球中部稍加向前推力将球送出。

2）接发球技术。随着发球技术的不断改进，接发球的技术变得越来越重要。接发球技术可分为 3 个部分。

① 接发球的站位，要根据对手的发球位置和自己的打法特点选择站位。

② 接发球的判断，首先要熟悉发球的基本动作，注意发球方的挥臂动作、手腕动作、触球部位和拍的移位方向，以此判断球的速度、飞行弧线、落点和旋转强度。

③ 接球的方法，现代接球的基本方法为点、拨、带、拉、攻、推、削、搓、摆短、撇侧等，要根据对来球的判断采用不同的接球方法。

知识链接

发球与接发球的要求

◎发球：发球后应立即还原；要注意使用不同的发球技术，增加球路、落点、速度和旋转的变化。

◎接发球：记住对手球拍不同性能的拍面颜色和发球的旋转变化。

（2）攻球技术

1）攻球技术（见图 6-82）。

① 正手攻球：近台中偏右站位，左脚稍前，身体斜对球台，持拍手自然放松置于腹前，拍半横状。顺来球路线略向右侧引拍，约与台面齐高，拍面与台面约成 80°左右，前臂与台面基本平行。当球从台上弹起，持拍手由右侧向左前上方挥动，以前臂快速内收发力配合手腕内转沿球体做弧线挥动，在上升期击球的中上部，击球位置在身体右前方一前臂距离处。

② 反手攻球：站位近、动作小、速度快、突击性强。一般用来回击落在左半台的来球，与反手推挡、正手攻球结合，能加强攻势，取得更多的主动权，但反手攻球因受身体妨碍，攻球力量不如正手大。反手攻球的要点包括：击球过程中要注意收腹，转髋转腰；以肘关节为轴心，前臂发力为主，手腕有一向前上方摩擦球的动作；保持适宜的击球点尤为重要，离

(a) 正手攻球　(b) 反手攻球　(c) 侧身正手攻球　(d) 台内攻球

图 6-82　攻球技术

身体太远或太近难以发力。

③ 反手快拨：是横拍进攻型运动员常用的一项相持性技术，具有站位近、动作小、落点变化多的特点。它主要用来对付弧圈球、直拍推挡或反手攻球，虽有一定的速度，但力量较差，应与侧身攻或反手突击技术等结合运用。反手快拨的要点包括：上臂贴近身体，前臂迅速前伸迎球；手腕控制拍面前倾，借来球反弹力将球拨回；掌握好击球时间；注意线路落点变化并与突击结合运用，为进攻创造条件。

④ 侧身正手攻球：击球前迅速移步成侧身位；左脚在前，重心落在右脚。击球时要注意蹬地、转体、收腹、挥拍的用力顺序，并调整好挥臂角度和手腕动作。

⑤台内攻球：在台内击打对方来球，一般采用挑打的方法：横拍正手挑打，击球前，不必后引，直接将拍伸向台内，拍面稍立，手腕略外展，在球的高点期击球，击球时以手腕发力为主；直拍正手挑打，站位靠近右前台，向外侧引拍，拍面直立，向球前下方挥拍，击球时再向上挥动，手腕发力挑打来球。

各项攻球技术的比较如表 6-4 所示。

表 6-4　攻球技术比较

名称	击球前	击球时间	击球部位	发力(方法、方向)
正手攻球	手臂自然弯曲并作内旋，前臂向后引拍	击球高点前期	中上部	前臂快速向左上方挥动，手腕外展
反手攻球	前臂外旋使拍面略前倾，上臂肘关节靠近身体	击球上升期	中上部	肘关节内收，前臂加速向右前方发力并外旋
侧身正手攻球	移位转体，身体侧对球台	击球高点前期	中上部	运用下肢和腰腹力量，控制好挥臂方向和击球角度
台内攻球	直接将拍伸入台内	击球高点期	中上部	以手腕发力为主，向左前方挥拍挑打

2) 弧圈球技术（见图 6-83）。

① 正手前冲弧圈球：两脚站立比肩宽，球拍向后下方引，拍面略前倾，挥拍时重心前移，在来球的高点或高点前期击球的后中部，以手臂向前并向上发力摩擦球，使球产生强烈上旋。

② 反手前冲弧圈球：右脚稍前，重心落在左脚，收腹含胸，右臂自然弯曲，肘部靠近身体。击球时，球拍向前上方挥动，击球点在腹前方，前臂以肘关节为轴快速发力并带动手腕发力，摩擦球的中下部，使球强烈上旋。

③ 正手加转弧圈球：站位时重心较低，收腹含胸。引拍时，身体随之右转，右肩下沉。击球时，上臂带动前臂向上并向右前方发力击球，在下降期加力摩擦球的中部或中上部。

(a) 正手前冲弧圈球　(b) 反手前冲弧圈球　(c) 正手加转弧圈球　(d) 反手加转弧圈球　(e) 侧旋弧圈球

图 6-83　弧圈球技术

④ 反手加转弧圈球：重心放在两脚间，以肘关节为力点带动前臂发力，转腕动作要充分，在下降期摩擦球的中部或中上部。

⑤ 侧旋弧圈球：两脚开立比肩宽，向身后引拍时，身体前倾，拍面略有内扣。击球时，蹬转身体从外侧向前加力挥拍，在下降期摩擦球的中外侧。

各项弧圈球技术的比较如表 6-5 所示。

表 6-5　弧圈球技术比较

名称	击球前	击球时间	击球部位	发力(方法、方向)
正手前冲弧圈球	降低重心，向后转腰，向后下方引拍	高点或高点前期	中上部	手臂、手腕协调发力，向前上方挥拍
正手加转弧圈球	降低重心，右肩下沉，向后引拍	下降期	中部或中上部	上臂带动前臂向上偏前挥拍，发力摩擦击球
侧旋弧圈球	身体前倾，向后侧方引拍，球拍稍内扣	下降期	中外侧部	从外侧向前上方挥拍，使球拍划一横向半弧形

（3）控制性技术

1）搓球技术。搓球技术包括正手搓球、正手搓左侧旋球、反手搓球和反手搓右侧旋球，是还击下旋球的一项基本技术（见图 6-84）。搓球站位近，回球路线短，会给对手造成回球的困难。使用搓球技术是为了控球，利用搓球的落点和旋转变化作为过渡，为自己创造进攻机会。

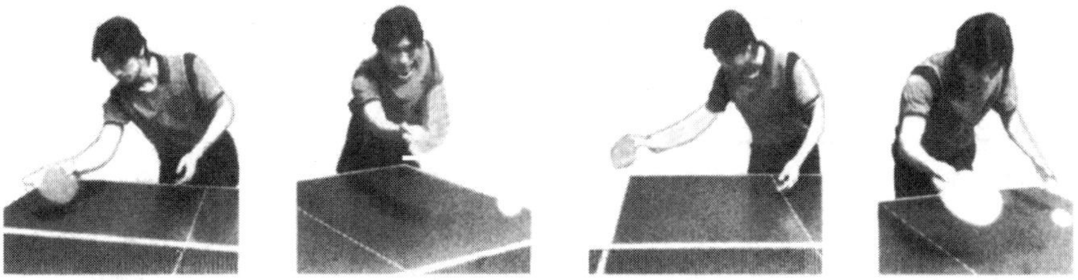

(a) 正手搓球　(b) 正手搓左侧旋球　(c) 反手搓球　(d) 反手搓右侧旋球

图 6-84　搓球技术

① 正手搓球：拍面稍后仰，球拍向后上方稍引，向前下方挥动球拍。快搓时在上升期，慢搓时在下降期，用球拍的下半部摩擦球的中下部，击球时前臂和手腕适当加力。

② 正手搓左侧旋球：拍面角度稍后仰，前臂向身体右侧上提，当球进入下降期时，手腕用力，向左加速摩擦球的中下部。

③ 反手搓球：手臂自然弯曲，拍面角度稍后仰，向身体左前上方稍引拍。击球时，持拍手臂向前下挥送，快搓时在上升期，慢搓时在下降期，摩擦球的中下部。

④ 反手搓右侧旋球：拍面角度稍后仰，前臂向体前左侧上提。当球进入下降期时，向右摩擦球的中下部。

各项搓球技术的比较如表 6-6 所示。

表 6-6 搓球技术比较

名称	击球前	击球时间	击球部位	发力(方法、方向)
正手搓球	略向后上方引拍,拍面稍后仰	(快搓)上升期 (慢搓)下降期	中下部	向左前下方用力,前臂手腕适当加力
反手搓球	手臂自然弯曲,拍面稍后仰	(快搓)上升期 (慢搓)下降期	中下部	快速向前下方挥摆
反手搓右侧旋球	手臂外旋,球拍稍后仰	下降期	中下部	向异侧方向加速摩擦球体

2）削球技术。削球是一项防守技术，对控球的落点和旋转的质量有很高的要求。现代削球技术还要求运动员攻削结合，做到能在进攻中防守、在防守中进攻。削球一般用于中、远台的回击，常采用正手削球和反手削球（见图 6-85）。

(a) 正手削球　(b) 反手削球

图 6-85　削球技术

① 正手削球：向后引拍，拍面稍后仰，身体向后转动。击球时，向前下方挥拍。在下降期腰部带动手臂一同发力在腰侧下方击球的中下部。

② 反手削球：身体略向左转，同时向左上方引拍，击球时，手臂向前下方挥动，同时转腰，于身体侧前方在下降期击球中下部。

各项削球技术的比较如表 6-7 所示。

表 6-7 削球技术比较

名称	击球前	击球时间	击球部位	发力(方法、方向)
正手削球	手臂外旋,使拍面后仰	下降期	中下部	腰部带动手臂向左前下方发力
反手削球	沉右肩,屈臂向身体左上方引拍	下降期	中下部	腰带手臂向右前方发力

3）推挡球技术。推挡球是我国直拍快攻打法的主要技术，能起到积极防守和由守变攻的作用（见图 6-86）。其特点是站位近、动作小、速度快、变化多，可分为挡球、快推、加力推、减力挡和下旋推等。

(a) 快推　(b) 加力推　(c) 减力挡　(d) 反手搓球

图 6-86　推挡球技术

① 挡球：分正手挡球和反手挡球两种，是初学者的入门技术。面对球台，呈准备姿势，

拍面接近垂直，在球的上升期，推击球的中部。前臂手腕稍加用力，借助来球的反弹力将球挡回。

② 快推：是使用最多的反手推挡技术。面对球台，左脚稍前，以肩为轴，屈肘，引拍至身前或偏左，拍面略前倾。在球的上升期向偏上方挥拍，前臂快速做伸，推击球的中部偏上。

③ 加力推：以肩为轴，向后略下引拍，拍面稍前倾。在来球的高点后期时，身体前压手臂充分向前下方发力推击球的中上部。注意身体自下而上的协调用力。

④ 减力挡：面对球台，以肩为轴，屈肘向体前稍上引拍。在球的上升期推击球的中上部，触球瞬间球拍停止前推或略后收，以减弱击球力量。

⑤ 反手搓球：手臂自然弯曲，拍面稍后仰，向身体左前上方稍引拍。击球时，持拍手臂向前下挥送，在球的上升期摩擦球的中下部。

各项推挡球技术的比较如表 6-8 所示。

表 6-8　推挡球技术比较

名称	击球前	击球时间	击球部位	发力（方法、方向）
挡球	立拍垂直对准来球	上升期	中部	前部手腕轻用力，借力挡球
快推	手臂自然弯曲，拍面略前倾	上升期	中部	前臂和手腕向前或略上发力
加力推	持拍手的上臂和肘关节靠近身体右侧	上升期	中上部	充分利用身体前压和肘关节的力量
减力推	触球瞬间停止挥拍或稍后收	高点期	中上部	控制好击球瞬间的停拍动作

（4）直拍横打技术

直拍横打技术是现代多数直板运动员都采用的技术，使用此项技术可以适当弥补直板运动员反手攻击力不强的弱点（见图 6-87）。使用直拍的反面来击打反手位的来球，是乒乓球运动发展的一项新技术。球拍背对来球，前倾角度略大，以肘关节为轴，推动手腕、手指向前用力，向右前方快速击球。直拍横打可以做出攻球和拉球等多个技术。

图 6-87　直拍横打技术

4. 基本战术

乒乓球战术是指运动员根据对方的打法类型、技术特点等而采用的各种技术手段与方法。其特点是伴有旋转、技术、落点、弧线、线路、速度、力量与节奏等变化，并带有明显攻击或限制对手的目的，前后连续两个或两个以上技术动作的组合运用。与其他球类项目相比较，千变万化的旋转是乒乓球比赛战术最大的特点，如转与不转的发球或削球本身即为一种战术。战术就是根据对手的特点和临场的变化所采用的各种技术方法。下面介绍几种常用的战术。

1）推攻技术。主要运用正手攻球和反手推挡的速度和力量，并结合落点变化和节奏变化来压制和调动对方，以争取主动或得分。推攻战术是左推右攻打法对付攻击型打法的主要战术，有反手推挡能力的两面攻运动员、攻削结合运动员等也常使用它。

该战术要点包括：①左推右攻；②推挡侧身攻；③推挡、侧身攻后扑正手；④左推结合反手攻；⑤左推、反手攻、侧身攻后扑正手。

2）两面攻战术。主要利用正、反手攻球技术的速度和力量压制对方，争取主动和创造扣杀机会。两面攻技术是两面攻打法对付攻击型打法的主要战术。

该战术要点包括：①攻左扣右；②攻打两角，猛扣中路。

3）拉攻战术。连续运用正手快拉创造进攻机会，然后以突击和扣杀来作为得分手段。拉攻战术是快攻打法对付削球类打法的主要战术。

该战术要点包括：①正手拉后扣杀；②反手拉后扣杀。

4）拉、扣、吊结合战术。由拉攻与放短球相结合而成，是快攻型打法对付削球打法的常用战术。

该战术要点包括：①在拉攻战术的扣杀或突击后放短球；②在拉攻战术中放短球后，结合扣杀或突击。

5）搓攻战术。主要运用“转、低、快、变”的搓球控制对方，以寻找战机，然后采用低突、快点或拉攻等技术展开攻势并进入连续进攻；在搓球中遇到机会球时进行扣杀，常常带有突然性，往往可以直接得分。搓攻战术是乒乓球各种打法都不可缺少的辅助战术。

该战术要点包括：①正、反手搓球结合正手快拉、快点、突击或扣杀；②正、反手搓球结合反手快拉、快点、突击或扣杀。

6）削中反攻战术。由削球和攻球结合而成，常以逼角加转削球为主，伺机反攻；或以转、低、稳、变的削球，迫使对手在走动中拉攻，以从中寻找机会，予以反攻。这种战术有“逼、变、凶、攻”的特点，是攻、削结合打法的主要技术。

该战术要点包括：①正、反手削球逼角，结合正手攻或侧身攻对方右侧空当；②正、反手削两大角长球，结合正、反手反攻。

7）发球抢攻战术以旋转、线路、落点及速度不同的发球来增加对方回击的难度，使其出现机会球，或降低回球质量，然后抢先进攻，以争取主动或直接得分，这是乒乓球所有打法特别是进攻型打法的主要战术和得分手段。

该战术要点包括。①发下旋转与“不转”抢攻；②发正、反手奔球抢攻；③发正、反手侧上、下旋球抢攻。

8）接发球抢攻战术：由某一单项攻球技术所形成，进攻性强，可变接发球的不利地位为主动地位，也可直接得分，是乒乓球运动各种打法特别是进攻型打法的主要战术。

该战术要点是：用快点、快攻或中等力量突击进行接发球抢攻。

5. 评价与欣赏

乒乓球运动的魅力激发了越来越多的人参与活动和观看比赛的兴趣。由于电视传媒的作用，乒乓球比赛的赛况走进了千家万户。不管高水平的比赛在哪里举行，人们都可以在家中欣赏与评论。但是要想提高对乒乓球运动的欣赏水平，从中体会更多的乐趣，了解更深的玄妙，得到赏心悦目的享受，就需要了解比赛的规则、运动员的实力、技术特点、战术的运用以及团体赛的排兵布阵等，另外还要提高对乒乓球基本知识及战术特点的认知水平。

（1）提高对基本技、战术的认知水平

俗话说：“外行看热闹，内行看门道。”要想欣赏乒乓球比赛就应了解乒乓球的基本技术、战术。例如，发球与接发球的技术特点、弧圈球的特点和回击弧圈球的技术、直拍横打的技术特点等；根据对手的特点采用的战术，如发球抢攻、长拉短吊、搓攻战术等。只有懂得乒乓球的基本技术、战术，才能更好地品味比赛。

（2）提高对参赛运动员比赛的品评能力

① 在观看比赛之前，通过电视、报纸和互联网等渠道了解参赛运动员的实力状况、最新的世界排名、目前的竞技状态等。

② 通过观看比赛和现场解说来印证信息，加深对运动员的了解。

③ 比赛过后与专家或球迷品评赛事，进一步提高欣赏能力。

（3）了解参赛运动员的打法特点

在观看比赛前应对选手的技术特点有所了解。乒乓球运动员有快攻型、弧圈型、快攻弧圈结合型、削球型和削攻结合型等打法，又有直拍与横拍两种握法，以及直拍横打等，所使用的球拍有正胶、反胶、生胶、长胶等区别。

（4）了解双方的排兵布阵

在团体比赛时，排兵布阵十分重要。每名运动员都有自己的优势，也有自己的弱点。领队和教练要非常熟悉对方运动员的打法特点，要能以己之长攻彼之短。观看比赛不仅要看运动员的现场厮杀，还要看领队的运筹帷幄，教练员的斗智斗勇。

（5）其他看点

观看比赛有两个方面的意义：一是关心本国球手的胜负；二是欣赏运动员的高超技艺。例如，在奥运会的乒乓球单打决赛中，如果是中外两国选手对决，我们首先关心的是输赢，我们会为中国运动员的绝杀而欢呼，也会因中国运动员的失误而懊恼和焦虑。比赛带给我们更多的是振奋和遗憾。而决赛如果是在中国选手之间或在外国选手之间进行，我们则更侧重于对球艺的欣赏。无论从哪一个角度观赏比赛，比赛过程中的环境、气氛，自身的心理变化都会给我们带来乐趣，给我们以精神的享受。

第七章 武术运动

第一节 武术运动概述

1. 武术的含义与分类

武术是以技击动作为主要内容，以套路和格斗为运动形式，注重内外兼修的中国传统体育项目。它有着悠久的历史和广泛的群众基础，是中华民族在长期的生活与斗争实践中逐渐积累、提炼、发展起来的一项宝贵的传统文化遗产。武术具有强身健体、防身自卫、竞技比赛、表演娱乐等功能，不仅深受我国广大人民群众的喜爱，而且已成为世界人民喜爱的一项体育运动。

武术按其运动形式可以分为套路运动和格斗运动两大类。套路运动是以攻守进退、运动疾徐、刚柔虚实等矛盾运动的变化规律编成的整套练习形式，主要包括拳术、器械、对练、集体表演。格斗运动是两人在一定条件下按照一定的规则进行斗智较力的对抗练习形式。目前，武术格斗竞赛中正在逐步开展的有散打、推手和短兵。

2. 武术的发展历程

中国武术是中华民族在长期的生产实践和人类自身的肢体认识的过程中，逐渐发展形成的一种文化现象。既是一种传统文化的宝贵遗产，也是一种特殊的、极具价值的体育运动方式。它主要经历了以下几个阶段：原始社会以生存为主要目的的阶段；战国时代以军事技能为主要途径的阶段；在民间形成文化被广泛流传的阶段及新中国成立后，武术被系统化和规范化的阶段。

在原始社会，兽多人少，自然环境十分的恶劣，在“物竞天择，适者生存”的严酷斗争中，人们自然产生了拳打脚踢、指抓掌击、跳跃攀爬一类的初级攻防手段。后来，逐渐学会了制造和使用石制或木制的工具作为武器，并且产生了一些徒手的和使用器械的搏斗捕杀技能，这便是武术的萌芽。在旧石器时代，已出现了尖状石器、石手斧、骨角加工的矛，而到了新石器时代末期，则出现了大量的石斧、石刀和骨制的鱼叉、箭镞，甚至还有铜钺、铜斧等。这些原始生产工具和武器，后来大部分成了武术器械的前身。原始社会末期，部落战争的频繁发生，进一步促进了武术的发展。在部落战争中，远则使用弓箭、投掷器，近则使用棍棒、刀斧、长矛，凡是能用于搏斗、搏击的任何生产工具都成为了战斗的武器。

进入阶级社会，随着生产力的发展、兵器的改进，武术也进入了一个新的发展阶段。青铜业的发展，出现了矛、戈、戟、斧、钺、刀、剑等精良兵器，以及运用这些兵器的方法，如劈、扎、刺、砍等技术。由于诸侯国间的战争频繁，使得武术的格斗技能在军队和民间得到重视和迅速发展。而铁器的出现和步骑兵的兴起，使武器的内容更加丰富，不仅质量精良、长短形态多样，武术的积极性进一步突出，同时武术的健身作用也受到重视。例如春秋战国时期，齐国举行全国性的“角试”，选拔武艺高强的豪杰充实到军队中去，因而齐军举兵如飞鸟，动兵如闪电，发兵如风雨，前无人敢阻，后无人敢伤，独出独入，如入无人之境。

楚汉之争中的“鸿门宴”，其中有一个著名典故——“项庄舞剑，意在沛公”。由此可以看出，当时的武术已由过去单纯的攻防动作逐步发展成可以单独演练的套路形式。汉代则出现剑舞、刀舞、双戟舞等单人的、对练的或集体舞练的套路运动。唐朝推行“武举制”，以考试办法选拔武艺出众的人才，这从政策上又促进了民间和官方的练武活动。两宋时期，广大人民常结社习武以求自保，如“角抵社”、“弓箭社”都是比较大的民间习武组织。而在城市的街头巷尾多侧重套路，把武术作为表演内容，统称“百戏”，表演的武艺有角抵、使拳、踢腿、使棒、弄棍、舞刀枪、舞剑及打弹、射弩等，对练的叫“打套子”，有“枪对牌”、“剑刀牌”等。

元代，由于民族矛盾比较尖锐，蒙古统治者限制民间习武，不少武术家隐姓埋名，习武组织也转为秘密性的民间组织，使武术发展受到极大的抑制。明代是我国武术全面大发展的时代，不同风格、不同流派的拳派林立。明代不但拳法众多，而且器械套路也更加丰富多彩，开始有势有法，有拳谱歌诀。这说明，脱胎于军事格斗技术的武术，到明代已逐步形成以套路为主的运动形式，并远远超过对抗性运动的发展。

清政府为维持自己的统治地位，曾一度限制练武，所以清代的武术活动不如明代。但由于武术在民间已有广泛群众基础，使各流派的武术更加纷呈于世。按地区分为南派和北派，以山川分为少林派和武当派，以宗教分为佛家的外功和道家的内功，以门派分有太极门、形意门、八卦门和迷踪门，还有长拳类和短打类。武术流派林立，象征着武术事业的兴旺发达。

武术之所以能繁衍至今且日益发展，是由于它具有健身防身的双重作用。武术在平时能满足民众强健体魄、陶冶性情的需要，遇到压迫或强暴则成为御强抗暴、抵抗外侮的手段。因此，在我国漫长的封建社会中，备受欺凌和迫害的庶民百姓对武术有着深厚的感情，因而促进传播与发展，并使我国的武术形成了独特的民族风格。

新中国成立后，党和政府关心人民健康，重视优秀民族文化遗产的继承和发展。国家不仅定期举行武术汇报表演，还在高等师范院校及体育学院开设武术专业，并组织专业人员在继承传统拳术的基础上，广收众家之长，整理出简化太极拳、中级长拳、初级长拳及器械套路。全国各地还建立了武术协会，吸引武术爱好者前去习武健身。国家还设有专门机构负责开展武术运动，将武术列为正式的比赛项目。这些措施极大地推动了武术的普及和研究工作，使武术运动得到长足发展。

第二节　长拳运动

1. 长拳运动概述

长拳是中国武术拳种之一，吸取了查拳、华拳、花拳、炮拳、红拳、少林拳等诸多拳种之长的基础上形成的，是现代武术教学和竞赛的主要内容之一。长拳具有姿势舒展大方、动作灵活、快速有力、节奏鲜明，并且有蹿蹦跳跃、闪展腾挪、起伏转折等运动特点的。初级长拳套路由起势、往返段落和收势构成，具有简单、易学、实用的特点，运动均衡全面，能有效地提高人体的柔韧、力量、耐力、协调、灵敏、反应、平衡等身体素质，尤其适合青少年锻炼，是大学生健身强体的极好运动，是适合广大青少年锻炼的基础套路。

练习长拳的基本要求是：头要竖直、手要捷快、眼要明锐、身要灵活、步要稳固、精要充沛、气要下沉、力要顺达、功要纯青、四击合法。在演练时要做到拳如流星眼似电、腰如蛇行步赛粘、精神充沛气宜沉、力要顺达功要纯，充分体现动如涛、静如岳、起如猿、落如鹊、站如松、立如鸡、转如轮、折如弓、快如风、缓如鹰、轻如叶、重如铁，这一生动形象的长拳运动节奏和特点。

2. 入门与基本功

通过练习基本功，不仅可以掌握武术的基本动作、基本技术、基本方法，还能全面有效地提高身体素质，减少损伤，为学习拳术和器械套路，提高武术的技术水平打下良好的基础。

（1）肩臂练习

肩臂练习主要是增进肩关节的柔韧性和灵活性，加大肩关节的活动范围，发展臂部力量，提高上肢运动的敏捷、松长、环转等能力。

1）压肩。练习者面对肋木或一定高度的物体两脚开立。两手抓握肋木，手臂伸直，上体前俯并做下振动作；背对肋木，两臂内旋后伸，手心向上抓握肋木，然后屈膝向下，向前拉压；也可以由同伴做搬压练习（见图 7-1）。

图 7-1　压肩

要点是：挺胸、塌腰、直臂；压点集中在肩部，力量适中。

2）绕环。

① 单臂绕环：右（左）臂向前、向上、向后、向前连续立圆绕环［见图 7-2(a)］。要点是：臂要直，肩要松，绕环要立圆如轮转。

(a) 单臂绕环　　(b) 双臂顺向绕环

图 7-2　绕环

② 双臂顺向绕环：左、右两臂依次向前、向上、向后、向前绕环［见图 7-2(b)］。要点是：臂要直，肩要松，抡臂时上臂贴耳朵，下臂贴裤腿，要成立圆。

3）倒立。两臂伸直，两手与肩同宽撑地，靠墙做手倒立（见图 7-3）。要点是：抬头、挺胸、立腰，两腿并拢伸直。

图 7-3　倒立

（2）腰部练习

腰部练习主要是增强脊椎和腰部各肌肉群的力量与柔韧性。腰是贯通上、下肢的枢纽，又是集中反映武术身法技巧的关键。

1）俯腰。两手手指交叉，上体前俯，两手抱住脚踝处，逐渐使胸部贴近腿部［见图 7-4(a)］。要点是：两腿伸直，上体下俯。

2）晃腰。两脚开步站立，两臂侧平举，上体后仰向左、右转动，两臂跟随摆动［图 7-4(b)］。要点是：腰要松，上体尽量后仰，转动幅度要大。

(a) 俯腰　(b) 晃腰　(c) 下腰

图 7-4　腰部练习

3）下腰。两脚开立与肩同宽，两臂伸直上举，上体后倒，两手向后下撑地成“桥”形［见图 7-4(c)］。要点是：抬头、挺胸、挺髋、桥弓要大，脚跟不得离地。

（3）腿部练习

长拳对腿部柔韧、灵活、力量等素质的要求较高，主要练习方法有压腿、搬腿、劈腿、踢腿等。

1）压腿。

① 正压腿：面对肋木或有一定高度的物体，并步站立，左脚提起，脚跟放在肋木上，脚尖勾紧，两手按在膝上；上体前屈，向前、向下做压伸动作［见图 7-5(a)］。要点是：先耗腿，再压腿，两手抱紧脚尖，挺胸立腰，头部向脚尖方向伸出，逐渐由额、鼻过渡到下颌触及脚尖。练习时一定要循序渐进，由轻到重，左、右腿反复练习。

(a) 正压腿　(b) 侧压腿　(c) 后压腿

图 7-5　压腿

② 侧压腿：身体侧向肋木，右脚跟搁在肋木上，上体侧压，左、右腿交替练习［见图 7-5(b)］。要点同正压腿。

③ 后压腿：身体背向肋术，右腿后举，脚背搁在肋木上，脚面绷直，上体向后做压振

动作［见图 7-5(c)］。要点是：两腿均伸直，要抬头、挺胸、展髋、上体后仰。

2）劈腿。

① 竖劈腿：两腿前、后成直线，前脚勾脚尖，脚后跟着地，后脚背或内侧着地［见图 7-6(a)］。要点是：髋关节放松，两腿要直，上体要正。

(a) 竖劈腿　(b) 横劈腿

图 7-6　劈腿

② 横劈腿：两腿左右分开成直线，脚内侧或脚跟着地，两脚勾脚尖［见图 7-6(b)］。要点是：两腿伸直与地面平行，上体要正。

3）踢腿。

① 正踢腿：右手扶肋木，左手叉腰或侧平举，身体侧向站立，一腿支撑，另一腿向前额上方踢起，左、右腿交替练习［见图 7-7(a)］。要点是：踢腿时要做到“三直一勾”，即上体直、支撑腿直、摆动腿直、摆动腿脚尖要勾紧。

(a) 正踢腿　(b) 侧踢腿　(c) 后踢腿　(d) 侧踹

图 7-7　踢腿

② 侧踢腿：面对肋木，双手抓扶肋木。一腿支撑，另一腿由体侧向耳上方踢起［见图 7-7(b)］。要点是：上体、支撑腿、摆动腿均要挺直，摆动腿脚尖勾紧。

③ 后踢腿：面对肋木，双手扶握肋木，一腿伸直站立，另一腿绷脚挺膝向后上踢起；也可以屈膝，用脚掌触头部［见图 7-7(c)］。要点是：挺胸，展髋，上体前倾，伸直腿挺直，后踢腿脚尖绷展。

④ 侧踹：一腿伸直支撑，另一腿屈膝提起，脚尖勾紧，脚跟用力向侧上方踹出［见图 7-7(d)］。要点是：膝部挺直，脚尖勾紧，踹出的一瞬间展髋。

（4）手形、手法练习

1）手形。

① 冲拳：四指并拢握紧，拇指扣在食指和中指的第二指关节上［见图 7-8(a)］。要点是：拳要握紧，拳面要平。

② 掌：四指并拢伸直，拇指弯曲紧扣于虎口处［见图 7-8(b)］。要点是：掌心要外撑。

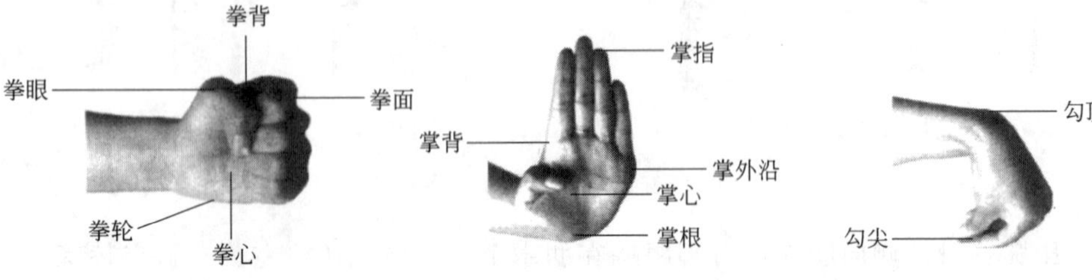

(a) 拳　(b) 掌　(c) 勾

图 7-8　手形

③ 勾：五指第一指关节撮拢、屈腕［见图 7-8(c)］。要点是：五指撮紧，尽量勾腕。

2）手法。

① 冲拳：两拳收抱于腰间，右（左）拳由屈到伸，迅速向前冲出，高与肩平，拳眼朝上为立拳，拳背朝上为俯拳［见图 7-9(a)］。要点是：冲拳一瞬间要拧腰、送肩、急旋臂。两臂一冲一拉形成合力。

(a) 冲拳　(b) 劈拳　(c) 推掌

图 7-9　手法

② 劈拳：右拳向左、向上经头前向右下快速劈击，臂伸直与肩同高［见图 7-9(b)］。要点是：肩要松，拳要握紧，力达拳轮。

③ 推掌：右拳变掌，向前猛力推击，高与肩平，成侧立掌，同时左肘向后拉紧［见图 7-9(c)］。要点是：拧腰、送肩、沉腕、侧立掌，快速有力，力达掌外沿。

（5）步形练习

1）弓步。前脚微内扣，全脚着地，屈膝使大腿接近水平；后腿挺膝伸直，脚跟后蹬，脚尖内扣，挺胸立腰［见图 7-10(a)］。要点是：前腿弓平，后腿蹬直。

(a) 弓步　(b) 马步　(c) 仆步　(d) 虚步　(e) 歇步

图 7-10　步形

2）马步。两脚左右开立约为脚长的 3～3.5 倍，脚尖正对前方，屈膝使大腿接近水平［见图 7-10(b)］。要点是：顶平、肩平、腿平；挺腰、立腰、裹膝、扣足。

3）仆步。一腿全蹲，全脚着地，膝和脚尖向外展；另一腿伸直，全脚着地，脚尖内扣［见图 7-10(c)］。要点是：挺胸、立腰、开髋、全蹲。

4）虚步。后腿屈膝半蹲，大腿接近水平，脚尖外展；前腿微屈，脚面绷直，用脚尖虚点地面［见图 7-10(d)］。要点是：挺胸、立腰，两脚虚实分明。

5）歇步。两腿交叉屈膝全蹲，前脚全脚着地，脚尖外展；后脚跟离地，臀部坐于小腿上［见图 7-10(e)］。要点是：两腿交叉叠紧，挺胸立腰。

（6）平衡练习

1）提膝平衡。右腿伸直支撑，左腿屈膝提起（过腰），脚面绷直，并垂扣于右腿前侧。右臂上举于头上亮掌，左臂反臂后举成勾手［见图 7-11(a)］。要点是：挺胸、塌腰、收腹。

平衡要站稳，提膝过腰，脚内扣。

(a) 提膝平衡　　(b) 燕式平衡

图 7-11　平衡

2）燕式平衡。左腿屈膝提起，两掌在身前交叉，掌心向内。然后，两掌向两侧直臂分开平举，上体前俯，左脚绷平向后上蹬伸［见图 7-11(b)］。要点是：挺胸、抬头、弓腰、两腿伸直、静止。

（7）五步拳

五步拳是由长拳的主要步形、步法和手形、手法编成的组合练习（见图 7-12），动作的要求均与前同。

(a) 并步抱拳　　(b) 拗步冲拳　　(c) 弹踢冲拳　　(d) 马步架打　　(e) 歇步盖打(1)

(f) 歇步盖打(2)　　(g) 提膝仆步穿掌(1)　　(h) 提膝仆步穿掌(2)　　(i) 虚步挑掌　　(j) 并步抱拳

图 7-12　五步拳

1）并步抱拳。两脚并步站立，两眼平视前方，两臂由体侧屈肘，同时两手抱拳收于腰间，拳心朝上［见图 7-12(a)］。

2）拗步冲拳。左脚向左迈出一步，成左弓步。同时，左手向左平搂并收回腰间抱拳，拳心朝上；右拳向前直冲成平拳。目视前方［见图 7-12(b)］。

3）弹踢冲拳。重心前移，右腿向前弹出，高度齐腰。同时，左拳由腰间向前直冲成平拳，右拳收回腰间，拳心朝上。目视前方［见图 7-12(c)］。

4）马步架打。右脚落地，随即身体左转 90°，两腿下蹲成马步。同时，左拳变掌，屈臂上架；右拳由腰间向右前直冲成平拳。头右转，目视拳方［见图 7-12(d)］。

5）歇步盖打。左脚向右脚后插一步，同时右拳变掌经头上向左下盖，高与胸齐，掌外沿向前，体左转 90°，左掌收回腰间抱拳。目视右掌［见图 7-12(e)］。动作不停，两腿屈膝下蹲成歇步，同时左拳向前冲出成平拳，右掌变拳收回腰间。目视左拳［见图 7-12(f)］。

6）提膝仆步穿掌。两腿起立，身体左转。随即左拳变掌，手心向下，右拳变掌，手心向上，由左手背上穿出。同时，左腿屈膝提起，左手顺势收至右腋下。目视右手［见图 7-12(g)］。左脚落地成仆步。左手掌指朝前沿左腿内侧穿至左脚面。目视左掌［见图 7-12(h)］。

7）虚步挑掌。左腿屈膝前弓，右脚蹬地向前上步，成右虚步。同时，左手向上、向后划弧成正臂勾手，勾顶略高于肩；右手由后向下、向前顺右腿外侧向上挑掌，掌指向上，高与鼻平，目视掌方［见图 7-12(i)］。

8）并步抱拳。重心前移，身体左转 90°。随即左脚向右脚靠拢，成并步。同时，左勾手和右掌变拳，回收抱于腰间，两拳心朝上。目视前方［见图 7-12(j)］。

完成上述步骤后，继续练习，动作相同，方向相反。

3. 初级长拳第三路动作说明

（1）预备动作

预备势：两脚并步站立，两臂垂于身体两侧，五指并拢贴靠大腿外侧，两眼向前平视（见图 7-13）。要点是：头要端正，下颌微收，挺胸、塌腰、收腹。

图 7-13 预备势

图 7-14 虚步亮掌

1）虚步亮掌（见图 7-14）。

① 右脚向右后方撤步成左弓步。右掌向右、向上划弧，掌心向上；左臂屈肘提至腰侧，掌心向上。目视右掌。

② 右腿微屈，重心后移。左掌经胸前从左臂上方向前穿出伸直；右臂屈肘，右掌收至腰侧，掌心向上。目视左掌。

③ 重心继续后移，左脚稍向右移，脚尖点地，成左虚步。左臂内旋向左、向后划弧成勾手，勾尖向上；右手继续身后、向右、向前划弧，屈肘抖腕，在头前上方成亮掌（即横掌），掌心向前，掌指向左。目视左方。

该动作要点是：三个动作必须连贯；成虚步时，重心落于右腿上，右大腿与地面平行；左腿微屈，脚尖点地。

2）并步对拳（见图 7-15）。

① 右腿蹬直，左腿提膝，脚尖内扣，上肢姿势不变。

图 7-15　并步对拳

② 左脚向前落步，重心前移。左臂屈肘，左勾手变掌经左肋前伸；右臂外旋向前落下于左掌右侧，两掌同高，掌心均向上。

③ 右脚向前上一步，两臂下垂后摆。

④ 左脚向右脚并步，两臂向外向上经胸前屈肘下按，两掌变拳，拳心向下，停于小腹前。目视左侧。

该动作要点是：并步后挺胸、塌腰；对拳、并步、转头要同时完成。

（2）第一段

1）弓步冲拳（见图 7-16）。

① 左脚向左上一步，脚尖向斜前方；右腿微屈，成半马步。左臂向上、向左格打，拳眼向右，拳与肩同高；右拳收至腰侧，拳心向上。目视左拳。

② 右腿蹬直成左弓步；左拳收至腰侧，拳心向上；右拳向前冲出，高与肩平，拳眼向上；目视右拳。该动作要点是：成弓步时，右腿充分蹬直，脚跟不要离地；冲拳时，尽量转腰送肩。

2）弹腿冲拳。重心移至左腿，右腿屈膝提起，脚面绷直，猛力向前弹出伸直，高与腰平。右拳收至腰侧；左拳向前冲出。目视前方（图 7-17）。该动作要点是：弹出的腿要有爆发力，力点达于脚尖；弹腿和冲拳要协调，同时完成。

图 7-16　弓步冲拳

图 7-17　弹腿冲拳

图 7-18　马步冲拳

3）马步冲拳。右脚向前落步。脚尖内扣，上体左转。左拳收至腰侧，两腿下蹲成马步；右拳向前冲出。目视右拳（见图 7-18）。该动作要点是：成马步时，大腿要成水平，两腿平行，脚跟外蹬，挺胸、塌腰。

4）弓步冲拳（见图 7-19）。

① 右转 90°，右脚尖外撇向斜前方，成半马步；右臂屈肘向右格挡，拳眼向后。目视右拳。

② 左腿蹬直成右弓步；右拳收至腰侧；左拳向前冲出；目视左拳。

该动作要点是：与本段的弓步冲拳相同，唯左右相反。

5）弹腿冲拳。重心前移至右脚，左腿屈膝提起，脚面绷直，猛力向前弹出伸直，高与腰平。左拳收至腰侧，右拳向前冲出。目视前方（见图 7-20）。该动作要点是：与本段的弹腿冲拳相同，唯方向相反。

图 7-19 弓步冲拳

图 7-20 弹腿冲拳

6）大跃步前穿（见图 7-21）。

① 左腿屈膝上提；右拳变掌内旋，以手背向下挂至左膝外侧，上体前倾；目视右手。

② 左脚向前落步，两腿微屈；右掌继续向后挂，左拳变掌，向后、向下伸直；目视右掌。

③ 左腿屈膝向后提起，右腿立即猛力蹬地向前跃出；两掌向前、向上划弧摆起；目视右掌。

④ 右腿落地全蹲，左腿随即落地向前铲出成仆步；右掌变拳抱于腰侧，左掌由上向右、向下划弧成立掌，停于右胸前；目视左方。

该动作要点是：跃步要远，落地要轻，整个动作要协调、连贯完成。

7）弓步击掌。右腿蹬直成左弓步。左掌经左脚面向后划弧至身后成勾手，左臂伸直，勾尖向上；右拳由腰侧变掌向前推出，掌指向上，掌外侧向前。目视右掌（见图 7-22）。

图 7-21 大跃步前穿

图 7-22 弓步击掌

8）马步架掌（见图 7-23）。

图 7-23 马步架掌

① 重心移至两腿中间，左脚脚尖内扣成马步，上体左转。右臂向左侧平摆，稍屈肘；同时左勾手变掌由后经左腰侧从右臂内向前上方穿出，掌、指均朝上，目视左手。

② 右掌立于左胸前，左臂向左上屈肘抖腕亮掌于头部左上方，掌心向上；目右转视。

该动作要点是：抖腕、甩头要同时；马步的要求同前。

(3) 第二段

1) 虚步栽拳（见图 7-24)。

① 右脚蹬地，屈膝提起；左腿伸直，以前脚掌为轴向右后转体 180°；右掌由左胸前向下经右腿外侧向后划弧成勾手；左臂随上体转动并外旋，使掌心朝右；目视右手。

② 右脚向右落地，重心移至右腿上，下蹲成左虚步；左掌变拳下落于左膝上，拳眼向内；右勾手变拳，屈肘上架于头右上方，拳心向前；目视左方。

该动作要点是：落步、架拳、栽拳、转头要同时完成。

2) 提膝穿掌（见图 7-25)。

① 右腿稍伸直。右拳变掌收至腰侧，掌心向上；左拳变掌由下向左、向上划弧盖压于体前，掌心向前。

② 右腿蹬直，左腿屈膝提起，脚尖内扣；右掌从腰侧经左臂内向右前上方穿出，掌心向上；左掌收至右胸前成立掌；目视右掌。

该动作要点是：支撑腿与右臂充分伸直。

图 7-24　虚步栽拳

图 7-25　提膝穿掌

图 7-26　仆步穿掌

3) 仆步穿掌。右腿全蹲，左腿向左侧铲出成左仆步。右臂不动，左掌由右胸前向下经左腿内侧，向左脚面穿出。目随左掌转视（见图 7-26)。

4) 虚步挑掌（见图 7-27)。

① 右腿蹬直，重心前移至左腿成左弓步；右掌稍下降，左掌随重心前移向前挑起。

② 右脚向左前方上步，左腿半蹲，成右虚步；上体随上步左转 180°；在右脚上步的同时，左掌由前向上向后划成立掌，右掌由后向下、向前上方挑起成立掌，指尖与眼平；目视右掌。该动作要点是：上步要协调，虚步要稳。

5) 马步击掌（见图 7-28)。

图 7-27　虚步挑掌

图 7-28　马步击掌

① 右脚落实，脚尖外撇，重心稍升高并右移，左掌变拳收至腰侧；右掌俯掌向外搂手。

② 左脚向前上一步，以右脚为轴向后转体 180°，两腿下蹲成马步。左掌从右臂上成立掌向左侧击出；右掌变拳收至腰侧；目视左掌。

该动作要点是：右掌搂手时，先使臂内旋、腕伸直，手掌向下、向外转；接着臂外旋，掌心经下向上翻转，同时抓握成拳；收拳和击掌动作要同时进行。

6）插步双摆掌（见图 7-29）。

① 重心稍右移，同时两掌向下、向右摆，掌指向上；目视右掌。

② 右脚向左腿后插步，前脚掌着地。两臂继续由右向上、向左摆，停于身体左侧，均成侧立掌，右掌停于左肘窝处；眼随手动。

该动作要点是：两臂要划立圆，幅度要大，摆掌与后插步配合一致。

7）弓步击掌（见图 7-30）。

图 7-29　插步双摆掌

图 7-30　弓步击掌

① 两腿不动；左掌收至腰侧，掌心向上；右掌向前划弧推出，掌心向前。

② 左腿后撤一步，成右弓步，右掌向下、向后伸直摆动，成勾手，勾尖向上，左掌成立掌向前推出；目视左掌。

8）转身踢腿马步盘肘（见图 7-31）。

图 7-31　转身踢腿马步盘肘

① 两脚以前脚掌为轴向后转体 180°；在转体的同时，左臂向上、向前划半立圆，右臂向下、向后划半立圆。

② 上动不停，两脚不动，右臂由后向上、向前划半立圆，左臂由前向下、向后划半立圆。

③ 上动不停，右臂向下、向身后成反臂勾手，勾尖向上；左臂向上成亮掌，掌心向前上方；右腿伸直，脚尖勾起，向额前踢。

④ 右脚向前落地，脚尖内扣；右手不动，左臂屈肘下落至胸前，左掌心向下；目视左掌。

⑤ 上体左转 90°，两腿下蹲成马步；同时，左掌向前、向左平掳变拳收至腰侧，右勾手变拳，右臂伸直，由体后向右、向前平摆，至体前时屈肘，肘尖向前，高与肩平，拳心向下；目视前方。

该动作要点是：两臂抡动时要划立圆，动作连贯；盘肘时要快速有力，右臂前送。

（4）第三段

1）歇步抡砸拳（见图 7-32）。

① 重心稍升高，右脚尖外撇，右臂由胸前向上、向右抡直；左拳向下、向左，使臂抡直；目视右拳。

② 上动不停，两脚以前脚掌为轴，向右后转体 180°，右臂向下、向后抡摆，左臂向上、

向前随身体转动。

③ 紧接上动，两腿全蹲成歇步，左臂随身体下蹲，同时左拳向下平砸，拳心向上，臂部微屈；右臂伸直向上举起；目视左拳。

该动作要点是：抡臂动作要连贯完成，划成立圆；歇步要两腿交叉全蹲，左腿的大、小腿靠紧，臀部贴于小腿外侧，膝关节在右小腿外侧，脚跟提起；右脚尖外撇，全脚着地。

2）仆步亮掌（见图 7-33）。

图 7-32　歇步抡砸拳

图 7-33　仆步亮掌

① 左脚由右腿后抽出上前一步，左腿蹬直，右腿半蹲，成右弓步；上体微向右转。左拳收至腰侧，右拳变掌向下经胸前向右横击掌；目视右掌方。

② 右脚蹬地屈膝提起，上体右转。左拳变掌从右掌上向前穿出，掌心向上；右掌平收至左肘下。

③ 右脚向右落步，屈膝下蹲，左腿伸直成仆步；左掌向下、向后划弧成勾手，勾尖向上；右掌向右、向上划弧微屈，抖腕成亮掌，掌心向前；头随右手转动，成亮掌时，目视左方。

该动作要点是：落步下蹲时，先成右仆步，然后迅速过渡成左仆步。成仆步时，左腿充分伸直，脚尖内扣，右腿全蹲，两脚掌全部着地。上体挺胸塌腰，稍左转。

图 7-34　弓步劈拳

3）弓步劈拳（见图 7-34）。

① 右腿蹬地立起；左腿收回并向左前方上步；右掌变拳收至腰侧，拳心向上；左勾手变掌由下向前上经胸前向左做掳手。

② 右腿经过左腿前方向左绕上一步，左腿蹬直成右弓步；左手向左平掳后再向前挥摆，虎口朝前。

③ 在左手平掳的同时，右掌向后平摆，然后再向前、向上做抡臂劈拳，拳高与耳平，拳心向上，左掌外旋接扶右前臂；目视右拳。

该动作要点是：左右脚上步稍带弧形。

4）换跳步弓步冲拳（见图 7-35）。

图 7-35　换跳步弓步冲拳

① 重心后移，右脚稍向后移动，右拳手臂内旋，向下划弧挂至右膝内侧；左掌背贴靠

右肘外侧，掌指向上；目视右拳。

② 右腿自然上抬，上体稍向左扭转；右拳变掌挂至身体左侧，左掌伸向右腋下。目随右掌转视。

③ 右脚以全脚掌用力向下震跺，与此同时，左脚急速离地抬起；右手由左向上、向前掳盖而后变拳收至腰侧；左掌伸直向下、向上、向前屈肘下按，掌心向前；上体右转；目视左掌。

④ 左脚向前落步，右腿蹬直成左弓步；右拳向前冲出，拳眼朝上，拳高与肩平；左掌藏于右腋下，掌背贴靠腋窝，掌指向上；目视右拳。

该动作要点是：换跳步动作要连贯、协调，震脚时腿要弯曲，全脚掌着地，左脚离地不要高。

5）马步冲拳。上体右转 90°，重心移至两腿中间，成马步。右拳收至腰侧，拳心向上；左掌变拳向左冲出，拳眼向上。目视左拳（见图 7-36）。

6）弓步下冲拳。右脚蹬直，左腿弯曲，上体稍向左转，成左弓步。左拳变掌向下经体前向上架于头左上方，掌心向上，右拳自腰侧向右前下方冲出，拳眼向上。目视右拳（见图 7-37）。

7）插步亮掌侧踹腿（见图 7-38）。

图 7-36　马步冲拳

图 7-37　弓步下冲拳

图 7-38　插步亮掌侧踹腿

① 上体稍右转，左掌由头上下落于右手腕上，右拳变掌，两手交叉成十字；目视双手。

② 右脚蹬地并向左腿后插步，以前脚掌着地。左掌由体前向下、向后划弧成勾手，勾尖向上；右掌由前向右、向上划弧抖腕亮掌，掌心向上；目视左侧。

③ 重心移至右腿，左腿屈膝提起，向左上方猛力蹬出；上肢姿势不变，目视左侧。

该动作要点是：插步时上体稍向右倾斜，腿、臂的动作要一致；侧踹高度不能低于腰，着力点在脚跟。

8）虚步挑拳（见图 7-39）。

① 左脚在左侧落地，右掌变拳稍后移，左勾手变拳由体后向左上挑，拳眼向上。

图 7-39　虚步挑拳

② 上体左转 180°，微含胸前俯，左拳继续向前、向上划弧上挑，右拳向下、向前划弧挂至身体右后侧，同时右膝提起；目视右拳。

③ 右脚向左前方上步，脚尖点地，重心落于左脚，左腿下蹲成右虚步；左拳向后划弧收至腰侧，拳心向上；右拳向前屈臂挑出，拳眼斜向上，拳与肩同高；目视右拳。

（5）第四段

1）弓步顶肘（见图 7-40）。

图 7-40　弓步顶肘

① 重心提高，右臂内旋向下划弧以拳背下挂至右膝内侧，左拳不变；目视前下方。

② 左腿蹬直，右腿屈膝上抬。左拳变掌，右拳不变，两臂向前上划弧摆起；目随左掌转视。

③ 左脚蹬地起跳，身体腾空，两臂继续划弧至头上方。

④ 右脚先落地，右腿屈膝，左脚向前落步，以前脚掌着地；同时，两臂向右、向下屈肘停于左胸前，右拳变掌，左掌变拳；右掌心贴靠在左拳面。

⑤ 左脚向左上一步，左腿屈膝，右腿蹬直成左弓步，右掌推左拳，以肘尖向左顶出，高与肩平；目视左方。

该动作要点是：交换步时不要过高，但要快；两臂抡摆时要成圆弧。

2）转身左拍脚（见图 7-41）。

① 以两脚前脚掌为轴向右后转体 180°，左腿蹬直成右弓步；随着转体，右臂向上、向右、向下划弧抡摆，同时左拳变掌向下、向后、向前上抡摆。

② 重心移至右腿，左腿伸直向前上踢起，脚面绷直，左掌变拳收至腰侧，右掌由体后向上、向前拍击左脚面。

该动作要点是：右掌拍脚时手掌稍横过来，拍脚要准而响亮。

3）右拍脚（见图 7-42）。

图 7-41　转身左拍脚

图 7-42　右拍脚

① 左脚向前落地，左拳变掌向下向后摆，右掌变拳收至腰侧，拳心朝上。

② 右腿伸直向前上踢起，脚面绷直。左掌由后向上、向前拍击右脚面。

该动作要点是：与本段的转身左拍脚相同。

4）腾空飞脚（见图 7-43）。

① 右脚落地。

② 左脚向前摆起，右脚猛力蹬地跳起，左腿屈膝继续前上摆；同时，右拳变掌向前、向上摆起，左掌先上摆而后下降拍击右掌背。

③ 右腿继续上摆，脚面绷直；右手拍击右脚面，左掌由体前向后上举。

该动作要点是：蹬地要向上，不要太向前冲，左膝尽量上提；击响要在腾空时完成，右臂伸直成水平。

图 7-43　腾空飞脚

5）歇步下冲拳（见图 7-44）。

① 左、右脚先后相继落地，右掌不变，左掌变拳收至腰侧，拳心向上。

② 身体右转 90°，两腿全蹲成歇步。右掌抓握、外旋变拳收至腰侧；左拳由腰侧向前下方冲出，拳心向下；目视左拳。

6）仆步抡劈拳（见图 7-45）。

图 7-44　歇步下冲拳

图 7-45　仆步抡劈拳

① 重心升高，右臂由腰侧向体后伸直，左臂随身体重心升高向上摆起。

② 以右脚前脚掌为轴，左腿屈膝提起，上体左转 270°；左拳向前、向后下划立圆一周；右拳由后向下、向前上划立圆一周。

③ 左腿向后落一步，屈膝全蹲，右腿伸直，脚尖内扣成右仆步；右拳由下向上抡劈，拳眼向上；左拳后上举，拳眼向上；目视右拳。

该动作要点是：抡臂时一定要划立圆。

7）提膝挑掌（见图 7-46）。

① 重心前移成右弓步；同时，右拳变掌由下向上抡摆，左拳变勾稍下落，右掌心向左，左手勾尖向上。

② 左、右臂在垂直面上由前向后各划立圆一周；右臂伸直停于头上，掌心向左，掌指向上；左勾手不动，同时，重心移至左腿，右腿屈膝提起，左腿挺膝伸直独立；目视前方。

该动作要点是：抡臂时要划立圆。

图 7-46　提膝挑掌

图 7-47　提膝劈掌弓步冲拳

8）提膝劈掌弓步冲拳（见图 7-47）。

① 下肢不动；右掌由上向下猛劈伸直，停于右小腿内侧，用力在小指一侧，掌心向左。左勾手变掌，屈臂向前停于右上臂内侧，掌心向右；目视右掌。

② 右脚向右侧落地；身体右转 90°；同时，左掌变拳收至腰侧，右臂内旋向右划弧搂手。

③ 上动不停，左腿蹬直成右弓步；右手抓握变拳收至腰侧，左拳由腰侧向左前方冲出，拳眼向上；目视左拳。

(6) 结束动作

1) 虚步亮掌（见图 7-48）。

① 左脚扣于右膝后，两拳变掌，两臂右上左下屈肘交叉于体前；目视前方。

② 左脚向左前落步，重心后移，右腿半蹲，上体稍右转；同时，左掌向上、向右、向下划弧停于右腋下；右掌向左、向上划弧至左臂上方，两手臂左下右上；目视右掌。

③ 左脚尖稍向右移，右腿下蹲成左虚步。左臂伸直向左、向后划弧成反勾手；右臂伸直向下、向右、向上划弧抖腕亮掌，掌心向上；目视左方。

图 7-48 虚步亮掌

图 7-49 并步对拳

2) 并步对拳（见图 7-49）。

① 左腿后撤一步，同时两掌从两腰侧向前穿出伸直，掌心向上。

② 右腿后撤一步，同时两臂分别向体后下摆。

③ 左脚后退半步向右脚并拢；两臂由后向上经体前屈臂下按，两掌变拳，停于腹前，拳心向下，拳面相对；目视左方。

(7) 还原

两臂自然下垂，目视正前方（见图 7-50）。

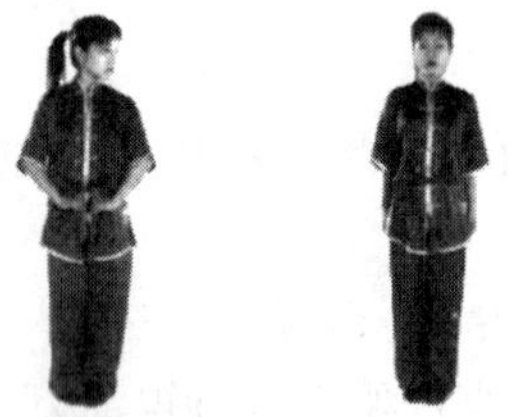

图 7-50 还原

4. 评价与欣赏

长拳运动水平的高低，主要是从运动员完成套路过程中的动作规格、演练水平和动作难度完成情况三个部分进行评价，下面以长拳为例进行评价。

长拳的动作规格包括“三形”（即手形、步形、身形）、“四法”（即手法、腿法、步法、身法）及平稳、跳跃、翻腾等。

(1) 看“三形”

1) 长拳的手形，主要有拳、掌、勾。拳的要求是四指握紧，拇指紧靠在食指和中指的第二指节上。拳面要平，拳背与小臂也要成平行。掌的要求是四指并拢伸直，向后伸张，拇指弯曲内扣。勾的要求是“五指撮拢并一道，尽量屈腕似镰刀”。

2) 长拳的步形，弓步要求前大腿弓平，后腿蹬直，脚尖斜向前方；马步要求两脚左右开立约为脚长的 3 倍，脚尖正对前方，屈膝半蹲，大腿接近水平；仆步要求一腿屈膝全蹲，另一腿平仆伸直，脚掌着地内扣；虚步要求两腿虚实分明等。

3）长拳的身形，要求头要正、颈要直、腿要平、挺胸立腰，威严雄壮，不能抬头、低头或挺腹。

（2）看“四法”

1）手法包括有各种拳法、掌法。例如，冲拳、架拳、栽拳、掼拳、抛拳、推掌、劈掌、砍掌、穿掌等。这些手法通常都是在运动中完成的，所以要看其运用的方法是否准确。例如，冲拳要求拧腰、送肩、急旋臂，迅猛有力，高不过肩。如果耸肩抬肘，力未由腰部发出，或拳未握紧，都是动作错误。

2）腿法有直摆性腿法、屈伸性腿法和扫转性腿法三类：①直摆性腿法包括止踢腿、斜踢腿、侧踢腿、里合腿、外摆腿、后踢腿等，踢腿要轻快有力，做到支撑腿、摆动腿和上体挺直，摆动脚要勾（扣）紧，重心要稳，踢腿时，支撑腿脚跟离地或膝部弯曲，摆动腿弯曲或正踢腿脚不过头，都属于规范错误；②屈伸性腿法有弹腿、蹬腿、踹腿、点腿、踩腿等，其共同的特点是踢腿时，都是由屈到伸，大腿先提起，然后迅速做弹、蹬、踹、点、踩等动作，力达脚尖、脚跟或脚底，起腿、出腿速度要快，力道要猛，力点要准确；③扫转性腿法有前扫腿和后扫腿两种，不管前扫腿还是后扫腿，都要求支撑腿全蹲，扫转腿伸直贴地，扫转速度要快，幅度要大。目前，扫腿已经从 360°发展到 540°，甚至扫转 900°，不少运动员都完成得很出色。但是，也有扫转时支撑腿未全蹲、扫转腿弯曲或脚掌未贴地等错误。

3）长拳的步法有上步、进步、退步、盖步、插步、垫步、击步、纵步、跃步、踏步等。练习时，步法要快、稳，要灵活多变。俗话说：“步不稳则拳乱，步不快则拳慢。”因此，稳定支撑和快速移动是步法的关键。步不稳，上肢动作就没有坚固的支撑，就像大炮没有炮座一样。脚步缓慢，进攻时打不到目标，防守时就要处于挨打的被动局面。

4）身法是长拳运动中的一个重要内容。所有上、下肢的动作，都要通过腰的屈、伸、拧、转、吞、吐来完成，使动作做得柔软而坚韧。柔软则灵活，坚韧则有力，动作才会自然、协调。

（3）看平稳、跳跃和翻腾

1）长拳的平衡主要有直立平衡、仰身平衡、俯身平衡、屈蹲平衡、拧身平衡等。平衡动作要求姿势舒展，造型优美，完成时难度较高。不少平衡动作都是在运动中突然静止，并且需要静止 2 秒钟以上。例如直立抱腿平衡，平衡静止时间不足 2 秒或支撑腿、上举腿弯曲都不符合要求，在比赛中应给予扣分。

2）长拳的跳跃动作较多，包括腾空飞脚、旋风脚、腾空外摆莲、旋子等。这些跳跃动作都要求起跳腿蹬地发力，要有很强的爆发力，且动作都是在空中完成，难度很大，所以有很高的观赏价值。例如腾空飞脚，它要求踢摆腿脚高必须过腰，左腿在击响的一瞬间，屈膝收控于右腿侧；要求在腾空的最高点完成击响，拍击动作必须连续、准确、响亮、爆脆。在空中时，上体要正直、微向前倾。如果两腿蹬伸、摆踢脱节，容易造成动作不协调；上体过于前俯、坐臀，会使重心下坠，动作完成不到位，以致影响整个动作的完成。

第三节 太极拳运动

1. 太极拳运动概述

太极拳是中国武术的一个重要流派，流行于各地，很受人们的欢迎。早期，因其动作如长江之水，滔滔不绝，绵绵不断，故称为“长拳”，也称为“绵拳”；又因其含有 8 种基本技法（掤、捋、挤、按、采、挒、肘、靠）和 5 种步法（进步、退步、左顾、右盼、中定），所以又称“十三势”。清朝乾隆年间，山西人王宗岳用阴阳太极哲理解释拳意，著《太极拳论》，才确定了太极拳的名称，从此普遍采用“太极拳”这一名称。太极拳是根据我国古代阴阳哲学的原理而命名的拳术。所有动作的开合、起落、进退、刚柔、蓄发、顺逆、虚实、曲直等，无不和谐地体现出阴阳对立与统一的辩证规律。

太极拳在长期的流行过程中形成了陈式、杨式、吴式、孙式、武式等技术流派。新中国成立以后，又编创了 24 式简化太极拳、48 式太极拳、32 式太极剑等。20 世纪初到 80 年代末，为了适应武术的国际交流与竞赛，又编创了陈式、杨式、吴式、孙式、武式太极拳和 42 式综合太极拳、太极剑等竞赛套路。各式太极拳尽管在运动风格上有所不同，但体松心静、柔和缓慢、连绵不断、圆活自然、协调完整的要求是基本一致的。

2. 太极拳运动的特点

① 体松心静，呼吸自然。太极拳是一种“静中寓动、动中求静”的修炼术。练习太极拳，首先要使身体充分放松。从头颈部、肩部、胸部、腰部、腿部、上肢和下肢均要充分放松，尤其是肩、髋、肘等几个大关节。身体放松了，才能在运动中保持自然舒展，柔和顺畅，才能做到“心静”。在演练太极拳时，尽管运动不息，但也要做到心里宁静从容，根据太极拳动作的开合、屈伸、进退、起落、虚实等，进行细、长、匀、深的呼吸。

② 圆活自然，柔和缓慢。太极拳动作练习要圆满、活顺、自然，身体的各部处处走圆（弧）形，防止动作直来直去，或突然改变圆弧的方向，出现棱角及僵硬的动作。其动作柔和缓慢，以柔劲为主，以意识引导动作，用意不用力。动作柔和的好处是用力较少，不使肌肉过于紧张。缓慢的好处是能使呼吸深长，增加吸氧量，并且气沉丹田，意、气、劲三者合一。这样，动作才能自然舒展，感觉灵敏，步法稳健，气血调和。太极拳在运动时不用拙力，呼吸深沉自然，动作轻松柔缓，形神合一，虽动犹静。

③ 连绵不断，周身协调。在练习太极拳的过程中，动作要动作连贯，势势相承，动动相连，前后贯串，绵绵不断，形成有节律的连续运动，不能忽快忽慢、停顿或断续。太极拳是一种需要身心高度协调配合的全身性运动，动作大多走弧形或螺旋形，身体各部位必须做到上下相随、协调完整、内外合一，把身体外形的动作与内在的意识完整地统一起来。做到“一动无所不动，一静无有不静”。

3. 24 式太极拳动作图解

（1）第一组

1）起势（见图 7-51）。

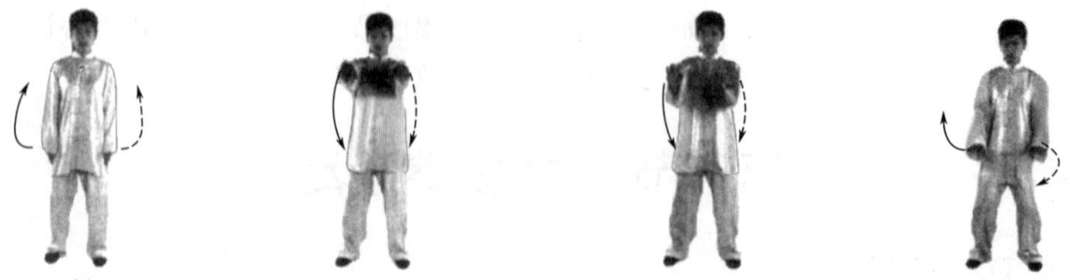
(a) (b) (c) (d)

图 7-51　起势

① 身体自然直立，两脚开立，与肩同宽，脚尖向前；两臂自然下垂，两手放在大腿外侧；眼向前平视［见图 7-51(a)］。

该动作要点是：头颈挺直，下颌微向后收，不要故意挺胸或收腹；精神要集中（起势由立正姿势开始，然后左脚向左分开，成开立步）。

② 两臂慢慢向前平举，两手高与肩平，与肩同宽，手心向下［见图 7-51(b)］。

③ 上体保持挺直，两腿屈膝下蹲；同时，两掌轻轻下按，两肘下垂与两膝相对；眼平视前方［见图 7-51(c)］。

该动作要点是：两肩下沉，两肘松垂，手指自然微屈。屈膝松腰，臀部不可凸出，身体重心落于两腿中间。两臂下落和身体下蹲的动作要协调一致。

2）左右野马分鬃（见图 7-52）。

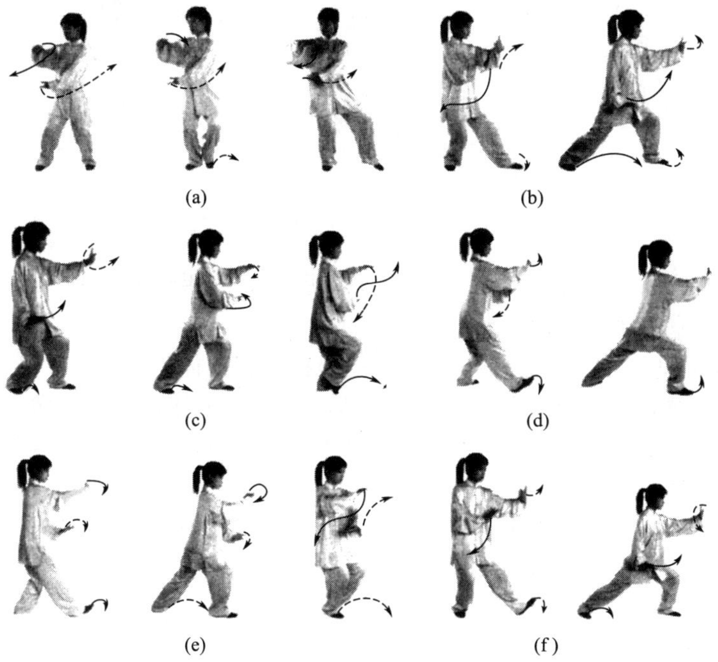

图 7-52　左右野马分鬃

① 上体微向右转，身体重心移至右腿上；同时，右臂收在胸前平屈，手心向下，左手经体前向右下划弧放在右手下，手心向上，两手心相对成抱球状；左脚随即收到右脚内侧，脚尖点地；眼看右手［见图 7-52(a)］。

② 上体微向左转，左脚向前方迈出，右脚跟后蹬，右腿自然伸直，成左弓步；同时上体继续向左转，左、右手随转体慢慢分别向左上、右下分开，左手高与眼平（手心斜向上），肘微屈；右手落在右胯旁，肘也微屈，手心向下；指尖向前；眼看左手［见图 7-52(b)］。

③ 上体慢慢后坐，身体重心移至右腿，左脚尖翘起，微向外撇（45°～60°），随后脚掌慢慢踏实，左腿慢慢前弓，身体左转，身体重心再移至左腿；同时左于翻转向下，左臂收在胸前平屈，右手向左上划弧放在左手下，两手心相对成抱球状；右脚随即收到左脚内侧，脚尖点地；眼看左手［见图 7-52(c)］。

④ 右腿向右前方迈出，左腿自然伸直，成右弓步；同时，上体右转，左、右手随转体分别慢慢向左下、右上分开，右手高与眼平（手心斜向上），肘微屈；左手落在左胯旁，肘也微屈，手心向下，指尖向前；眼看右手［见图 7-52(d)］。

⑤ 与③解同，只是左右相反［见图 7-52(e)］。

⑥与④解同，只是左右相反［见图 7-52(f)］。

该动作要点是：上体不可前俯后仰，胸部必须宽松舒展。两臂分开时要保持弧形。身体转动时要以腰为轴。弓步动作与分手的速度要均匀一致。做弓步时，迈出的脚先是脚跟着地，然后脚掌慢慢踏实，脚尖向前，膝盖不要超过脚尖；后腿自然伸直；前后脚夹角成45°～60°（需要时后脚跟可以后蹬调整）。野马分鬃式的弓步，前后脚的脚跟要分在中轴线两侧，它们之间的横向距离（即以动作行进的中线为纵轴，其两侧的垂直距离为横向）应该保持在 10～30 厘米。

3）白鹤亮翅（见图 7-53）。

(a) (b)

图 7-53　白鹤亮翅

① 上体微向左转，左手翻掌向下，左臂平屈胸前，右手向左下划弧，手心转向上，与左手成抱球状；眼看左手［见图 7-53(a)］。

② 右脚跟进半步，上体后坐，身体重心移至右腿，上体先向右转，面向右前方，眼看右手；然后左脚稍向前移，脚尖点地，成左虚步；同时，上体再微向左转，面向前方，两手随转体慢慢向右上左下分开，右手上提停于头右侧，手心向左后方，左手落于左胯前，手心向下，指尖向前［见图 7-53(b)］。

该动作要点是：胸部不要挺出，两臂上下都要保持半圆形，左膝微屈。身体重心后移和右手上提、左手下按要协调一致。

（2）第二组

1）左右搂膝拗步（见图 7-54）。

① 右手从体前下落，由下向后上方划弧至右肩外侧，肘微屈，手与耳同高，手心斜向上；左手由左下向上、向右下划弧至右胸前，手心斜向下；同时上体先微向左再向右转；左脚收至右脚内侧，脚尖点地。眼看右手［见图 7-54(a)］。

② 上体左转，左脚向前（偏左）迈出成左弓步；同时右手屈回由耳侧向前推出，高与鼻尖平，左手向下由左膝前搂过落于左胯旁，指尖向前；眼看右手手指［见图 7-54(b)］。

③ 右腿慢慢屈膝，上体后坐，身体重心移至右腿，左脚尖翘起微向外撇，随后脚掌慢慢踏实，左腿前弓，身体左转，身体重心移至左腿，右脚收到左脚内侧，脚尖点地；同时，左手向外翻掌由左后向上划弧至左肩外侧，肘微屈，手与耳同高，手心斜向上；右手随转体向上、向左下划弧落于左胸前，手心斜向下；眼看左手［见图 7-54(c)］。

④ 与②解同，只是左右相反［见图 7-54(d)］。

⑤ 与③解同，只是左右相反［见图 7-54(e)］。

⑥ 与②解同［见图 7-54(f)］。

该动作要点是：前手推出时，身体不可前俯后仰，要松腰松胯。推掌时要沉肩垂肘，坐腕舒掌，同时须与松腰、弓腿上下协调一致。搂膝拗步成弓步时，两脚跟的横向距离保持约

图 7-54 左右搂膝拗步

30 厘米。

2）手挥琵琶（见图 7-55）。

右脚跟进半步，上体后坐，身体重心转至右腿上，上体半面向右转，左脚略提起稍向前移，变成左虚步，脚跟着地，脚尖翘起，膝部微屈；同时，左手由左下向上挑举，高与鼻尖，掌心向右，臂微屈；右手收回放在左臂肘部内侧，掌心向左；眼看左手食指。

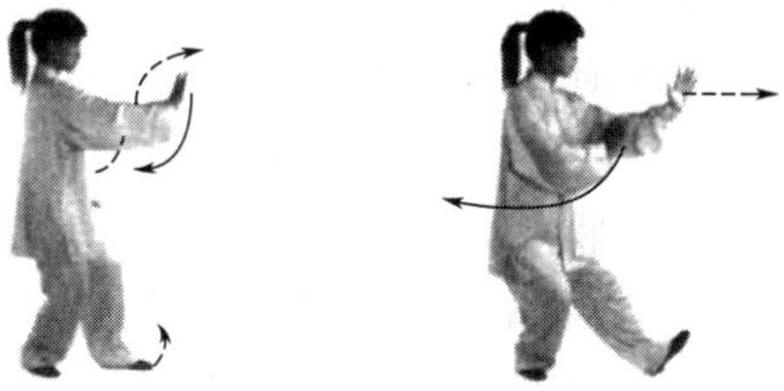

图 7-55 手挥琵琶

该动作要点是：身体要平稳自然，沉肩垂肘，胸部放松。左手上举时不要直向上挑，要由左向上、向前，微带弧形。右脚跟进时，脚掌先着地，再全脚踏实。身体重心后移和左手上举、右手回收要协调一致。

3）左右侧卷肱（见图 7-56）。

① 上体右转，右手翻掌（手心向上）经腹前由下向后上方划弧平举，臂微屈，左手随即翻掌向上，眼的视线随着向右转体先向右看，再转向前方看左手［见图 7-56(a)］。

② 右臂屈肘折向前，右手由耳侧向前推出，手心向前，左臂屈肘后撤，手心向上，撤至左肋外侧；同时左腿轻轻提起向后（偏左）退一步，脚掌先着地，然后全脚慢慢踏实，身体重心移至左腿上，成右虚步，右脚随转体以脚掌为轴扭正；眼看右手［见图 7-56(b)］。

③ 上体微向左转，同时左手随转体向后上方划弧平举，手心向上，右手随即翻掌，掌心向上；眼随转体先向左看，再转向前方看右手［见图 7-57(c)］。

④ 与②解同，只是左右相反［见图 7-56(d)］。

⑤ 与③解同，只是左右相反［见图 7-56(e)］。

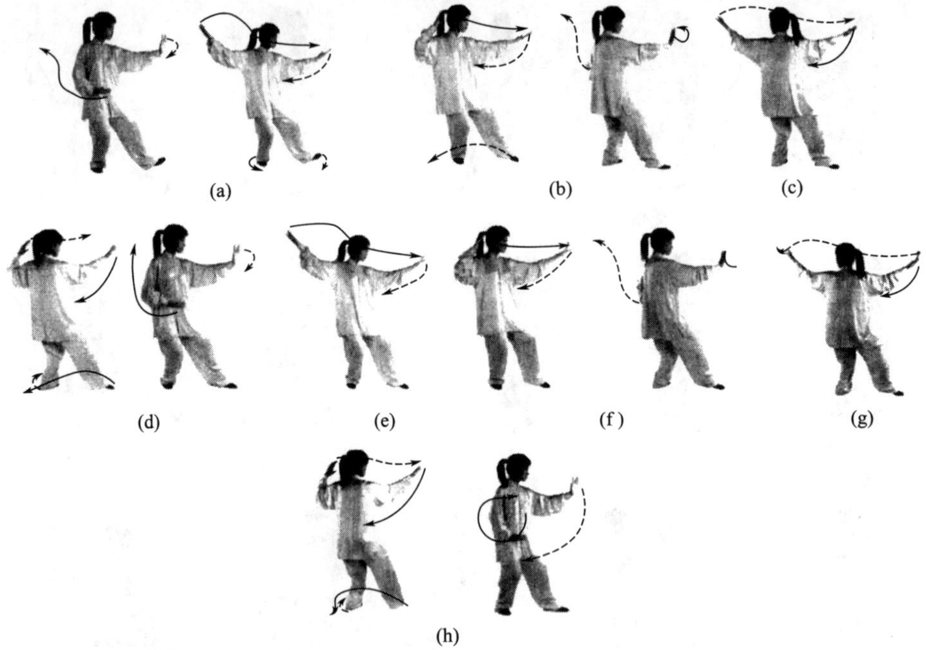

图 7-56　左右侧卷肱

⑥ 与②解同［见图 7-56(f)］。

⑦ 与③解同［见图 7-56(g)］。

⑧与②解同，只是左右相反［见图 7-56(h)］。

该动作要点是：前推的手不要伸直，后撤的手也不可直向回抽，随转体仍走弧线。前推时，要转腰松胯，两手的速度要一致，避免僵硬。退步时，脚掌先着地，再慢慢全脚踏实，同时前脚随转体以脚掌为轴扭正。退左脚略向左后斜，避免使两脚落在一条直线上。后退时，眼神随转体动作先向左右看，然后再转看前手。最后退右脚时，脚尖外撇的角度略大些，便于接做“左揽雀尾”的动作。

(3) 第三组

1) 左揽雀尾（见图 7-57）。

① 上体微向右转，同时右手随转体向后上方划弧平举，手心向上，左手放松，手心向下；眼看左手［见图 7-57(a)］。

② 身体继续向右转，左手自然下落逐渐翻掌经腹前划弧至右肋前，手心向上；右臂屈肘，手心转向下，收至右胸前，两手相对成抱球状；同时，身体重心落在右腿上，左脚收到右脚内侧，脚尖点地；眼看右手［见图 7-57(b)］。

③ 上体微向左转，左脚向前方迈出，上体继续向左转，右腿自然蹬直，左腿屈膝，成左弓步；同时左臂向左出（即左臂平屈成弓形，用前臂外侧和手背向前方推出），高与肩平，手心向内；右手向右下落放于右胯旁，手心向下，指尖向前；眼看前臂［见图 7-57(c)］。

该动作要点是：出臂时，两臂前后均保持弧形。分手、松腰、弓腿三者必须协调一致。揽雀尾弓步时，两脚跟横向距离不超过 10 厘米。

④ 身体微向左转，左手随即前伸翻掌向下，右手翻掌向上，经腹前向上、向前伸至左前臂下方；然后两手下捋，即上体向右转。两手经腹前向右后上方划弧，直至右手手心向上，高与肩齐，左臂平屈于胸前，手心向后；同时身体重心移至右腿；眼看右手［见图7-57

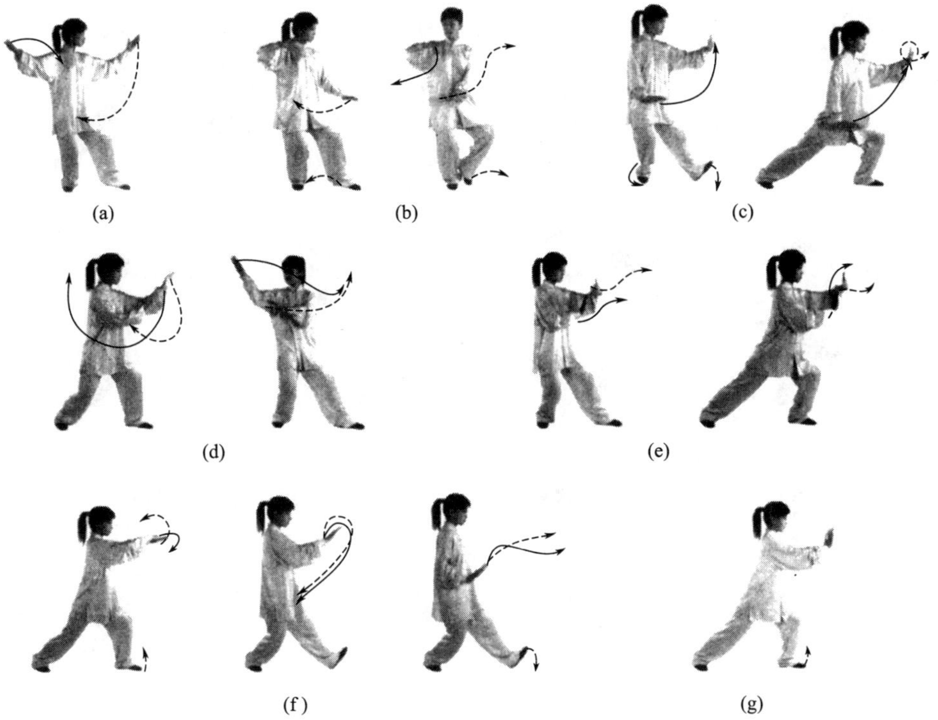

图 7-57 左揽雀尾

(d)]。该动作要点是：下捋时，上体不可前倾，臀部不要凸出。两臂下捋须随腰旋转，仍走弧线。左脚全掌着地。

⑤ 上体微向左转，右臂屈肘折回，右手附于左手腕里侧（相距约 5 厘米），上体继续向左转，双手同时向前挤出，左前臂要保持半圆；同时，身体重心逐渐移变成左弓步；眼看左手腕部［见图 7-57(e)］。该动作要点是：向前挤时，上体要挺直。挤的动作要与松腰、弓腿相一致。

⑥ 左手翻掌，手心向下，右手经左腕上方向前，向右伸出，高与左手齐，手心向下，两手左右分开，宽与肩同；然后右腿屈膝，上体慢慢后坐，身体重心移至右腿上，左脚尖翘起；同时，两手屈肘回收至腹前，手心均向前下方；眼向前平视［见图 7-57(f)］。

⑦ 上式不停，身体重心慢慢前移，同时两手向前、向上按出，掌心向前；左腿成左弓步；眼平视前方［见图 7-57(g)］。

该动作要点是：向前按时，两手须走曲线，手腕部高与肩平，两肘微屈。

2）右揽雀尾（见图 7-58）。

① 上体后坐并向右转，身体重心移至右腿，左脚尖内扣；右手向右平行划弧至右侧，然后由右下经腹前向左上划弧至左肋前，手心向上；左臂平屈胸前，左手掌向下与右手成抱球状；同时，身体重心再移至左腿上，右脚收至左脚内侧，脚尖点地；眼看左手［见图7-58(a)］。

② 同“左揽雀尾”③解，只是左右相反［见图 7-58(b)］。

③ 同“左揽雀尾”④解，只是左右相反［见图 7-58(c)］。

④ 同“左揽雀尾”⑤解，只是左右相反［见图 7-58(d)］。

⑤ 同“左揽雀尾”⑥解，只是左右相反［见图 7-58(e)］。

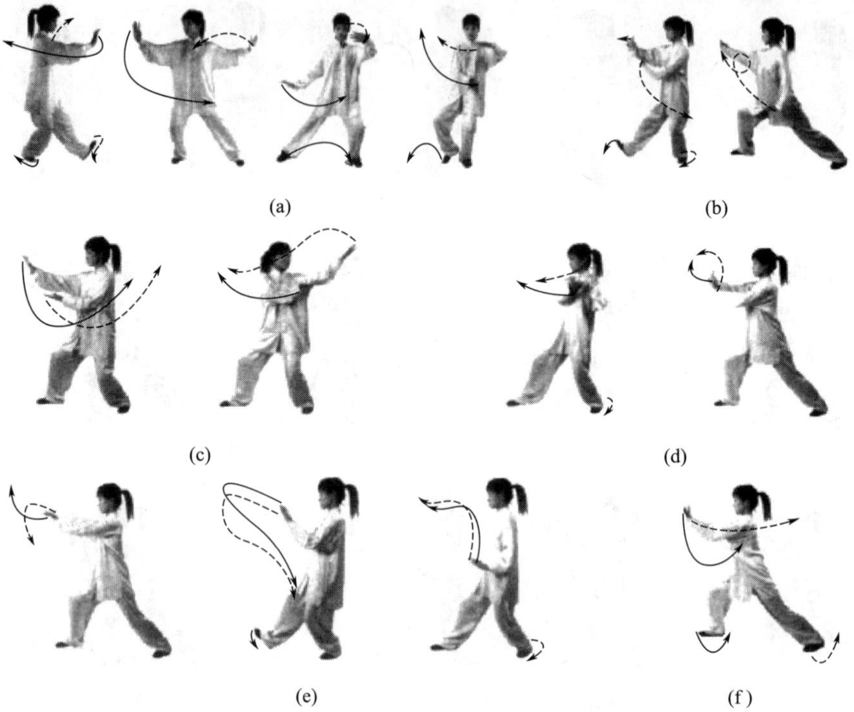

图 7-58　右揽雀尾

⑥ 同“左揽雀尾”⑦解，只是左右相反［见图 7-58(f)］。

该动作要点均与“左揽雀尾”相同，只是左右相反。

（4）第四组

1）单鞭（见图 7-59）。

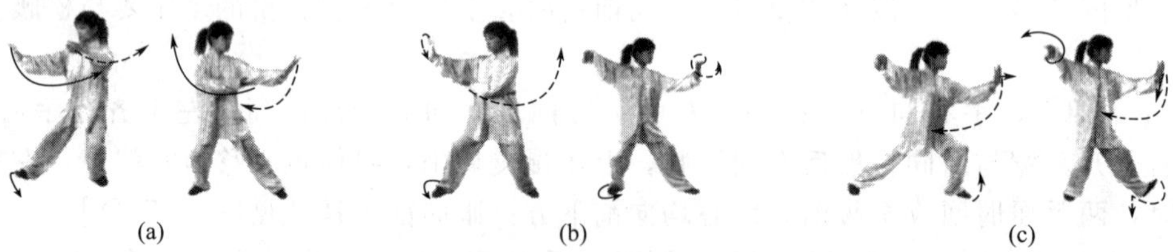

图 7-59　单鞭

① 上体后坐，身体重心逐渐移至左腿上，右脚尖内扣；同时，上体左转，两手（左高右低）向左弧形运转，直至左臂平举伸于身体左侧，手心向左，右手经腹前运至左肋前，手心向后上方；眼看左手［见图 7-59(a)］。

② 身体重心再渐渐移至右腿上，上体右转，左脚向右脚靠拢，脚尖点地；同时，右手向右上方划弧（手心由里转向外），至右侧方时变勾手，臂与肩平；左手向下经腹前向右上划弧停于右肩前，手心向里；眼看左手［见图 7-59(b)］。

③ 上体微向左转，左脚向左前侧方迈出，右脚跟后蹬，成左弓步；在身体重心移向左腿的同时，左掌随上体的继续左转慢慢翻转向前推出，手心向前，手指与眼齐平，臂微屈；眼看左手［见图 7-59(c)］。

该动作要点是：上体保持挺直、松腰。完成时，右臂肘部稍下垂，左肘与左膝上下相对，两肩下沉。左手向外翻掌前推时，要随转体边翻边推出，不要翻掌太快或最后突然翻掌。全部过渡动作要上下协调一致。如面向南起势，单鞭的方向（左脚尖）应向东偏北（大约为 15°）。

2）云手（见图 7-60）。

(a)　(b)　(c)　(d)　(e)　(f)

图 7-60　云手

① 身体重心移至右腿上，身体渐向右转，左脚尖内扣；左手经腹前向右上划弧至右肩前，手心斜向后，同时右手变掌，手心向右前；眼看左手［见图 7-60(a)］。

② 上体慢慢左转，身体重心随之逐渐左移；左手由脸前向左侧运转，手心渐渐向左方；右手由右下经腹前向左上划弧，至左肩前，手心斜向后；同时右脚靠近左脚，成小开立步（两脚距离 10～20 厘米）；眼看右手［见图 7-60(b)］。

③ 上体再向右转，同时左手经腹前向右上划弧至右肩前，手心斜向后；右手向右侧运转，手心翻转向右；随之左腿向左横跨一步；眼看左手［见图 7-60(c)］。

④ 同②解［见图 7-60(d)］。

⑤ 同③解［见图 7-60(e)］。

⑥ 同②解［见图 7-60(f)］。

该动作要点是：身体转动要以腰为轴，松腰、松胯，不可忽高忽低。两臂随腰的转动而转动，要自然圆活，速度要缓慢、均匀。下肢移动时，身体重心稳定，两脚掌先着地再踏实，脚尖向前。眼的视线随左右手而移动。第三个“云手”，右脚最后跟步时，脚尖微向内扣，便于接“单鞭”动作。

3）单鞭（见图 7-61）。

① 上体右转，右手随之向右运转，至右侧方时变成勾手；左手经腹前向右上划弧至右肩前，手心向内；身体重心落在右腿上，左脚尖点地；眼看左手［见图 7-61(a)］。

② 上体微向左转，左脚向左前侧方迈出，右脚跟后蹬，成左弓步；在身体重心移向左腿的同时，上体继续左转，左掌慢慢翻转向前推出，成“单鞭”式［见图 7-61(b)］。

(a) (b)

图 7-61 单鞭

该动作要点与前“单鞭”式相同。

（5）第五组

1）高探马（见图 7-62）。

(a) (b)

图 7-62 高探马

① 右脚跟进半步，身体重心逐渐后移至右腿上；右勾手变成掌，两手心翻掌向上，两肘微屈；同时，身体微向右转，左脚跟渐渐离地；眼看左前方［见图 7-62(a)］。

② 上体微向左转，面向前方；右掌经右耳旁向前推出，手心向前，手指与眼同高；左手收至左侧腰前，手心向上；同时，左脚微向前移，脚尖点地，成左虚步；眼看右手［见图 7-62(b)］。

该动作要点是：上体自然挺直，双肩要下沉，右肘微下垂。跟步移换重心时，身体不要有起伏。

2）右蹬脚（见图 7-63）。

(a) (b) (c)

图 7-63 右蹬脚

① 左手手心向上，前伸至右手腕背面，两手相互交叉，随即向两侧分开并向下划弧，手心斜向下；同时，左脚提起向左前侧方进步（脚尖略外撇）；身体重心前移，右腿自然蹬直，成左弓步；眼看前方［见图 7-63(a)］。

② 两手由外圈向里圈划弧，两手交叉合抱于胸前，右手在外，手心均向后；同时，右脚向左脚靠拢，脚尖点地；眼平看右前方［见图 7-63(b)］。

③ 两臂左右划弧分开平举，肘部微屈，手心均向外；同时，右腿屈膝提起，右脚向右前方慢慢蹬出，眼看右手［见图 7-63(c)］。

该动作要点是：身体要稳定，不可前俯后仰。两手分开时，腕部与肩齐平。蹬脚时，左腿微屈，右脚尖回勾，劲使在脚跟。分手和蹬脚须协调一致。右臂和右腿上下相对。如面向南起势，蹬脚方向应为正东偏南（约 30°）。

3）双峰贯耳（见图 7-64）。

① 右腿收回，屈膝平举，左手由后向上，向前下落至体前，两手心均翻转向上，两手

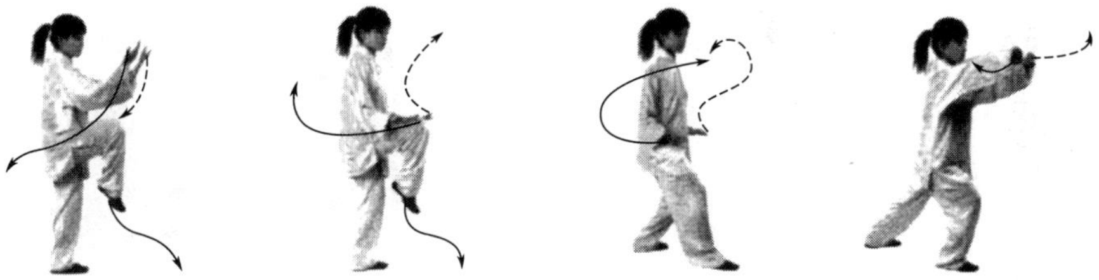

(a) (b)

图 7-64 双峰贯耳

同时向下划弧分落于右膝盖两侧；眼看前方［见图 7-64(a)］。

② 右脚向右前方落下，身体重心渐渐前移，成右弓步，面向右前方；同时两手下落，慢慢变拳，分别从两侧向上、向前划弧至面部前方，成钳形状，两拳相对，高与耳齐，拳眼都斜向内下（两拳中间距离 10～20 厘米）；眼看右拳［见图 7-64(b)］。

该动作要点是：完成时，头颈挺直、松腰松胯、两拳松握、沉肩垂肘，两臂均保持弧形。双峰贯耳式的弓步和身体方向与右蹬脚方向相同。弓步的两脚跟横向距离同“揽雀尾”式。

4）转身左蹬脚（见图 7-65）。

(a) (b) (c)

图 7-65 转身左蹬脚

① 左腿屈膝后坐，身体重心移至左腿，上体左转，右脚尖内扣；同时，两拳变掌，由上向左右划弧分开平举，手心向前；眼看左手［见图 7-65(a)］。

② 身体重心再移至右腿，左脚收到右脚内侧，脚尖点地；同时，两手由外圈划弧合抱于胸前，左手在外，手心均向后；眼平看左方［见图 7-65(b)］。

③ 两臂左右划弧分开平举，肘部微屈，手心均向外；同时，左腿屈膝提起，左脚向前方慢慢蹬出；眼看左手［见图 7-65(c)］。

该动作要点是：与右蹬脚式相同，只是左右相反。左蹬脚方向与右蹬脚成 180°（即正西偏北约 30°）。

（6）第六组

1）左下势独立（见图 7-66）。

① 左腿收回平屈，上体右转；右掌变成勾手，左掌向上、向右划弧下落，立于右肩前，掌心斜向后；眼看右手［见图 7-66(a)］。

② 右腿慢慢屈膝下蹲，左腿由内向左侧（偏后）伸出，成左仆步；左手下落（掌心向外）向左下/顺左腿内侧向前穿出；眼看左手［见图 7-66(b)］。该动作要点是：右腿全蹲时，上体不可过于前倾。左腿伸直，左脚尖须向内扣，两脚脚掌全部着地。左脚尖与右脚跟踏在中轴线上。

③ 身体重心前移，左脚跟为轴，脚尖尽量向外撇，左腿前弓，右腿后蹬，右脚尖内扣，

(a) (b) (c) (d)

图 7-66　左下势独立

上体微向左转并向前起身；同时，左臂继续向前伸出（立掌），掌心向右，右勾手下落，勾尖向后；眼看左手［见图 7-66(c)］。

④ 右腿慢慢提起平屈，成左独立式；同时，右勾手变掌，并由后下方顺右腿外侧向前弧形摆出，屈臂立于右腿上方，肘与膝相对，手心向左；左手落于左胯旁，手心向下，指尖向前；眼看右手［见图 7-66(d)］。该动作要点是：上体要挺直，独立的腿要微屈，右腿提起时脚尖自然下垂。

2）右下势独立（见图 7-67）。

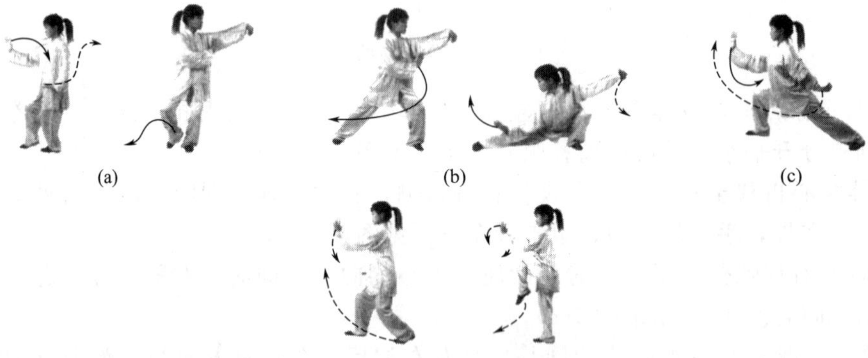

(a) (b) (c) (d)

图 7-67　右下势独立

① 右脚下落于左脚前，脚掌着地，然后以左脚前掌为轴脚跟转动，身体随之左转；同时，左手向后平举变成勾手，右掌随着转体向左侧划弧，立于左肩前，掌心斜向后；眼看左手［见图 7-67(a)］。

② 同“左下势独立”②解，只是左右相反［见图 7-67(b)］。

③ 同“左下势独立”③解，只是左右相反［见图 7-67(c)］。

④ 同“左下势独立”④解，只是左右相反［见图 7-67(d)］。

该动作要点是：左脚尖触地后必须稍微提起，然后再向下仆腿。其他均与“左下势独立”相同，只是左右相反。

（7）第七组

1）左右穿梭（见图 7-68）。

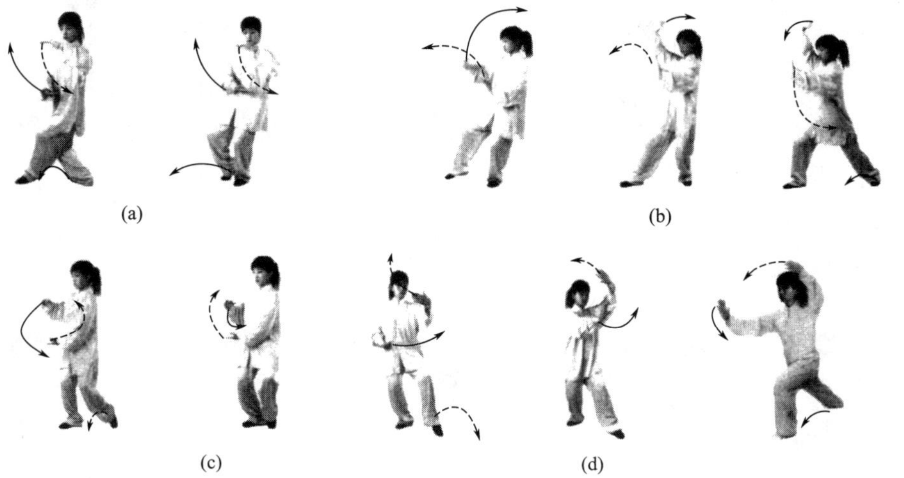

图 7-68　左右穿梭

① 身体微向左转，左脚向前落地，脚尖外撇，右脚跟离地，两腿屈膝成半坐盘式；同时，两手在左胸前成抱球状（左上右下）；然后右脚收到左脚的内侧，脚尖点地；眼看前臂［见图 7-68(a)］。

② 身体右转，右脚向右前方迈出，屈膝弓腿，成右弓步；同时，右手由脸前向上举并翻掌停在右额前，手心斜向上；左手先向左下再经体前向前推出，与鼻尖平，手心向前；眼看左手［见图 7-68(b)］。

③ 身体重心略向后移，右脚尖稍向外撇，随即身体重心再移至右腿，左脚跟进，停于右脚内侧，脚尖点地；同时，两手在右胸前成抱球状（右上左下）；眼看右前臂［见图 7-68(c)］。

④ 同②解，只是左右相反［见图 7-68(d)］。

该动作要点是：完成姿势面向斜前方（如面向南起势，左右穿梭方向分别为正西偏北和正西偏南，均约 30°）。手推出后，上体不可前俯。手向上举时，防止引肩上耸。一手上举一手前推，要与弓腿松腰上下协调一致。做弓步时，两脚跟的横向距离同搂膝拗步式，保持在 30 厘米左右。

2）海底针（见图 7-69）。

右脚向前跟进半步，身体重心移至右腿，左脚稍向前移，脚尖点地，成左虚步；同时，身体稍向右转，右手从右耳旁斜向下方插出，掌心向左，指尖斜向下；与此同时，左手向前，向下划弧落于左胯旁，手心向下，指尖向前；眼看前下方。

该动作要点是：身体要先向右转，再向左转。完成姿势后，面向正西。上体不可太前倾。避免低头和臀部外凸。左腿要微屈。

3）闪通臂（见图 7-70）。

上体稍向右转，左脚向前迈出，屈膝弓腿成左弓步；同时，右手由体前上提，屈臂上举，停于右额前上方，掌心翻转斜向上，拇指朝下；左手上起经胸前推出，高与鼻尖平，手心向前；眼看左手。

该动作要点是：完成姿势上体自然挺直、松腰、松胯；左臂不要完全伸直，背部肌肉要伸展开。推掌、举掌和弓腿动作要协调一致。弓步时，两脚跟横向距离同“揽雀尾”式（不超过 10 厘米）。

图 7-69　海底针

图 7-70　闪通臂

（8）第八组

1）转身搬拦捶（见图 7-71）。

(a)　(b)　(c)　(d)

图 7-71　转身搬拦捶

① 上体后坐，身体重心移至右腿上，左脚尖内扣，身体向右后转，然后身体重心再移至左腿上；与此同时，右手随着转体向右、向下（变拳）经腹前弧至左肋旁，拳心向下；左掌上举于头前，掌心斜向上；眼看前方［见图 7-71(a)］。

② 向右转体，右拳经胸前向前翻转撇出，拳心向上；左掌落于左胯旁，掌心向下，指尖向前；同时右脚收回后（不要停顿或脚尖点地）即向前迈出，脚尖外撇；眼看右拳［见图 7-71(b)］。

③ 身体重心移至右腿上，左脚向前迈一步；左手上起经左侧向前上划弧拦出，掌心向前下方；同时，右拳向右划弧收到右腰旁，拳心向上；眼看左手［见图 7-71(c)］。

④ 左腿前弓成左弓步，同时右拳向前打出，拳眼向上，高与胸平，左手附于右前臂里侧；眼看右拳［见图 7-71(d)］。

该动作要点是：右拳不要握得太紧。右拳回收时，前臂要慢慢内旋划弧，然后再外旋停于右腰旁，拳心向上。向前打拳时，右肩随拳略向前引伸，沉肩垂肘，右臂要微屈。弓步时，两脚横向距离同“揽雀尾”式。

2）如封似闭（见图 7-72）。

① 左手由右腕下向前伸出，右拳变掌，两手手心逐渐翻转向上慢慢分开回收；同时，身体后坐，左脚尖翘起，身体重心移至右腿；眼看前方［见图 7-72(a)］。

② 两手在胸前翻掌，向下经腹前再向上、向前推出，腕部与肩平，手心向前；同时，左腿前弓成左弓步；眼看前方［见图 7-72(b)］。

(a)　(b)

图 7-72　如封似闭

该动作要点是：身体后坐时，避免后仰，臀部不可凸出。两臂随身体回收时，肩、肘部略向外松开，不要直着抽回。两手推出宽度不要超过两肩。

3）十字手（见图 7-73）。

(a)　(b)

图 7-73　十字手

① 屈膝后坐，身体重心移向右腿，左脚尖内扣，向右转体；右手随着转体动作向右平摆划弧，与左手成两臂侧平举，掌心向前，肘部微屈；同时，右脚尖随着转体稍向外撇，成右侧弓步；眼看右手［见图 7-73(a)］。

② 身体重心慢慢移至左腿，右脚尖内扣，随即向左收回，两脚距离与肩同宽，两腿逐渐蹬直，成开立步；同时，两手向下经腹前向上划弧交叉合抱于胸前，两臂撑圆，腕略高与肩平，右手在外，成十字手，手心均向后；眼看前方［见图 7-73(b)］。

该动作要点是：两手分开和合抱时，上体不要前俯。站起后，身体自然挺直，头要微微上顶，下颌稍向后收。两臂环抱时须圆满舒适，沉肩垂肘。

4）收势（见图 7-74）。

两手向外翻掌，手心向下，两臂慢慢下落，停于身体两侧；眼看前方。

该动作要点是：两手左右分开下落时，要注意全身放松，同时气也徐徐下沉（呼气略加长）。呼吸平稳后，把左脚收到右脚旁再走动休息。

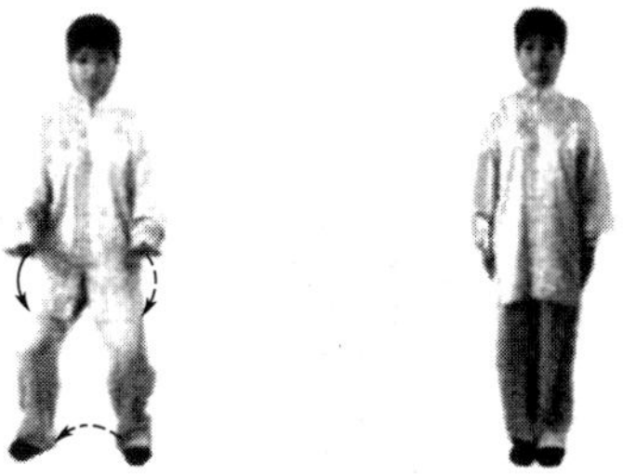

图 7-74　收势

第四节　太极扇运动

1. 太极扇运动概述

近些年来，尤其是传统保健体育，越来越引起人们的注意，健身的方法、内容丰富多彩，各具特色。“武术热”、“太极热”波及九州，传遍城乡。传统保健体育从 20 世纪 80 年代开始进入大学体育课程体系，引起了体育界、教育部门等各方面的关注。相比风靡全球的主要健身方式——竞技体育，传统保健体育可谓是别开生面、独辟蹊径。目前在很多院校都开设了传统保健体育课程，其形式多样、内容丰富，不受年龄、场地、气候等条件的限制，它主要是吸纳中国古代的养生、强心、健体实践，利用现代体育传播形式而发展起来的身体锻炼方式，是对我国传统民族文化的继承和传播。它主要是通过舒缓的身体动作和呼吸的配合，佐以意念的导引，来调整人体的气血活动，从而达到机体平衡的目的，起到防病疗疾、调理身心、益脑增智的效果。它对提高和保持人体的健康水平具有长久的影响。传统保健体育对于培养学生体育观、进行终身体育锻炼有重要的指导意义。

建国后，太极作为中华传统保健体育的一朵奇葩，深受广大人民群众的喜爱，并逐步在全国普及成为全民健身运动的主力军，且走出国门受到世界许多国家的瞩目。太极扇是太极拳中的一项具有独特风格的器械运动，它是在太极拳运动的基础上，结合扇术的基本方法创编而成。因此它兼有太极拳和扇术的风格特点，具有以意导扇、扇身合一、圆转旋翻、扇声鼓荡等运动特点，更具有益脑增智、畅经活血、强身健体、陶冶情志等健身功效。因此，部分高校已将太极扇列为体育教学的内容，并在终身体育思想指导下，开展了卓有成效的教学与实践活动，为增进健康、塑造人格、传播祖国民族传统文化做出了一定的成绩。

这套太极扇是北京老年体协为支持北京申办 2008 年奥运会，大力开展大众体育锻炼而创编的。该套路一经推出，立即引起广大群众的强烈反响，今已成为最受欢迎的太极健身项目。

基本步行：弓步、马步、歇步、虚步、进步、插步

基本扇法：直立开扇、侧立开扇、倒立开扇、撩扇、合扇、云扇、劈扇、刺扇

基本动作法：手型、手法、步型、步法、身型、身法以及腿法

2. 太极扇动作图解

(1) 第一段

① 开步抱扇（起势）：左脚向左迈一步，同时两手经两侧向胸前合抱扇，扇顶与眼同高［见图 7-75(a)］。

(a) (b) (c) (d)

图 7-75　第一段各式动作-1

② 侧弓步举扇（斜飞势）：收右脚抱手，左手上，右手下；开步插手，右脚向右侧叉步，右手向左侧方插出，身体微向左转体；侧弓步举扇，中心移至右腿成弓步，同时右手向右侧举扇，与头同高，左手按于左胯旁，上体转正，眼看正前方［见图 7-75(b)］。

③ 虚步亮扇（白鹤亮翅）：转腰摆扇；转腰分掌；虚步亮扇，侧立开扇，左手左胯旁

[见图 7-75(c)]。

④ 进步直刺（黄蜂入洞）：合扇，摆扇提脚；转身上步收扇，收到腰间；弓步刺扇，右手心向上，左手架起 [见图 7-75(d)]。

⑤ 转身下刺扇（哪吒探海）：后坐收扇，横于体侧；提膝转身；右弓步下刺，斜前方刺，臂和扇一条线 [见图 7-76(a)]。

(a)　(b)　(c)　(d)　(e)

图 7-76　第一段各式动作-2

⑥ 独立撩扇（金鸡独立）：收脚转身绕扇至头侧上方；转身上步绕扇至身体右下方；提右膝独立撩扇，正立开扇，扇沿与眼高 [见图 7-76(b)]。

⑦ 翻身劈扇（力劈华山）：落右脚转身合扇；上左脚盖步按扇于腹前；翻身（挺胸展臂成立圆）举绕扇，上举头顶；弓步劈扇，倒立开扇 [见图 7-76(c)]。

⑧ 转身轮下扇（灵猫扑蝶）：转身摆掌；上步轮扇，直臂翻腰；直臂压扇（正、反压）[见图 7-76(d)]。

⑨ 马步亮扇（坐马观花）：虚步合扇；退步反穿扇；马步亮扇 [见图 7-76(e)]。

（2）第二段

① 弓步削扇（野马分鬃）：左转移重心车过弓步合扇、合臂，转身移重心成右弓步削扇至右侧上方，左手在左侧快旁 [见图 7-77(a)]。

② 并步亮扇（雏燕凌空）：转腰穿掌；摆臂并步亮扇，左拳抱腰间，拳眼向上，眼向左看 [见图 7-77(b)]。

③ 进步刺扇（黄蜂入洞）：向左转体收扇，摆左掌，同时左脚向左侧上步；进步平刺，扇与肩平，左手举至头上 [见图 7-77(c)]。

(a) (b) (c) (d)

图 7-77　第二段各式动作-1

④ 震脚推扇（猛虎扑食）：右脚收回震脚，收扇、收拳至腰间；左脚向前迈一大步成左弓步推扇，扇骨直立，左手立掌［见图 7-77(d)］。

⑤ 戳脚撩扇（螳螂扑蝉）：转腰绕扇摆掌，经上绕至右后方；分手绕扇，脚尖外撇；戳脚撩扇，脚后跟着地成虚步，斜立开扇，左手收至右臂内侧［见图 7-78(a)］。

(a) (b) (c) (d)

图 7-78　第二段各式动作-2

⑥ 盖步按扇（勒马回头）：合扇转身，分开两臂，眼看扇；上左脚成盖步按扇，按在右腹前，眼看扇［见图 7-78(b)］。

⑦ 翻身藏扇（鹞子翻身）：翻身举扇，在头上绕腕花，退步成左弓步，藏扇于右侧腰旁，左掌直臂前伸［见图 7-78(c)］。

⑧ 马步亮扇（坐马观花）：收左掌，右手从后——头上——腰间，反身穿扇，弓步向后伸展两臂，马步亮扇，横立开扇，偏向 30°，扇沿与眼平行［见图 7-78(d)］。

（3）第三段

① 马步推扇（举鼎推山）：转腰，收脚，合扇；马步推扇，向右滑步，右手向侧腿扇，左手侧上举［见图 7-79(a)］。

② 转身刺扇（神龙回首）：转身收扇，向左转体，收左脚，合抱扇收到腹前；左脚向前迈一大步成功步，同时向前刺扇，力达扇顶，左手托在右手的下方［见图 7-79(b)］。

③ 叉步反撩扇（回鞭策马）：重心右移撇脚绕扇；上右脚绕扇；左脚叉步反撩扇，左手举至头上，眼向右后看［见图 7-79(c)］。

④ 点步撩扇（立马杨鞭）：转身挑扇，右臂上举，正立开扇，左手放于右肩前；点步推

(a)　(b)　(c)　(d)

图 7-79　第三段各式动作-1

左掌，左脚向前迈一步成高虚步，左掌向前推出［见图 7-79(d)］。

⑤ 歇步抱扇（怀中抱月）：向左转身，下蹲成歇步，抱扇于胸前，左手在内［见图 7-80(a)］。

(a)　(b)　(c)　(d)　(e)

图 7-80　第三段各式动作-2

⑥ 并步贯扇（迎风撩衣）：右脚向右迈一步成开立步，同时分手合扇；并步贯扇，左脚靠右脚成并步，左拳收到腰间，右手贯扇［见图 7-80(b)］。

⑦ 云手劈扇（翻花舞袖）：云手摆掌，两手在头上做云手；侧弓步劈扇，左脚向侧后方侧一大步成弓步，右手向前下方劈扇，方向侧前，左掌合于右臂内侧［见图 7-80(c)］。

⑧ 歇步亮扇（霸王举起）：转身摆腰，两臂分开，眼看扇；歇步亮扇，左脚向右脚后方迈步，两腿下蹲成歇步，右臂向上亮扇，侧立开扇，左掌收到右肩前［见图 7-80(d)］。

⑨ 开步抱扇（抱扇过门）：开步合扇，两臂划弧捧圆抱于胸前［见图 7-80(e)］。

(4) 第四段

① 弓步削扇（野马分鬃）：左转移重心车过弓步合扇、合臂，转身移重心成右弓步削扇至右侧上方，左手在左侧快旁［见图 7-81(a)］。

② 并步亮扇（雏燕凌空）：转腰穿掌；摆臂并步亮扇，左拳抱腰间，拳眼向上，眼向左看［见图 7-81(b)］。

③ 进步刺扇（黄蜂入洞）：向左转体收扇，摆左掌，同时左脚向左侧上步；进步平刺，扇与肩平，左手举至头上［见图 7-81(c)］。

④ 震脚推扇（猛虎扑食）：右脚收回震脚，收扇、收拳至腰间；左脚向前迈一大步成左弓步推扇，扇骨直立，左手立掌［见图 7-81(d)］。

⑤ 戳脚撩扇（螳螂捕蝉）：转腰绕扇摆掌，经上绕至右后方；分手绕扇，脚尖外撇；戳脚撩扇，脚后跟着地成虚步，斜立开扇，左手收至右臂内侧［见图 7-82(a)］。

(a) (b) (c) (d)

图 7-81　第四段各式动作-1

(a) (b) (c) (d)

图 7-82　第四段各式动作-2

⑥ 盖步按扇（勒马回头）：合扇转身，分开两臂，眼看扇；上左脚成盖步按扇，按在右腹前，眼看扇［见图 7-82(b)］。

⑦ 翻身藏扇（鹞子翻身）：翻身举扇，在头上绕腕花，退步成左弓步，藏扇于右侧腰旁，左掌直臂前伸［见图 7-82(c)］。

⑧ 马步亮扇（坐马观花）：收左掌，右手从后——头上——腰间，反身穿扇，弓步向后伸展两臂，马步亮扇，横立开扇，偏向 30 度，扇沿与眼平行［见图 7-82(d)］。

（5）第五段

① 马步顶肘（顺弯肘）：转腰合扇，腰转正，同时合扇抱于胸前；马步顶肘，前臂内旋，向后顶肘，力达肘尖，眼向右看［见图 7-83(a)］。

② 马步抖拳（裹鞭炮）：转身合璧，上体左转，两臂合于右腹前方；轮臂叠拳，两臂依次向上轮臂，于腹前叠拳；马步翻拳，两前臂向上、向外划弧至胸前时，前臂突然发力，向两侧翻抖，眼看左拳［见图 7-83(b)］。

③ 虚步拨扇（前招势）：转腰，左拳变掌至于右肩前；虚步拨扇，向左转身，上右脚成虚步，左掌经身前划弧至左上方，右手持扇从右向左横拨扇于腹前［见图 7-83(c)］。

④ 震脚拍扇（双震脚）：分手下蹲，两臂向下划弧，两腿下蹲；震脚拍扇，右脚上提，左脚跳起，依次震脚落地，同时两臂内裹，摆臂向上，翻掌向下拍压［见图 7-83(d)］。

⑤ 蹬脚推扇（龙虎相交）：提腿收扇，向上提右腿，同时收扇于腰间，向前出左掌；蹬脚推扇，右脚向前蹬踹，同时向前推扇，左掌举止左肩上［见图 7-83(e)］。

(a) (b) (c) (d) (e) (f) (g) (h)

图 7-83 第五段各式动作

⑥ 后举腿亮扇（玉女穿梭）：落脚合臂，右脚下落，左掌落于右手腕上；叉步分掌，左脚向前迈一步，右脚紧跟向左脚后叉一步，同时两手臂向外分开；后举腿亮扇，右腿小腿举起，同时右手上举亮扇，左掌移至身体左前，上体面向左前，眼看左手［见图 7-83(f)］。

⑦ 云手合抱（天女散花）：落脚抱扇，右脚向右落地成开立步，两手胸前合抱扇，左手看近身体；合手云扇，两手向两侧分开，在头上做合手云扇；叉步抱扇，左脚向右脚后叉步，同时两手落于胸前抱扇［见图 7-83(g)］。

⑧ 歇步亮扇（霸王扬旗）：开步分手合扇，右脚向右迈一步，左手顺势合扇，两手分开；歇步亮扇，左脚向右脚后迈一步成虚步，右手上举亮扇，左掌收于怀内［见图 7-83(h)］。

（6）第六段

① 虚步捧扇（七星手）：两臂前平举；屈膝按掌，两腿弯曲，两手按于体侧；虚步开扇，左脚向前迈一步，脚跟着地，成虚步，同时两手经体侧划弧于胸前，右手侧立开扇，扇面斜向上，左手收于右前臂内侧［见图 7-84(a)］。

② 弓步捧扇（揽扎衣）：点步合抱，中心移至左脚，右脚跟上成虚步，同时两手向两侧分开划弧，合抱于胸前；转体上步，上体右转，右脚向前迈出；弓步右捧，中心移至右脚成功步，两手捧出，面斜向上，左手按于左胯旁［见图 7-84(b)］。

③ 后捋前挤（捋挤势）：翻扇送手，左手向前送，右手翻扇；坐腿后捋，中心移至左腿，同时两手向后捋，捋至侧后方；转身搭手，左手搭在右手上，扇骨正对胸前，扇面向内，侧离开扇，扇沿与眼平；弓步前挤，中心前移，同时两手向前挤，扇面向内，扇沿向左［见图 7-84(c)］。

④ 并步背扇（苏秦背剑）：坐腿平云扇，左腿后坐，同时向左转体，做平云扇至头侧，

(a) (b) (c) (d)

图 7-84　第六段各式动作-1

扇面向下；转腰云扇，中心移至右腿，右臂内旋，翻手背向身后，左掌收到右肩前；并步推扇，收左脚成并步，向左前推左掌，立掌，眼看左手［见图 7-84(d)］。

⑤ 弓步戳扇（搂膝傲步）：摆掌翻手合扇，左掌摆至右肩前，翻右手，屈臂收手至头侧合扇；转体上步，向左转体，上左脚；弓步搂手戳扇，中心移至左腿成弓步，同时左手做搂膝动作，右手做戳扇动作，力达扇根，扇与眼平［见图 7-85(a)］。

(a) (b) (c) (d) (e)

图 7-85　第六段各式动作-2

⑥ 仆步穿扇（单鞭下势）：扣脚转身提勾，左脚向右扣，向右转体 90°，左手变勾手，提到左肩上；移脚仆步，右脚向后移动，左腿弯曲成仆步，左勾手的勾尖向下；穿扇开扇，右手持扇，沿右腿内侧向前穿出，到踝关节处开扇，扇骨水平，扇根平于踝关节内侧［见图 7-85(b)］。

⑦ 弓步架扇（挽弓射虎）：拱腿起身，中心右移，右脚尖外撇，左脚尖内扣，向前托扇，左勾手的勾尖向上；转腰摆手，身体向右转成弓步，左手变掌经左向上划弧至右胸前，右手持扇由下向后向上；弓步架扇，左张变拳，向前打出，右手在头上架扇，扇正面朝前，横立开扇［见图 7-85(c)］。

⑧ 虚步亮扇（白鹤亮翅）：扣脚转腰收扇，右脚内扣，上体向左转，扇收到胸前；转腰合扇分手，上体向右转，中心移至右脚，同时两手顺势合扇，右臂向右侧花弧；虚步亮扇，左脚向前迈一步成虚步，右手持扇划弧到胸前亮扇，左手摆至左跨侧按掌［见图 7-85(d)］。

⑨ 抱扇还原（收势）：右手翻手合扇，落扇收脚，扇和左手经体侧划弧至胸前抱扇，收左脚成开步：收左脚还原［见图 7-85(e)］。

3. 教学中需注意的问题

由于太极扇对练习者下肢的负荷较大，在练习的过程中，适当让学生调整休息。在教学中，通过由浅入深的基本功和基本动作的练习，提高技术水平和能力，使学生能充分掌握太极扇运动的基本功和整套动作，并能够进行比较专业的指导，同时形成终身体育的意识和良好的体育锻炼的习惯，增进学生的体质健康水平。注重培养学生自主学习的意识，充分调动学生勤学苦练的自觉性。

第五节　跆拳道运动

1. 跆拳道运动概述

跆拳道起源于朝鲜半岛，既是一项能强身健体、防身自卫的传统搏击术，又是一项新兴的集健身、竞技和娱乐为一体的现代竞技体育运动项目。它集力学、兵学、哲学、医学和伦理学为一体，以技击格斗为基础，以修身养性为核心，以磨炼人的意志、振奋人的内在精神气质、培养良好的礼仪道德为目的。

跆拳道不仅能够修炼手和脚的功夫，而且还可以强身和防身自卫，同时还能参加比赛和表演，更主要的是经过长期艰苦地锻炼，在时间和汗水中磨炼意志、健全精神、塑造理想的人格。通过长期的练习，能培养练习者坚韧向上的作风，讲究礼仪修养，以及完善人格。因此，练习跆拳道可内修精神、性情，外修技术、身体，培养出常人难以达到的意志品质和忍让谦恭的美德。

2. 入门与基本功

① 实战姿势。跆拳道的实战姿势是进攻的起点和终点，左脚在前称为左势实战姿势，右脚在前称为右势实战姿势。

动作要领是：两脚前后分开与肩同宽，左脚尖内扣约 45°，斜向前方；右脚略偏右，脚跟抬起，重心落于两脚之间；双手握拳，左拳高与肩平，右拳置于胸前；肘关节自然下垂（见图 7-86）。

② 开立步。两脚左右开立，与肩同宽；两脚尖正对前方，双脚成平行线，两臂自然下垂，双手握拳置于大腿外侧（见图 7-87）。

③ 马步。两脚左右分开约脚长的 3 倍，脚尖正对前方，屈膝半蹲，大腿接近平行于地面，膝关节投影垂直线落于脚尖（见图 7-88）。

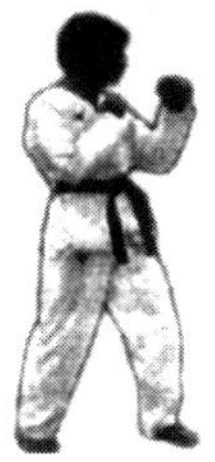
图 7-86　实战姿势

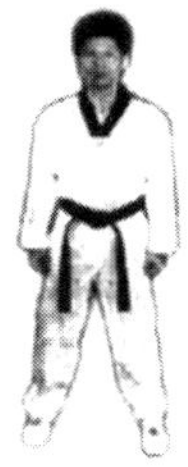
图 7-87　开立步

图 7-88　马步

图 7-89　前弓步

图 7-90　前行步

④ 前弓步。两脚前后开立，相距约一步半，前腿屈膝半蹲，大腿接近水平；后腿蹬直，后脚斜向前 45°；身体正对前方，挺胸塌腰。左脚在前称为左前弓步，右脚在前称为右前弓步（见图 7-89）。

⑤ 前行步。前行步又称高前屈立。两脚前后开立，距离同走路时的步幅，膝部基本伸

直（见图 7-90）。

3. 基本技术

跆拳道以腿法的攻击为主，被称为踢的艺术。要想学好跆拳道，必须要学好、练好跆拳道的基本技术。

（1）拳攻

1）动作要领。以左势实战姿势开始；右脚蹬地，向左转腰，右拳从胸前向前击出；击打目标后，右臂回收至原来位置，仍成左势实战姿势（见图 7-91）。

2）动作要点。①出拳时充分利用蹬地、转髋、转腰、顺肩和旋腕的合力，力达拳面；②击打的瞬间，肩、肘、腕、指各关节紧张用力，聚力而发；③击打目标后迅速放松收拳回原来位置。

图 7-91　拳攻

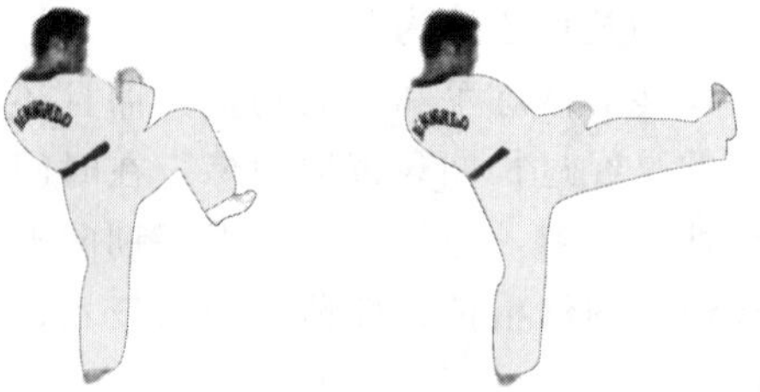

图 7-92　推踢

（2）推踢

1）动作要领。

以左势实战姿势开始；右脚蹬地屈膝提起，左面以脚掌为轴向外旋转约 90°，重心前压，同时右脚迅速向前方直线推踢，力点在脚掌；推踢后屈膝收腿，成左势实战姿势（见图 7-92）。

2）动作要点。①提膝时大小腿尽量收紧；②身体重心前移，以加大前推时的力度；③推踢时右腿往前上方伸展，髋向右侧上送；④推踢时的用力方向是水平向前。

（3）前踢

1）动作要领以右势实战姿势开始；左脚蹬地屈膝提起，右脚以脚掌为轴外旋约 90°，同时左腿伸膝、送髋、顶髋将小腿快速向前踢出，力达脚背；踢击目标后迅速收回，成右势实战姿势（见图 7-93）。

2）动作要点。①膝关节上提时大小腿折叠，膝关节夹紧，踝关节放松；②踢击是顺势往前送髋；高踢时往上送髋；③小腿回收要与前踢一样快。

图 7-93　前踢

图 7-94　横踢

（4）横踢

1）动作要领。以左势实战姿势开始；右脚蹬地夹紧向前、向上提膝，左脚以脚掌为轴脚跟内旋，右膝关节抬至水平且小腿迅速向前踢出，击打目标后迅速收小腿，重心下落，成左势实战姿势（见图 7-94）。

2）动作要点。①膝关节夹紧向前提膝，尽量走直线；②支撑脚外展 180°，使身体转向另一侧；③髋关节往前上方送出，上体与右腿在同一个平面内成直线；④腰部发力，髋关节展开，大腿带动小腿，踝关节放松。

（5）后踢

1）动作要领。以左势实战姿势开始；左脚以脚掌为轴内旋成脚跟正对对手，上身旋转，右膝向腹部靠近，大小腿折叠，右腿用力向攻击目标直线踢出，重心前移落下，成右势实战姿势（见图 7-95）。

图 7-95 后踢

2）动作要点。①起腿后上体和大小腿收紧；②脚向后上方踢出后，力量随动作延伸，通过脚跟沿出腿方向直线发出；③转身、提腿、出腿、发力等动作连贯快速，一次性完成，不能停顿。

（6）侧踢

1）动作要领。以左势实战姿势开始；右脚蹬地起腿，屈膝上提，左脚以脚掌为轴外旋 180°，脚跟正对前方，右腿快速向右前上方直线踢出，力点在脚跟，放松收腿，成左势实战姿势（见图 7-96）。

2）动作要点。①起腿时，大小腿、膝关节夹紧，直线向上提起；②提膝、转体、踢击要协调连贯；踢击时要转体、展髋，上体略侧倾；③踢击目标的瞬间，头、肩、腰、髋、膝、腿、踝在同一平面内。

图 7-96 侧踢

图 7-97 下劈

（7）下劈

1）动作要领。以左势实战姿势开始；右脚蹬地，重心前移，右脚上举至头部上方时，迅速向前下方劈落，用脚后跟或脚掌击打目标后，放松落地，成右势实战姿势（见图 7-97）。

2）动作要点。①腿尽量往高、往后举，身体重心往高起；②起腿要快速、果断。支撑脚脚跟离地，尽量向前上方送髋；③踝关节放松，脚向前下劈落；④落地要有控制，放松。

(8) 摆踢

1) 动作要领。以左势实战姿势开始；右脚蹬地屈膝提起，左脚以脚掌为轴外旋约180°，右脚向左前方伸出，用力向右侧水平击打，重心往前落下，成左势实战姿势（见图7-98）。

图7-98 摆踢

2) 动作要点。①起腿后右腿屈膝抬过身体水平面，然后随转体内扣右膝关节；②右脚要随转体尽量向前上方伸展；③右脚掌向右鞭打时要屈膝扣小腿。

(9) 后旋踢

1) 动作要领。以左势实战姿势开始；左脚以前脚掌为轴外旋90°，上身旋转，重心前移，屈膝收腿，右腿向右后方最高点伸出并用力向左屈膝击打，重心在原地旋转，身体继续转动，脚落于原来位置，恢复成左势实战姿势（见图7-99）。

图7-99 反旋踢

2) 动作要点。①转身、旋转、踢腿连贯；②击打点在正前方，呈水平弧线；③屈膝起腿的旋转速度要快；④蹬地、转腰、转上体、摆腿依次顺序发力。

(10) 双飞踢

1) 动作要领。两人从闭势实战姿势开始（见图7-100）；攻方居右先用右横踢攻击对方左肋部，随即左脚蹬地起跳，身体腾空右转，用左横踢迅速踢击对方胸部或腹部，左脚横踢目标后迅速前落，成左势实战姿势（见图7-101）。

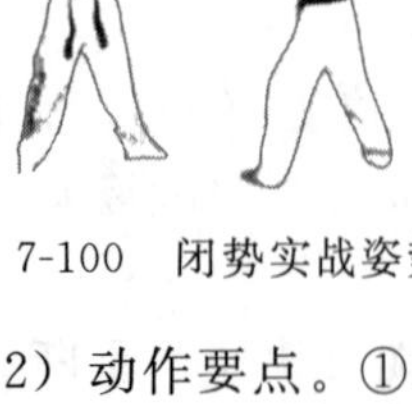

图7-100 闭势实战姿势

图7-101 双飞踢

2) 动作要点。①右腿横踢目标的同时左脚踏地起跳；②左脚起跳后迅速随身体右转。并用左脚横踢目标；③两腿在空中完成交换动作后，右脚先落地。

（11）旋风踢

1）动作要领。以左势实战姿势开始；以左脚掌为转动轴，脚跟向前转动一周，右脚屈膝上提，随身体转至正对前方时，左脚蹬地跳起左横踢，右、左脚依次落地（见图 7-102）。

图 7-102　旋风踢

2）动作要点。①转体动作要迅速果断，左脚外旋时脚跟正对前方；②右腿随身体右转向右后侧摆起时不要过高，以能带动身体旋转起跳为宜；③左脚蹬地起跳，身体略腾空，不过膝，目的是快速旋转出腿；④左腿横踢时，右腿向下落地，要快落站稳，即横踢目标的同时右脚落地。

4. 品势练习

跆拳道的品势，是跆拳道爱好者学习跆拳道基本攻防技术前应该掌握的基础性套路，也是跆拳道晋级升段考评时必须掌握的内容之一。跆拳道的基础品势共有 8 套动作，即“太极八章”。下面只介绍最初级的太极一章。

（1）准备姿势

双脚并步站立，左脚向左横跨一步，两脚间距与肩同宽，同时两手握拳从体侧向内对置于腹前，拳心斜向内，两眼平视前方（见图 7-103）。

（2）技术动作

① 左转身下格挡。身体向左转 90°，成左前行步，同时左手握拳向左下方格挡，右拳拳心向上，收置于腰间，目视前下方（见图 7-104）。

② 右顺步冲拳。右脚向前进一步成右前行步，同时右拳向前内旋平冲，略低于肩部，左拳收置于腰间，拳心向上，目视前方（见图 7-105）。

图 7-103　准备姿势

图 7-104　左转身下格挡

图 7-105　右顺步冲拳

③ 后转身下格挡。身体以左脚为轴，右脚向后撤步向右转体 180°成右前行步；同时，右臂向右下方格挡，左拳收置于腰间，拳心向上，目视前下方（见图 7-106）。

④ 左顺步冲拳。左脚向前进一步成左前行步，同时左拳向前内旋平冲，略低于肩，右拳收置于腰间，拳心向上，目视前方（见图 7-107）。

⑤ 左弓步下格挡。身体左转 90°，左脚向前成左弓步；同时，左臂向左下方格挡，拳心向内；右拳收置于腰间，目视前下方（见图 7-108）。

⑥ 左弓步冲拳。两脚原地不动保持左弓步，右拳向前内旋平冲，略低于肩，同时左拳收置于腰间，目视前方（见图 7-109）。

图 7-106　后转身下格挡

图 7-107　左顺步冲拳

图 7-108　左弓步下格挡

图 7-109　左弓步冲拳

⑦ 右转身外格挡。右脚向前右侧移步，左脚以前脚掌为轴原地内旋 90°，身体随之向右转体 90°成右前行步；同时左臂立肘由内向外格挡，拳心斜向上，右拳收置于腰间，目视前方（见图 7-110）。

⑧ 左前进步冲拳。左脚向前进一步成左前行步，同时右拳向前内旋平冲，略低于肩，左拳收置于腰间，目视前方（见图 7-111）。

⑨ 后转身外格挡。以右脚掌为轴，身体向左后转体 180°，同时左脚随转体后转 180°，落地成前行步；同时右臂立肘向内格挡，拳心斜向上，左拳收置于腰间，目视前方（见图 7-112）。

图 7-110　右转身外格挡

图 7-111　左前进步冲拳

图 7-112　后转身外格挡

⑩ 右前进步冲拳。右脚向前进一步成右前行步，同时左拳向前内旋平冲，略低于肩，右拳收置于腰间，目视前方（见图 7-113）。

⑪ 右弓步下格挡。以左脚为轴，身体右转 90°，右脚随转体向前移步成右弓步；同时，右臂向右下方格挡，左拳收置于腰间，目视前下方（见图 7-114）。

图 7-113　右前进步冲拳

图 7-114　右弓步下格挡

⑫ 右弓步冲拳。两脚原地不动，左拳向前内旋平冲，略低于肩；同时，右拳收置于腰间，成右弓步冲拳，目视前方（见图 7-115）。

⑬ 左转身上格挡。右脚以前脚掌为轴内旋 90°，左脚随身体左转 90°向左前移步成左前行步；同时，左臂屈肘向上格架，拳心向前，右拳收置于腰间，目视前方（见图 7-116）。

图 7-115　右弓步冲拳

图 7-116　左转身上格挡

⑭ 右前踢接冲拳。左脚支撑，两臂回收体侧，同时右脚向前上方做前踢动作［见图 7-117(a)］；右脚向前落地成右前行步，同时右拳向前平冲，略低于肩，左拳收置于腰间，目视前方［见图 7-117(b)］。

⑮ 后转身上格挡。以左脚为轴，右脚回撤随身体向右后转体 180°，右脚落地成右前行步；同时右臂屈臂向上格架，横置于前额上方，拳心向前，左拳收置于腰间，目视前方（见图 7-118）。

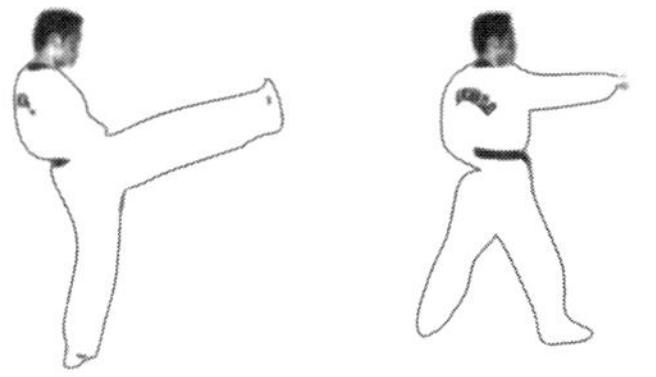

(a)　(b)

图 7-117　右前踢接冲拳

图 7-118　后转身上格挡

⑯ 左前踢接冲拳。右脚支撑，两臂回收体侧，左脚向前上方做前踢［见图 7-119(a)］；左脚向前落地成左前行步，同时左拳向前平冲，略低于肩，右拳收置于腰间，目视前方［见图 7-119(b)］。

⑰ 左弓步下格挡。以右脚为轴，身体向右转体 90°，左脚随转体向右前移步成左弓步；同时，左臂向左下方格挡，右拳收于腰间，目视前下方（见图 7-120）。

(a)　(b)

图 7-119　左前踢接冲拳

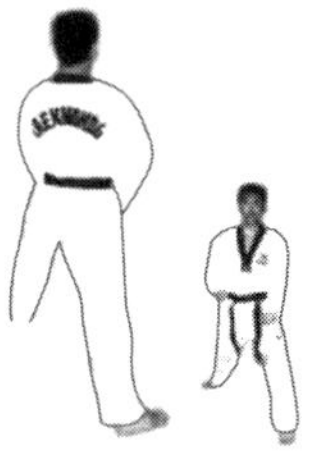

图 7-120　左弓步下格挡

⑱ 右弓步冲拳。左脚原地不动，右脚向前进一步成右弓步，同时右拳向前内旋平冲，略低于肩，并随冲拳大喝一声：“哈！”左拳收置于腰间，目视前方（见图 7-121）。

(3) 收势

以右脚为轴，身体向左后转体 180°，左脚随转体后撤放于右脚平衡位置，两拳回收腰间，成准备姿势（见图 7-122）。

图 7-121　右弓步冲拳

图 7-122　收势

第八章 形体健美运动

第一节　健美运动

1. 观赏健美比赛

健美比赛是展示运动员完美体形的过程，也是人体艺术美的表演舞台。在比赛中，观众和裁判员不仅要欣赏健美运动员的肌肉、体形、线条，还要对健美运动员展示完美体格的各种艺术造型进行评判。

（1）男子评分标准

男子评分标准依次是：肌肉、平衡、匀称、线条、造型。比赛分为规定动作和自选动作两部分。

男子健美比赛设 7 个规定动作，要求根据规定的技术动作规格，充分展现重点部位的肌肉，并显示其他各部位的肌肉群（见图 8-1）。

(a) 前展肱二头肌　(b) 前展北阔肌　(c) 侧展胸部

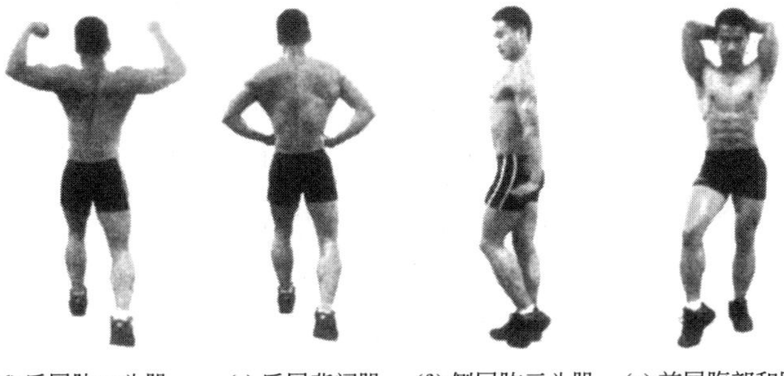

(d) 后展肱二头肌　(e) 后展背阔肌　(f) 侧展肱三头肌　(g) 前展腹部和腿部

图 8-1　男子健美比赛的规定动作

自选动作，能运用控制肌肉的能力，展示肌肉块；整套动作过渡衔接合理，并以艺术造型的表演技能和配合音乐节奏体现出完美的表演水平。

（2）女子评分标准

女子评分标准依次是：比男子规定动作少前展背阔肌和后展背阔肌，其他相同。

女子健美比赛 5 个规定动作如图 8-2 所示。

(a) 前展肱二头肌　(b) 侧展胸部　(c) 后展肱二头肌　(d) 侧展肱三头肌　(e) 前展腹部和腿部

图 8-2　女子健美比赛的规定动作

自选动作：能运用肌肉的控制能力，展示各部位肌肉块，并以艺术造型的表演技能，运用体操、芭蕾和舞蹈的手势和步法配合音乐旋律，使整套动作过渡衔接和音乐节奏协调一致，体现出完美的表演技能。

2. 自我训练效果评价

经过科学的健美形体训练，女性应体现出丰满圆润、曲线美的特征；男性则应显示出体格魁梧、肌肉壮实的特征。现在介绍几种常用的自我评价的方法。

① 拍照法。在自我健美训练前后，分别拍摄自己的全身体形照片数张，包括正面、侧面和背面。男子要求赤膊，穿短裤；女子要求穿比基尼泳装。这样，可看清全身肌肉和脂肪的分布情况。之后每隔 3 个月或半年再拍摄一次，将前后拍摄的照片对照比较，即可直观形象地看出全身肌肉和体形的变化情况。

② 照镜法。在健美训练过程中，最好能配上一面能照到全身的大镜子。通过照镜子认识自己的体形，随时观察自己体形的发展情况。

③ 测量法。开始从事健美训练的时候，测定身体各部位的围度，记录下来。然后定期（如每隔 3 个月或 5 个月）复测，以评价训练效果。

④ 计算法。根据测量所得的数据，结合现代健美运动对人体肌肉发达和均衡发展的要求，可以通过下列公式进行自我评价。

$$A=\frac{\text{两上臂围}+\text{两大腿围}+\text{两小腿围}+\text{胸围}}{2(\text{两腕围}+\text{两膝围}+\text{两踝围})}$$

式中，A 值越大，说明全身各部位肌肉群越发达，体态越健美。

还可以通过对两上臂围差、两大腿围差和两小腿围差进行计算，得出的值越小越好。因为围度差值越小，说明身体的各部位比例越趋于协调、匀称，肌肉的发展也越趋于均衡、饱满、健美。

⑤ 健美体形参数。男性健美爱好者身高、胸围、腰围、体重的理想指数如表 8-1 所示。

表 8-1　男性健美体形参数

身高/厘米	160	165	170	175	180	185	190
胸围/厘米	107	110	113	117	120	123	127
腰围/厘米	71	73	75	78	80	82	85
体重/千克	70	75	80	85	90	95	100

第二节　健美操运动

1. 健美操运动概述

（1）健美操运动的起源与发展

现代健美操起源于 20 世纪 60 年代末的美国，最早是由著名的医学博士库珀设计了一些动作，配上音乐作为训练宇航员体能的内容之一，最后逐步发展成一项独特的运动。健美操作为一项独立的体育运动项目是在 20 世纪 70 年代末，在此期间涌现出了一批健美操的代表人物，好莱坞影星简·方达就是其中一位。她根据自己的亲身实践与体会编写并录制了《简·方达健美术》（也翻译为《简·方达健身体操》）一书和录像带，并向 30 多个国家传播，使健美操很快成为了一项风靡世界的健身运动。

健美操传入我国是在 20 世纪 80 年代初，一开始便受到了青年学生的喜爱，并且在高校和社会普及开来。在不断发展的过程中，健美操已逐渐形成了一套科学的健身、训练和竞赛体系。

（2）健美操运动的基础知识

1）健美操运动的分类。根据不同的目的和任务，健美操可分为健身性健美操和竞技性健美操两大类（见表 8-2）。

表 8-2　健美操运动分类

项目	分　类		内　容
竞技性健美操	自编竞技健美操		男子、女子单人操 混合双人操 三人、六人操
	规定竞技等级健美操		成年组 青少年组
健身性健美操	徒手健美操	一般健美操	传统有氧健美操
		不同风格健美操	搏击健美操、拉丁健美操、街舞健美操
	表演性健美操	器械健美操	踏板健美操、哑铃健美操、橡皮筋健美操、健身球健美操
		特殊场地健美操	水中健美操、固定器械健美操

2）健身健美操项目简介。

① 传统有氧健美操，是健身性健美操的核心内容，是不同类型健美操的基础，以提高人体的心肺功能和有氧代谢能力为目的。它采用单个步或步组合配合上肢动作进行练习（见图 8-3）。

② 搏击健美操，运动时，以传统有氧健美操、搏击健美操、拉丁健美操结合拳击、武术、跆拳道的基本动作，配合音乐节奏挥拳、踢腿。由于瞬间爆发力强，肢体伸展幅度大，运动量比传统健美操更大（见图 8-4）。

图 8-3　传统有氧健美操

图 8-4　搏击健身操

③ 拉丁健美操，以有氧运动为基础，结合了拉丁舞的基础动作和风格独特的拉丁音乐，舞姿优美、热情奔放，具有强烈的动感。练习拉丁健美操可以使人们在轻松的娱乐中达到陶冶情操和减肥瘦身的效果（见图 8-5）。

图 8-5　拉丁健美操

图 8-6　街舞健美操

④ 街舞健美操，由黑人街头即兴舞蹈演变而来的街舞，融入了有氧舞蹈。肢体动作夸张，节奏搭配明显，全身上下自由舞动，最吸引人之处是以全身的活力带来热情澎湃的感觉（见图 8-6）。

⑤ 踏板健美操，是一种中高强度的运动，通常在一块 10～25 厘米的踏板及地面上做健美操的动作和步骤。它具备了健美操的所有特点，加上板的高度可以调节，健身者可以根据自身情况很容易达到运动减肥的有效强度，更能有效地提高心肺功能水平（见图 8-7）。

图 8-7　踏板健美操

图 8-8　健身球健美操

⑥ 健身球健美操，健身球最早在瑞士只作为康复医疗的设备，后来演变成一个新兴的健身运动项目。健身球不仅有很好的损伤恢复和康复功能（对腰背疾病疗效显著），而且还可以提高人的柔韧和力量素质，锻炼平衡能力（见图 8-8）。

⑦ 皮筋健美操，主要利用皮筋的弹力，在一张一弛的动作过程中，使肌肉得到较好的锻炼（见图 8-9）。作为一项有氧运动，皮筋健美操能有效地提高人体的肌肉弹性和心肺功能。

图 8-9 皮筋健美操

图 8-10 水中健美操

⑧ 水中健美操，种类繁多，练习者可根据自身状况，选择适合于自己的项目进行练习（见图 8-10）。

⑨ 哑铃健美操，利用小哑铃的重量进行有氧操训练，可以增加有氧运动的强度，能有效地消除身体多余的脂肪，塑形、美体作用明显（见图 8-11）。

图 8-11 哑铃健美操

图 8-12 动感自行车

⑩ 动感自行车，是一种室内固定自行车有氧训练，在健身教练的指导下，并配合动感的音乐，不同强度的阻力档次，来模仿自行车在平地、上坡、下坡等路面条件下不同方式的运动，达到提高心肺功能、消耗体内多余脂肪的目的（见图 8-12）。

⑪ 表演性健美操：表演性健美操是根据一定的表演目的而进行的徒手或轻器械健美操与音乐的艺术化结合。在固定音乐的伴奏下，通过对动作素材、场地、空间、队形的有机整合，形成一套具有艺术观赏价值的成套动作。

3）健美操的锻炼价值。经常参加该项运动的锻炼，可提高关节的灵活性，使肌肉的力量增强，韧带、肌腱等结缔组织的柔韧性提高，使心肺系统的耐力水平提高，有利于改善和提高人的协调能力。

长期进行健美操锻炼能消除多余的脂肪，有益于肌肉、骨骼、关节的匀称与和谐发展；有利于改善不良的身体姿势，塑造优美的体态；可以缓解人的精神压力，增强人的社会交往能力。

健美操不仅具有良好的健身效果，同时，还具有娱乐的功能，可使人在锻炼中得到一种精神上的享受，满足人们的心理需要。

4）健美操锻炼的常识。首先要安排好运动强度。由于每个人年龄、身体状况及锻炼基础不同，健美操锻炼时所选择的运动强度也因人而异。根据下面的公式能计算出每个人进行有氧锻炼时应承受的负荷。

$$A(\text{每分钟心率})=(220-\text{年龄})\times 60\%$$

$$B(\text{每分钟心率})=(220-\text{年龄})\times 80\%$$

$A\sim B$ 之间的心率范围，就是一个人在运动时每分钟的适宜心跳数，不要低于 A，也不要高于 B。

例如，25 岁的青年人在进行有氧健美操锻炼时的负荷应为

$$(220-25)\times 60\%=117\ \text{次/分钟}$$

$$(220-25)\times 80\%=156\ \text{次/分钟}$$

也就是说，25 岁的青年人在做健身操时心率应保持在每分钟 117～156 次。

合理的运动负荷应是运动时不感到心慌、气短，锻炼后感觉轻度疲劳，而全身舒适、心情愉快、食欲增加、睡眠改善、精神饱满。相反，则说明运动强度过大，对健康不利，应减小运动强度。

其次控制好锻炼次数。如果健美操锻炼的时间在 30 分钟左右，可每天进行锻炼；如果是 60 分钟以上可隔天锻炼，但不应少于 3 次/周。

第三要锻炼前后要适当饮水。在剧烈运动或从事有氧耐力练习时，体内产热增加，出汗是主要的散热方式，因此运动时宜饮含糖量 5%以下并含钾、钠、钙、镁等无机盐的碱性饮料。

最后要注意锻炼时的服装。进行健美操锻炼选择好服装和鞋非常重要。锻炼时的服装要选择透气、有弹性的健美操服装，最好选择专业的健美操鞋或弹性柔软的旅游鞋。

（3）健美操锻炼效果的评价

进行健美操练习，要学会对自己的身体状况进行自我监督与评价。这将有助于科学地安排锻炼内容和负荷强度，使健美操锻炼获得最好的效果。自我监督可包括以下内容。

1）自我感觉。

① 自我感觉：正常练习者应该精神饱满、体力充沛，渴望参加活动，每次练习后稍有疲劳和肌肉酸累感，但经过休息能很快恢复。若感到精神不振、头晕、胸闷、气短、腹胀、腹痛，甚至恶心、呕吐等说明负荷过大，应调整锻炼计划。

② 排汗量：排汗量在气温、饮水量和锻炼强度等外界条件相同的情况下，随着练习水平的提高而减少。若排汗量增加，甚至出现夜间盗汗，则表明身体极度疲劳，应调整运动量。

③ 食欲：正常练习者在一次大运动量活动后，食欲可能会暂时下降，但很快就能恢复。反之，就得考虑运动量和运动强度是否安排不当。

④ 睡眠：良好的睡眠状态应当是入睡快，醒后感到精力、体力旺盛。若经常失眠，夜间易醒或第二天睡醒后仍感疲劳，可能是运动过度引起的，应调整锻炼计划。

2）客观评价。

① 形态测量：参加健美操锻炼前要将自己的身高、体重、围度及体重与身高指数进行测量、计算，经过一段时间的锻炼后，再测量和计算并进行比较，比较的结果则反映锻炼的效果。良好的锻炼效果表现在：超重者的体重和身体各围度明显下降，体重与身高指数、整

体形态指数向标准靠近；正常体重者，体重与身高指数变化不明显，但围度变化突出，如腰围、臀围减缩，胸围增加。

② 机能测量：若运动量适宜，晨脉变化每分钟应不超过正常的3～4次，血压变化范围在10毫米水银柱以内。长期坚持健美操锻炼的人，安静时的脉搏频率出现递减的趋势，剧烈运动后的即时脉搏频率出现递增趋势为正常或良好；运动后，由即时脉搏到正常时脉搏恢复时间缩短的趋势为正常或良好。

2. 健美操基本动作

（1）健美操的基本步法

基本步法是健美操动作中的最小单位，是组成组合动作和成套动作的基础。通过基本步法的练习，可以提高练习者的协调性、节奏感和韵律感。

健美操基本步法分为无冲击、低冲击和高冲击三类动作。

1）无冲击类动作。在做无冲击类动作时，两腿始终接触地面（见图8-13）。

(a) 弹动　(b) 半蹲　(c) 弓步　(d) 提踵

图8-13　无冲击类动作

2）低冲击类动作。在做低冲击类动作时，有一只脚始终接触地面。

① 踏步类动作（见图8-14）。

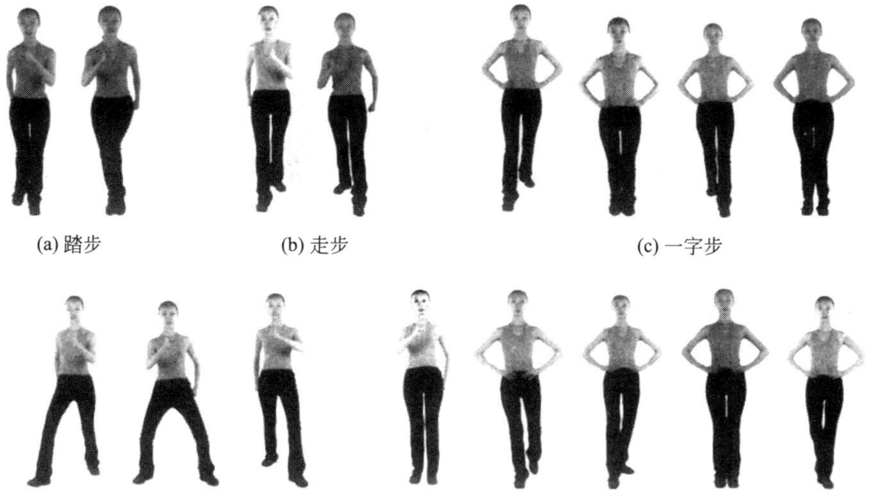

(a) 踏步　(b) 走步　(c) 一字步

(d) V字步　(e) 漫步

图8-14　踏步类动作

② 点地类动作（见图8-15）。

③ 迈步类动作（见图8-16）。

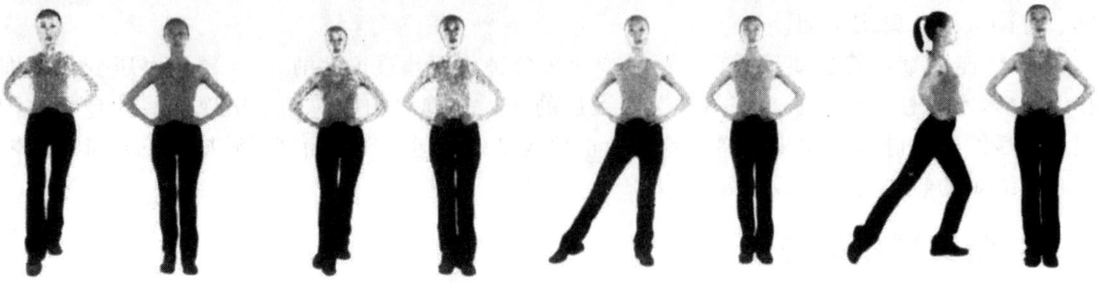

(a) 脚尖前点地　(b) 脚跟前点地　(c) 脚尖侧点地　(d) 脚步后点地

图 8-15　点地类动作

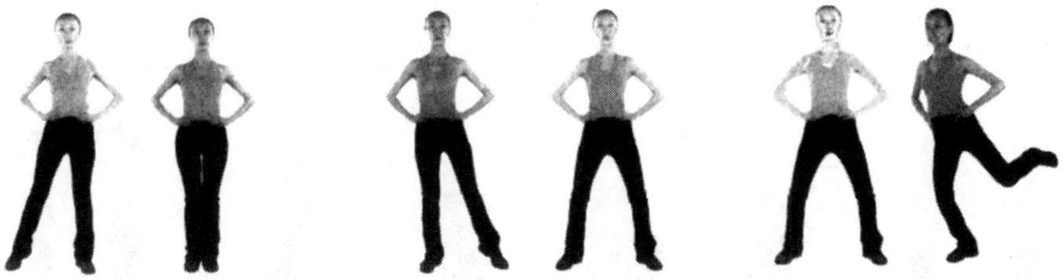

(a) 并步　(b) 迈步点地　(c) 迈步屈腿

(d) 迈步吸腿　(e) 迈步弹踢

(f) 侧交叉步

图 8-16　迈步类动作

④ 单脚抬起类动作（见图 8-17）。

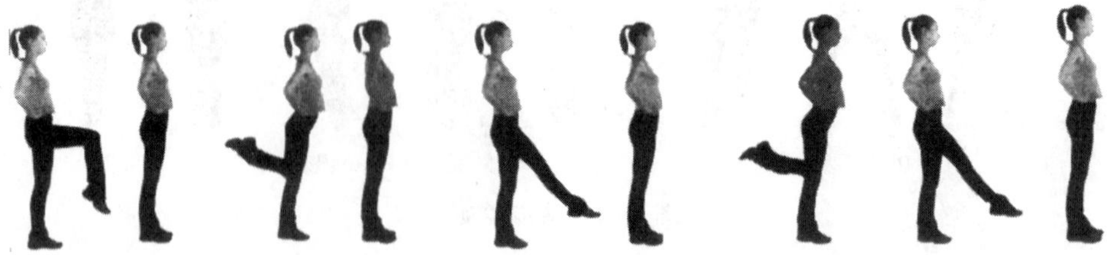

(a) 吸腿　(b) 后屈腿　(c) 踢腿　(d) 弹踢腿

图 8-17　单脚抬起类动作

3）高冲击类动作。在做高冲击类动作时，双脚同时离地，有腾空的动作。

① 迈步跳动作（见图 8-18）。

(a) 并步跳　(b) 迈步吸腿跳　(c) 迈步后屈腿跳

图 8-18　迈步跳动作

② 双脚起跳动作（见图 8-19）。

(a) 并腿纵跳　(b) 开合跳

(c) 分腿半蹲跳　(d) 并腿滑雪跳　(e) 弓步跳

图 8-19　双脚起跳动作

③ 单脚起跳动作（见图 8-20）

(a) 吸腿跳　(b) 后屈腿跳　(c) 弹踢腿跳　(d) 摆腿跳

图 8-20　单脚起跳动作

④ 后踢腿跑动作（见图 8-21）

(2) 上肢基本动作（见图 8-22）

① 自然摆动：屈肘前后摆动，可以同时或依次摆动［见图 8-22(a)］。

② 臂屈伸：上臂固定，肘屈伸。臂屈时肱二头肌收缩，臂伸时肱三头肌收缩［见图

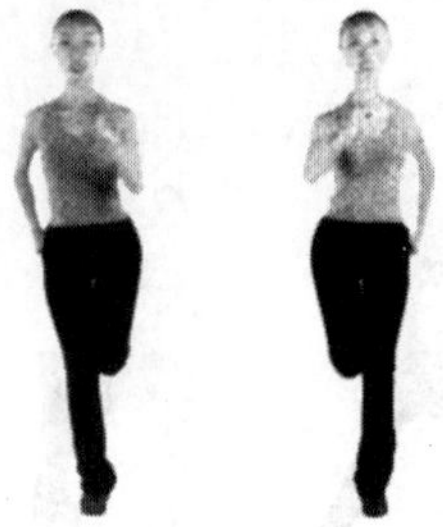

图 8-21　后踢腿跑动作

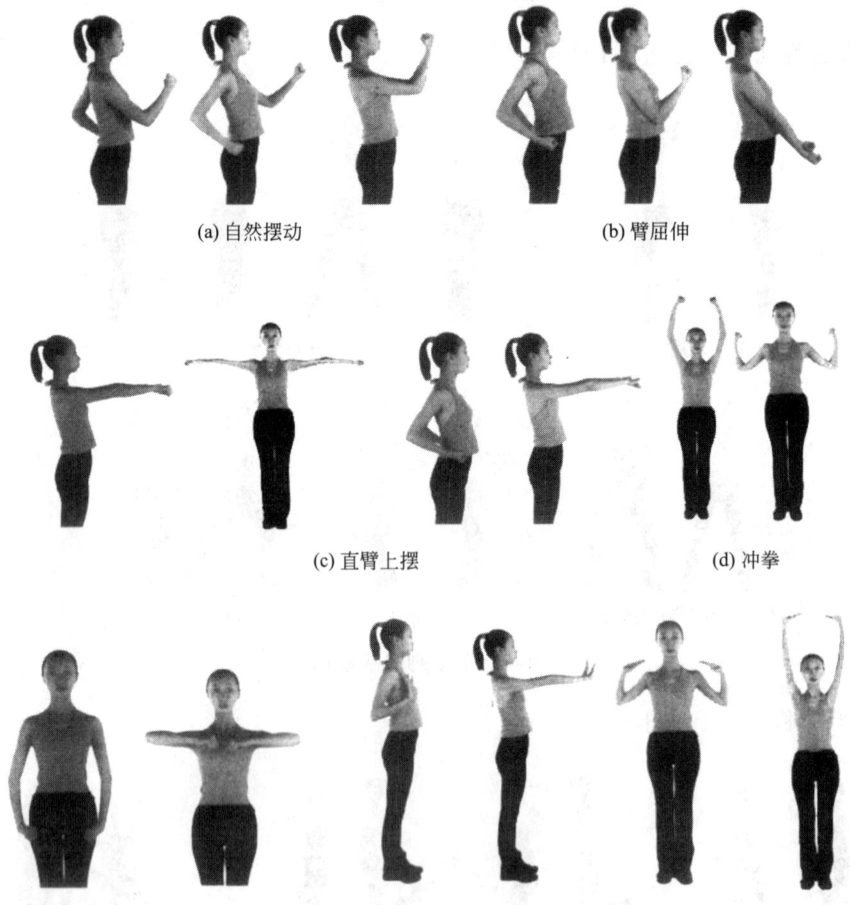

(a) 自然摆动　(b) 臂屈伸　(c) 直臂上摆　(d) 冲拳　(e) 屈臂提拉　(f) 推

图 8-22　上肢基本动作

8-22(b)]。

③ 直臂上摆：双臂由下摆至前平举或侧平举［见图 8-22(c)］。

④ 冲拳：握拳由腰间冲至某位置［见图 8-22(d)］。

⑤ 屈臂提拉：臂由下举至胸前平屈［见图 8-22(e)］。

⑥ 推：手掌由肩侧推至某位置［见图 8-22(f)］。

(3) 健美操基本手形

健美操基本手形如图 8-23 所示。

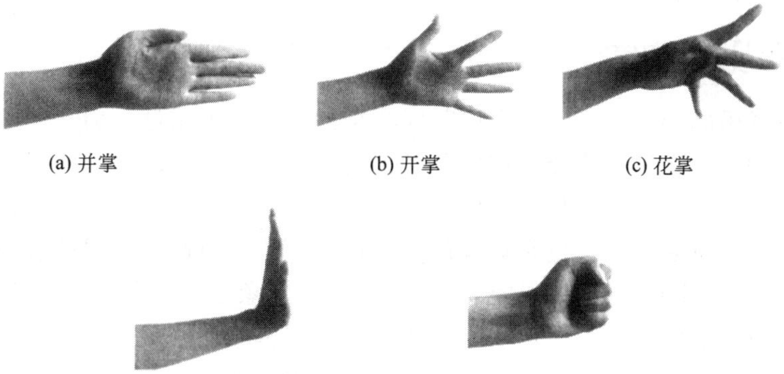

(a) 并掌 (b) 开掌 (c) 花掌

(d) 立掌 (e) 拳

图 8-23 基本手形

3. 健美操编排的基本方法

健身健美操的动作编排是以 32 拍为一个单位，也就是 4 个 8 拍为一组，其结构与音乐相同。

（1）基本动作节拍。1 个下蹲＝2 拍＝可做 4 次 1×8 拍；1 个侧并步＝2 拍＝可做 4 次 1×8 拍；1 个侧交叉步＝4 拍＝可做 2 次 1×8 拍；1 个吸腿＝2 拍＝可做 4 次 1×8 拍。

（2）组合动作的基本方式

掌握健美操基本步法后，利用这些动作就可以进行锻炼了。最初可以反复重复这些步法，目的是为了进一步理解和巩固这些动作，以提高练习的负荷量。当步法熟练后，再反复练习单一的动作就会感到枯燥。为此可以把这些单个步法按照自己的实际水平组合在一起，变成一组一组的动作。初学者 1 组动作可包括 2～4 种步法；对于中级水平的练习者来说，1 组动作可包括 5～6 种步法。通常 4 个 8 拍（32 拍）为一个组合。

（3）动作变化的基本要素

在熟练掌握了健美操基本步法，学会了将几个单个步法组合成 32 拍的动作组合后，接下来要学习动作变化的基本要素，这些要素将会使动作或动作组合变得更加丰富和更具挑战性。

① 方向变化，指在完成某一个动作时可以加上不同方向和不同度数的变化。如向左、向右、向后的转动；顺时针方向 90°、180°、360°的转动，逆时针方向 90°、180°、360°的转动等。例如，V 字步第 3～4 拍时转体 180°；开合跳转体 90°。

② 动作杠杆的变化，指完成动作时手臂和腿的长度变化。例如，由屈臂侧摆变成直臂侧摆；由前踢腿变成向前吸腿。

③ 冲击力的变化，指在不改变动作结构的前提下，将冲击力进行改变。例如，低冲击力的漫步可变成有腾空的高冲击漫步；高冲击力的弹踢腿可变成低冲击力的弹踢腿。

④ 路线变化，指在进行健美操练习时，可以沿不同的路线做动作，如“Z”、“L”、“□”、“◇”、“W”形等。例如，交叉步可沿“□”形路线移动；并步可沿“Z”形路线移动。

⑤ 风格的变化，指在不改变动作结构的前提下，改变动作的风格。例如，踏步加上摆髋可以变成拉丁操的风格；并步加弹动具有街舞的风格。

⑥ 手臂动作的变化，指在不改变基本步法的基础上，将手臂动作不断地进行变化。例如，V 字步加击掌；吸腿加手臂上举。

4. 健美操比赛欣赏

健美操是在音乐的伴奏下，通过完成不同类型的动作来展示健、力、美的艺术性运动项目。比赛中，运动员、音乐、成套动作的艺术性与创造性，以及动作的完成情况是人们欣赏健美操的重要内容。但是对于竞技健美操来说。还需要有特定的难度动作，这是竞技健美操区别于健身健美操的重要标志，也是竞技健美操追求更快、更高、更强的魅力所在。

① 人体美欣赏。对于健美操比赛来说，被审美的对象是运动的人。赛场上运动员匀称的体形、女运动员优美的曲线、男运动员结实的肌肉、健康的肤色和得体的服装，以及展示健美操力量、灵巧、平衡、柔韧等素质的能力，都能引起观众的共鸣，这是审美和欣赏健美操比赛的最重要的因素。

② 音乐。音乐是健美操的灵魂，是健美操艺术性创造的动力。独特而完整的音乐可以使动作富有生命力，能渲染气氛和调动观众的情绪，使比赛产生强烈的艺术冲击力。

③ 艺术性与创造性。艺术性与创造性是指成套动作、音乐的选择要有新意；动作与音乐要相吻合，运动员的表现要与动作、音乐的风格相一致；难度动作要有创新；成套动作的编排要新颖、美观，风格独特，素材要多样化；动作的连接要合理、巧妙；队形变换要自然、清晰、流畅，并且要充分利用场地；运动员配合要默契，相互间要有交流。

④ 动作的完成情况。欣赏一套完美的健美操动作除需要有表演者、音乐、艺术性及创造性等因素外，成套动作的完成情况是给观赏者留下美好而印象深刻的又一重要因素。完成情况包括身体姿势要正确，技术规范，动作有力而富有弹性；完成动作准确到位；集体动作要整齐划一，动作幅度大小一致。

⑤ 难度动作。难度动作是竞技健美操中区别于健身健美操的重要标志。竞技健美操中的难度动作共包括 4 类，有俯卧撑类、支撑类、腾空跳跃类和柔韧类。在一套动作中，难度动作数量应限制为 12 个。

第三节　体育舞蹈

1. 体育舞蹈概述

体育舞蹈起源于意大利、法国、英国、德国等欧洲国家，但许多新型的体育舞蹈却源于非洲、美洲。目前，体育舞蹈有了蓬勃的发展，世界舞蹈与舞蹈运动总会（WD&DSC）的会员国已达到 70 多个。随着时代的发展和变化，体育舞蹈也在发展和变革。从 20 世纪 20 年代到 60 年代，“老国标”经历了半个世纪的演变，发展成为“新国标”。新的国际标准舞增加了拉丁舞，1960 年，拉丁舞被列为世界体育舞蹈锦标赛的比赛项目。至此，国际标准舞已形成两大类共计 10 个舞种。

我国现有 3 个比较大的体育舞蹈协会，即中国体育舞蹈协会、中国国际标准舞协会和中国业余舞蹈竞技协会。

2. 体育舞蹈步形规范（以拉丁舞为例）

（1）姿态与手的作用

1）姿态。全身直立时，略含胸挺背，保持肌肉不紧不弛，两膝放松，身体略前倾，重心落在两脚的大足趾球骨上。

2）体位。体育舞蹈的体位有合对位、同足侧位、分对位、骈位等（见图 8-24）。

(a) 合对位男子正视　(b) 合对位女子正视　(c) 稍分合对位侧视

(d) 同足侧位　(e) 分对位　(f) 骈位

图 8-24　体位

① 图 8-24(a) 为合对位男子正视图：男子右臂绕女子右手位于女子腰部以上，左肩胛以下，举左臂并弯左肘，双肘同一线比腰部稍高。

② 图 8-24(b) 为合对位女子正视图：女子左手轻放在男子右肩缝线处，五指合拢，右手随男握，头向男子右肩上方。

③ 图 8-24(c) 为稍分合对位侧视图：基本姿态男女身体分开，双脚之间的距离约 18 厘米，男女右脚尖各对准对方两脚中间。男子双肩要求稳定，以便领导女子。

④ 图 8-24(d) 为同足侧位：男子右脚向女子右脚外侧伸出，上身稍向右拧，保持与女子微贴，适用于快步舞。

⑤ 图 8-24(e) 为分对位：男子与女子分离，男子左手与女子右手互握或双握。

⑥ 图 8-24(f) 为骈位：男女面向前方横行，女子上身稍向右拧，双方成 V 形，男子右侧与女子左侧微贴。

3）男女握法。在舞蹈中，应特别注意男女之间正确的手臂握法，否则不仅姿势欠美观，而且严重影响平衡和领舞活动。

正确的握法是全身直立，足尖靠拢，两臂放松（不耸肩），人体重心维持在腰部中轴上。男左臂举起时前臂与上臂的夹角略小于 90°，肘与胸部在一条直线上；右上臂略向前，手掌略向上，大拇指与其余并拢的四指张开，准备承受女方右手。男方应特别注意右手的应用，五指并拢，轻扶女方的左肩胛下方，只在转身或后退时，用右手暗示方向和轻重疾徐，有点像行船掌舵一样。

通常，女子的左手都是放到男子的肩缝处（当然也有其他一些姿态，如拉丁舞之类就例外）。如男退步时后方有人，女方便在男右肩上轻压一下，提示不能后退了，女方右手五指并拢，轻放在男方左手叉上，千万要注意自我承受重量。女方的右脚对准男方两脚中间，右腿直立，全身略偏向男方右侧，便于两眼从男方右肩后看清男方身后人们的活动情况。

4）手的作用。在舞程进行中，转身、前进、后退都是由男子暗示女子来配合的。图8-25是男子的一只右手示意图：中间一条虚线把图分成两部分，左边为指部，右边为掌部。当男子想后退，放在女方腰背的右手就用力压着女子的身体，同时自己向后退；当男子想前进时，则将放在女子腰背的右手放松，同时用身体推前；当男子想左转时，可用指部轻轻压着女子的腰，同时左转；当男子想右转时，则用掌部轻轻压着女子的腰部同时右转。左并步，手指向左方微推；右并步，手指向右方微移。

图 8-25　男子右手的运用

（2）开步和步态

1）开步。在舞程中任何一步的开始，除了某些特殊舞步之外，一定要做到脚到人到，身体的重心始终维持在两腿上。

所谓脚到人到，是指当跳舞者在舞程中开步时，不论是左脚或右脚开动，一旦移动两脚中的任何一脚，身体就应该立刻随之移动，不应该脚已经伸出，而身体尚未移动的情形出现。

2）步态。一般体育舞蹈的初学者，首先要掌握的是舞步中的动力。男子以前进步较多，女子以后退步为主。

向前跨步时，如重心在右脚上，则左脚向前伸出，按先足跟、次足掌、最后足尖的顺序，依次落地，重心沿水平位轮换。向前跨出右脚，脚落地方法同前。左右脚轮换重心时，要求过渡的一刹那不停滞，整个步态如行云流水，舒畅自如。

后退步时，重心落在一脚上，另一脚往后伸出，先足尖着地，次足掌，最后足跟着地。换重心时，再同样向后退，步态流畅自如。

3）练习方法。

① 单独练习平衡：重心移至左脚趾骨上，以大腿骨上端为轴，前后方向自然摆动时，全身保持平衡，16次慢拍之后，重心移至右脚，重复做，目的在于控制整个人体的平衡与协调。

② 用音乐的一个重拍和一个弱拍练习前进步或后退步。

③ 步法稳定后合练。基本步法要走稳、走熟，重心轮换要平稳，脚落地要轻、柔。

4）舞步图解说明（见图8-26）。

① 白色脚印，代表跳舞者的左脚。

② 黑色脚印，代表跳舞者的右脚。

③ 虚点脚印，代表移动时的某一过程。

④ 起步点，代表某一种舞步的开始。

⑤ 白色的脚掌印，表示舞者左脚点地或踢起。

⑥ 黑色的脚掌印，表示舞者右脚点地或踢起。

⑦ 表示跳舞者的左脚作滑步。

⑧ 黑色脚掌印，表示跳舞者的右脚作滑步。

⑨ 左脚移动路线。

⑩ 右脚移动路线。

⑪ 舞步表示线。

⑫ 舞程线，在舞池跳舞时，任何一对舞伴，都必须靠右按逆时针方向行走。

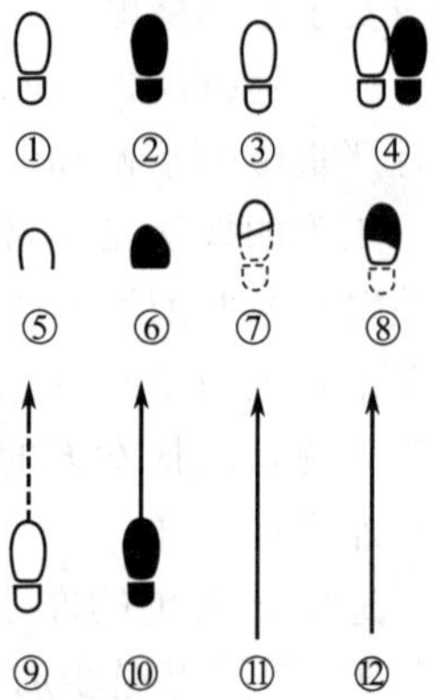

图 8-26　舞步图解

3. 体育舞蹈基本动作简介

（1）现代舞基本动作

1）华尔兹。舞曲是3/4拍，每分钟约32小节，其基本步法是一拍跳一步，每小节三拍跳三步，但也有一小节跳两步或四步的特定步法。其中，基本步法包括闭式换步（左进右退的基本步，也有左退右进的基本步）和旋转舞步（1/4转、左转、右转、右疾转、开式推转、双左疾转等）。

2）探戈舞。探戈舞是西班牙文化与黑人文化的结合体，它具有潇洒奔放、动静交织的特点。相传，阿根廷的男士与女伴跳舞时皆腰佩短剑，以防情敌，故跳探戈舞时面部表情严肃，不露笑容，头部左顾右盼，快速转动，这更突出了它的特点。

探戈舞曲为2/4拍，节奏强烈，旋律活泼，情绪热烈，一般常规舞步每小节为四步，每分钟30～40小节，基本节奏带有停顿、附点，并强调切分音节，所以舞步一定要做到动静有致、干脆利落。探戈舞的行程主要是斜线进退，棋步运行，较少直线进退，极少旋转，这是与其他舞种的显著区别。

探戈舞的基本步法主要有走步、行进连接步、P. P. 闭式、开式左转、后退侧步、摇步转、并进接外侧步等。

3）狐步舞。舞曲为4/4拍，每分钟30小节左右，其基本舞步节奏为慢、慢、快（S、S、Q）。狐步舞的基本步法包括羽步、左转、三直步、右推转、换向导步、开足疾转（成P. P.）、纺织步、电纹步接外侧旋步、左波浪步、右纺织步等。

4）快步舞。舞曲为4/4拍，每分钟约50小节，基本节奏是慢、慢、快、快（S、S、Q、Q），每个S占两拍，Q占一拍。快步舞的基本步法包括四分之一转、行地并合步与前进锁步、右转犹豫步、右疾转等。

5）维也纳华尔兹。舞曲为3/4拍，每分钟50～60小节。基本动作包括左转准备动作、右转基本动作、旁步、左转、右转、换脚步等。

（2）拉丁舞的基本动作

1）伦巴。音乐节奏是4/4拍，速度为每分钟27～31小节。基本动作包括基本步、扇形步、曲棍步、右陀螺转、右分展步、闭式扭胯步、阿莱曼娜等。

2）恰恰恰。舞曲为4/4拍，每分钟为32小节。基本动作包括基本步、手对手、纽约步、点转、扇形步、曲棍步、右陀螺转、闭式扭胯步、阿莱曼娜、螺旋步等。

3）桑巴。舞曲为4/4或2/4拍，每分钟48～56小节。基本动作包括左基本步、右基本步、叉形步、P. P. 舞姿的桑巴走步、左转、桑巴旁步等。

4）牛仔舞。音乐节奏为4/4拍，每分钟44小节左右。基本动作包括倒步摇摆、右向左换位、左向右换位、连步摇摆、停和走、美式疾转、连步绕转、倒步抛掷等。

5）斗牛舞。音乐为2/4拍，每分钟60～62小节，一般每拍跳一步。基本动作包括基本走步、原地踏步、右追步、左追步、变位八步、跺步、推离步、变位十六步、游动十六步等。

第四节　瑜　　伽

1. 瑜伽概述

瑜伽起源于5000年前的古印度，是东方最高古老的强身术之一。瑜伽修炼者开始只是少数人，一般在寺院、乡间小舍、喜马拉雅山洞穴和茂密森林中心地带修炼，之后逐步在印度普通人中间流传开来。如今的瑜伽，作为一种科学的修炼方法，已在全世界广泛传播。

瑜伽一词源于梵文音译，有结合、连接之意，这也是瑜伽的宗旨和目的。练习瑜伽能平衡精神、心灵与机体，促进身体健康，这种内外的结合相辅相成、互相促进，达到微妙的平衡；能实现自我与内心、机体与精神的完美统一，使人产生幸福、舒畅的感觉，得到解脱并最终开悟。瑜伽还能使人们的身心放松，有助于缓解来自现代社会的紧张和压力，是改善人们紧张的学习和生活节奏的良好处方。

2. 瑜伽的呼吸方法和标准姿势

① 呼吸方法。学会正确的呼吸方法对健康和安宁是至关重要的，在瑜伽里要用腹部来呼吸。如果去观察婴儿呼吸就会看见腹部的起伏，而成人大多趋向于用胸腔来呼吸。当正确呼吸的时候，就会增加肺活量，并为血液循环输送更多氧气，激活并清洁内脏。

正确的呼吸方法充当着神经系统天然镇静剂的角色。呼吸得越深，心境就越平静。保持呼吸均匀并用鼻呼吸，除非特别指示的话不要用嘴呼吸。

② 标准姿势。瑜伽课程的基础之一就是要以标准姿势站和坐。许多姿势是专为加强背部下半部的肌肉而设置的，以便能把脊柱提升成为标准的直线。无论是在坐、站还是跪，想像有一条绳子正在头顶往上拉。始终要“扩展胸膛”，也就是把肩胛骨向下，自然挺起胸膛。

3. 瑜伽姿势套路范例

（1）向太阳致敬式

向太阳致敬式，是所有瑜伽练习者的经典热身训练（见图 8-27）。它能加快能量在体内的流动，改善物质循环和全身肌肉的柔韧性，还能调和每块肌肉群的承受力和持久力，并教会如何保持优美文雅和从容自若的风度。它对于优雅地从一个动作衔接到另一个动作有着至关重要的作用。始终坚持正确的呼吸方法，不但耐力和能量水平会提高，而且会感觉到精力充沛和平静安宁。具体动作如下。

① 站直双手在胸前合十做出祈祷的姿势，保持肩膀下拉，正常呼吸［见图 8-27(a)］。

② 吸气，向右迈开一步。双臂越过头顶向后方向伸展，髋部前挺，保持双脚平衡站立［见图 8-27(b)］。

③ 双手向下伸握住脚踝把前额拉低到膝盖的高度［见图 8-27(c)］。

④ 双手平放到地面，做好继续下一个动作的准备［见图 8-27(d)］。

⑤ 吸气，右腿放到身后，用脚尖来支撑平衡身体，然后弯曲左膝［见图 8-27(e)］。

⑥ 双手离开地面，还原胸前呈祈祷状，让脊柱向上立直［见图 8-27(f)］。

⑦ 右脚尖点地并平衡身体，挺直脊柱手臂抬起到头部上方，双手合十正常呼吸，把这样的伸展持续 20 秒［见图 8-27(g)］。

⑧ 双手还原地面做好继续下一个动作的准备［见图 8-27(h)］。

⑨ 左腿向后一步，用双手和双脚来平衡支撑身体。保持下方抬起，眼睛直视前方［见图 8-27(i)］。

⑩ 继续呼吸，身体向后坐在双脚上，手臂在体前伸展，放松脊柱［见图 8-27(j)］。

⑪ 再次吸气，像蛇一样向前俯冲，下巴贴近地面，以便脊柱能有弹性的弯曲，弯曲双手肘［见图 8-27(k)］。

⑫ 保持吸气的状态，把髋部低下来，伸直双臂，形成眼镜蛇式［见图 8-27(l)］。

图 8-27　向太阳致敬式

⑬ 呼气的同时抬起髋部，拉伸脊柱。保持脚后跟紧贴在地面上，成顶峰式［见图 8-27(m)］。

⑭ 左腿再一次向前一步做好继续下个动作的准备［见图 8-27(n)］。

⑮ 收回右腿，双手依然放在地面上［见图 8-27(o)］。

⑯ 缓慢地收回上身，脊柱立直，双手胸前呈祈祷状［见图 8-27(p)］。

（2）单体位式

① 双腿盘起，双臀接触到地面，上身悬空，头顶触地，双手保持祈祷状，成鱼式［见图 8-28(a)］。

② 双手抓住双脚脚面，前胸和大腿完全向上，用髋骨来平衡身体并保持向上伸展，尽量使脚和头部处于同一水平面上，成弓式［见图 8-28(b)］。

③ 完全向上倒立，让双脚放在头顶前方的地面上，双手掌反方向抵住垫子，膝盖伸直保持腿部伸展，把下巴缩住胸口深呼吸，成犁式［见图 8-28(c)］。

④ 双手放在小腹下方交握，下巴接触地面让双腿同时向上抬起，保持双腿伸直，成蝗虫式［见图 8-28(d)］。

⑤ 吸气，双膝跪在垫子上，双手放在双脚上，呼气，打开左臂向后伸展，成骆驼式［见图 8-28(e)］。

⑥ 双手抓住双脚同时抬起，头部、双腿与地板都成 30°～45°角，保持 15 秒，成船式［见图 8-28(f)］。

⑦ 屈右腿用右肘关节勾住右脚尖，双手在头后交握保持 20 秒，成天鹅式［见图 8-28(g)］。

(a) (b) (c) (d) (e) (f) (g)

图 8-28　单体位式

（3）平衡式

① 双手头顶合十夹于耳后，左脚放在右大腿的内侧，眼睛盯住前方固定位置，尽量使自己舒适的保持平衡，成树式［见图 8-29(a)］。

② 右手抓住右脚脚面，左臂向前伸展，左腿保持直立踩在垫子上坚持平衡 20 秒，成舞蹈式［见图 8-29(b)］。

③ 把左腿绕在右腿上，尽量把左脚环绕在右脚踝上。把右臂放在左臂之上让手肘位置交叉，肩膀下拉。保持平衡 20 秒成鹰式［见图 8-29(c)］。

④ 吸气双手头顶合十，左腿向后展开。呼气，上身向下，左腿完全打开，右腿稳稳得踩在地面上。身体达到完美的 T 字形姿势保持 10 秒［见图 8-29(d)］。

⑤ 双脚并拢双手合十，身体向左弯曲，视线向上，成风吹树式、风吹树式变形［见图 8-29(e)］。

(a) (b) (c) (d) (e)

图 8-29　平衡式

(4) 扭转式

① 双腿分开两个肩膀的宽度，双臂和肩膀保持水平状，右手摸向左脚，左臂完全向上，视线跟随左手，成侧扭转式 [见图 8-30(a)]。

② 左脚放在右大腿下方，右脚放在左膝正前方，左肘反方向抵住右膝，视线向后，成静坐扭转式 [见图 8-30(b)]。

③ 右脚放在左大腿下方，左腿放在右腿下面，双膝成一条直线，双臂和肩膀成水平状，身体转向左侧，成脊柱扭动式 [见图 8-30(c)]。

④ 左腿跪地右腿向侧面打开，右手摸住右脚。上身向右侧下压，左臂也向右侧展开，成侧角扭动式 [见图 8-30(d)]。

⑤ 坐在垫子上，左腿伸直，右脚放在左膝外侧，身体向右转动，双手臂绕过右腿在身体后方交握，成脊柱式 [见图 8-30(e)]。

(a)　(b)　(c)　(d)　(e)

图 8-30　扭转式

(5) 战士式

① 双腿分开成一条腿的长度，左膝向外弓出，双臂抬起和肩膀保持平行。保持 30 秒，成战士一 [见图 8-31(a)]。

② 双腿分开成一条腿的长度，左膝向外弓出。双手头顶合十，身体转向左侧成战士二，保持 30 秒 [见图 8-31(b)]。

③双腿分开成一条腿的长度，右膝向外弓出，右臂体前展开，左手绕过身体后方，放在右大腿上，成战士三，保持 30 秒 [见图 8-31(c)]。

4. 练习瑜伽的注意事项

① 空腹练习，进食后至少一小时以上方可做瑜伽练习。

② 每个体位都要缓慢进行，配合呼吸，不要用力推拉、牵拉，在自己的极限范围内伸展，每个人根据自己的情况伸展到自己的最大限度或感到舒适为止。

③ 切记不要勉强用力，以免拉伤韧带。学会与自己身体对话，静心地去体会身体的舒展。

④ 练习时不要屏气，通过鼻腔保持平稳缓慢的呼吸，初学者在开始练习的过程中，如

图 8-31　战士式

跟不上老师的呼吸就做自己的呼吸，切记不要憋气（除非某些特定的动作要求屏气）。

⑤ 不能由他人帮助完成动作，不能边做边聊天。活动时关节发出“咔嚓”的响声时，是韧带开始柔软的迹象。

⑥ 练习时由于涉及大量的扭转、伸展四肢的姿势，因此应穿着宽松的衣服并赤脚练习。

拓展篇

第九章
户外运动

第一节　定向越野

1. 简介

定向越野的基本形式是凭借身体素质和运用识图及指北针的定向技术，在自然环境中快速寻找预先设置的检查点的智慧型的体育项目。定向运动分徒步定向（定向越野）、滑雪定向、山地定向和轮椅定向。

定向越野是一项集体能和技能于一身、体力和智力相结合的体育项目。其积极作用表现在：有助于学习掌握识图、用图知识和自然、地理常识，启发智力，培养思维能力。定向越野通常在野外长距离、长时间奔跑，上坡下坡，钻林越沟，攀岩跨坎，对速度、力量、耐力、灵敏、协调等素质均有很好的促进作用。定向越野有着独特的知识性、趣味性、游戏性和竞争性。

2. 比赛方法

图 9-1 为定向越野的场地情景，图 9-2 为比赛用的地形图，比赛用图一般应印制在专门的彩色图纸上。

图 9-1　定向越野的场地情景

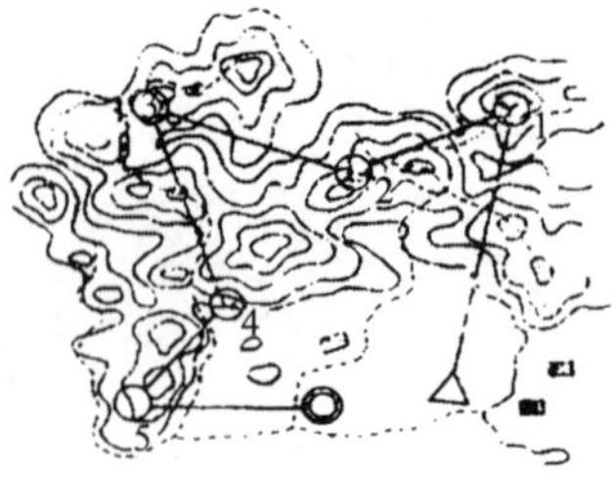

图 9-2　定向越野比赛用地形图

在图 9-2 中，“△”表示起点；◎表示终点；5 个“○”分别表示第 1～5 个检查点，并用实线相连。比赛时，运动员在起点领取地图，并按抽签的次序，每隔 1～5 分钟出发一名。出发后，运动员必须按照 1～5 的次序，逐个找到每个检查点，并到达终点。

3. 物质条件

（1）个人需要的装备

① 服装。定向越野对服装没有特殊的要求，根据经验，应该选择紧身而又不至影响呼吸与四肢活动自如的衣服。

② 鞋。鞋要合脚，轻便而又结实，鞋底的材料和造型应能牢靠地“抓住”所有类型的地面，包括湿滑的泥泞地及坎坷坚硬的岩石地面。

③ 指北针。常见的定向运动指北针有三种，分别是简易指北针、拇指指北针和分度盘指北针。

（2）赛会提供的器材

① 地图。地图是定向越野最重要的器材，规定比例尺通常为 1∶10000 或 1∶15000，等高距 5 米。

② 比赛路线。由组织者印刷或手工绘制在地图上，与地图一道发给参赛人使用。

③ 检查点。检查点是参赛人员在比赛中所要找到场地目标的标志。检查点是由三个部分构成：点标、点签、地物及其特征。点标是有布或尼龙绸制成的三角棱柱（棱长 30 厘米）。其三面均由两个三角拼成，上为白色，下为橘红色。点签是运动员找到检查点的凭据，点签有夹钳式和电子点签两种。地物是现地存在、图上正确表示了的地面物体，地物的大小、形状组成了地物的特征。检查点说明符号是明确指示检查点特征物、检查点点标位置与该特征物之间相互关系的符号。

4. 定向越野基础

（1）定向越野地图

定向越野地图是一种专门在野外进行运动的人们测制的精确、详细的地图。

1）地图的比例尺。地图上某线段与相应实地水平距离之比，就叫比例尺。其特点是比例尺越大，图上量测的精度越高；比例尺越小，图上量测的精度也就越低。

2）图上距离的量算。其计算公式为“实地距离＝图上长×比例尺分母”。如比例尺 1∶15000 的地图，图上量得某两点间的距离为 0.5 厘米，则实地水平距离为 7500 厘米（0.5×15000），也就是 75 米。

从地图上量得的距离，不论是直线还是曲线，都是两点间的水平距离。

（2）地图的使用

1）地图的正确拿法。将地图折叠，大小适中，露出足够的选择路线区和前方一两个目标检查点即可。

2）标定地图。

① 概括标定：定向图方位是上北、下南、左西、右东。当在现地正确地辨别了方向之后，只要将定向越野地图的上方对向现地的北方（在已知现地北方的条件下），地图即已标定。

② 精确标定（利用指北针标定地图），先将指北针的定向箭头“↑”，朝向地图上方，并使箭头两侧的平行线与定向图的磁北线重合（或平行），然后转动地图，使磁针北端（通常是红色）对正磁北方向，地图即已标定，如图 9-3 所示。

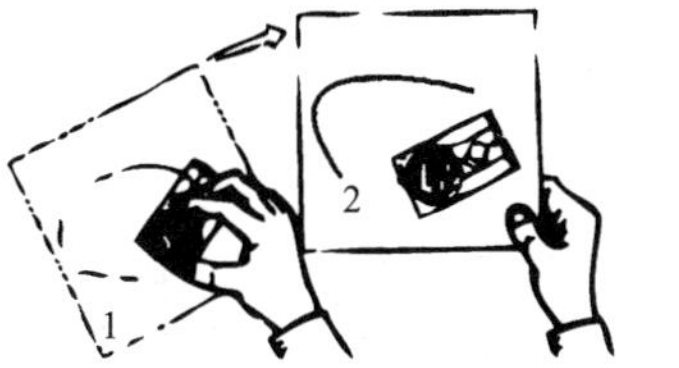

图 9-3　精确标定

3）确定站立点。掌握确定站立点的各种方法是学习现地使用地图的主要目标之一。

① 直接确定。当自己所处位置是在明显地形点上时，只要从图上找出该地形点，站立即可确定。

② 利用位置关系确定站立点。当站立点位于明显地形点

附近时，可以采用位置关系法。利用位置关系法确定站立点主要是依据两个要素：一是站立点至明显点的方向；二是站立点至明显点的距离。在地形起伏明显的地方，还可以结合高差情况进行判定。

③ 利用“交会法”确定。当站立点附近无明显地形点时，可以利用“交会法”确定站立点。

(3) 指北针的使用

指北针在野外的主要作用有辨别方向、标定地图、确定站立点与目标点方向、简易测绘等。竞赛型指北针与简易指北针的用法是一样的，只是拇指指北针是套在拇指中使用的，分度盘指北针则是拿在手中使用的。

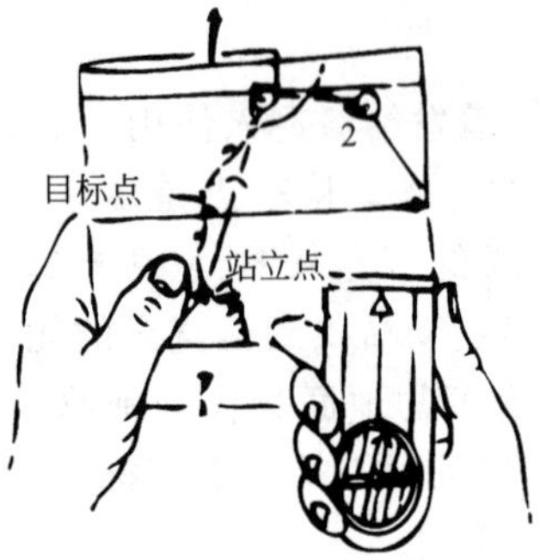

图 9-4　分度盘指北针的使用

1) 分度盘指北针。如图 9-4 所示，一手拿地图，一手拿分度盘指北针。

① 将分度盘指北针边线（或面板上标绘的其他任一直线），贴放在小路拐弯处（即目前站立点处）和将要到达的目标（电力线）之间。面板上所绘的前进方向箭头自然直指要到达的目标。

② 转动分度盘，使分度盘上标绘的“N”字头方向与地图上标绘的“N”方向一致。

③ 在身体前方，用手平持指北针，转动身体，直至分度盘的指北针红色端（即磁北端）与分度盘上所绘的“N”字头重合。此时，瞄准指北针面板上的前进方向（箭头方向），朝直行进，即可到达目标点。

对于地图是否标定方位，只要比较分度盘指北针的磁针方向是否与地图上的磁北线方向一致就能确定。

2) 拇指指北针。如图 9-5 所示，把拇指指北针套在拇指上，并使其前端右侧顶角（即方向角，也称读图箭头）压在图上站立点位置处，转动身体和地图，使指北针磁北方向与地图上磁北线方向平行。图 9-5 所示站立处是两条小路交汇点，沿正确的一条向前行进。拇指在图上相应跟着移动，一边读图，一边与实地对照，并随时检查地图是否正确标定方位。

如图 9-5 所示，将拇指指北针的前端右侧顶角（即读图箭头）压在图中的小路拐弯处（即目前实地站立点位置），将读图箭头向前移动，瞄准下一步将要到达的地方（即图中电力线）。注意保证图中小路拐弯处不要偏离拇指指北针的边线。转动地图和身体，标定地图和方位。瞄准拇指指北针边线所示的方向，朝直向前行进。边行进，边读图，行进中要保证地图方位的正确标定。

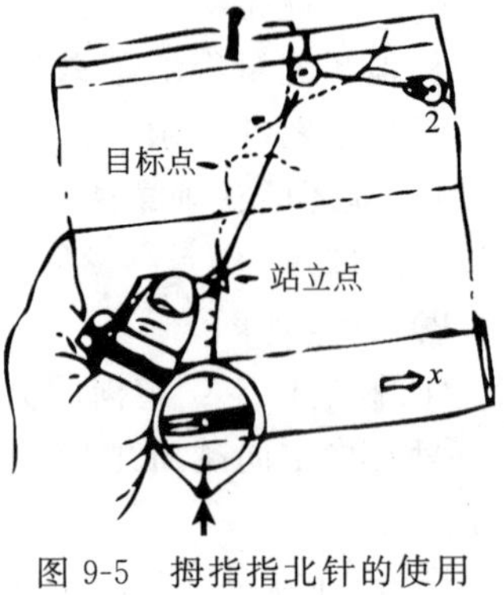

图 9-5　拇指指北针的使用

第二节　野外生存

野外生存，即人在山野丛林中求生。深入敌后的特种部队、侦察兵和空降兵、海军陆战队，以及在战斗中与部队失去联系的战士和失事的空勤人员，在孤立无援的敌后或生疏的荒野丛林和孤岛上，在饮食断绝的情况下，更需要野外生存的本领。下面就介绍一些简单的野外生存常识。

1. 野外生存的准备

① 制定计划。要确定科学合理的野外生存目的地，根据目的地的实际情况制定日程和安全计划，尽可能搜集当地的气象、环境、人文等有关资料，并根据资料制定日程、活动内容，以确认野外活动无重大安全隐患。出发前还要将自己的计划通知给家人、朋友。

② 野外生存的身体、心理准备。做好体格检查，确保身体健康并做好卫生防疫工作，进行全面的身体素质练习，在耐力、力量、速度、柔韧、灵敏性等方面进行全面训练，保持正常心态，避免盲目乐观，对各种可预见困难做好准备，培养吃苦耐劳的品格和团队精神。

③ 野外生存的物质准备。要合理选择鞋子、袜子及服装。鞋要结实底厚，能支持脚踝，不会被水浸入。袜子要穿厚的毛巾袜。穿越植被比较多或在森林行走时应穿长衣裤。要准备好保暖用品，必要的服装、点火工具、简易帐篷、绳索、雨具、刀具、机械表、指北针、适量的水和食物及部分药品和药棉纱布，以及地图、手机等通信工具。

2. 野外生存知识与技巧

（1）野外判定方向

1）利用北极星判定。北极星是正北天空的一颗较亮的恒星，位于小熊星座的尾端。因小熊星座比较暗淡，所以通常根据大熊星座（即北斗星，俗称勺子星）和仙后星座（即女帝星座，有人叫 W 星座）来寻找。

2）利用地物特征判定。如独立树，通常是朝南方向枝叶茂密、树皮光滑，朝北则相反。独立树砍伐后，树桩上的年轮通常朝北方间隔小，朝南方间隔大。植物朝南方干燥，青草茂密，冬季积雪融化比较快；朝北方潮湿，易生青苔，冬雪融化比较慢。北方平原地区较大庙宇、宝塔的正门和农村住屋的门窗多数朝南开。

3）利用太阳阴影判定。选择一平整的地面，在地面上立一根细直的长杆，在太阳的照射下就会出现一个影子，并将影子标示在地面上；等待片刻（10～20 分钟），再标出影子的新位置，然后经两个影子的端点连一直线，此直线就是概略的东西方向线。对于判定东、西方向，由于太阳东出西落，其影子则沿相反方向移动，所以第一个影子就是西，第二个影子必是东。根据已知的东西方向线，在其上任选一点作垂线，这条垂线大体就是南北方向线。

（2）识别天气

1）天气变好的征兆。白天时，谷风一般自下而上吹，在夜间则正好相反，一般从峰顶吹向山谷下方。白天（特别是早晨）可见山口一朵朵的云团逐渐分化为雾气，并逐渐消散。傍晚日落时，在西方山谷上空出现一片片橙色或玫瑰色晚霞（火烧云）。傍晚时山下有雾，而且天气较凉（入夜寒）。清晨，草地上有露水和霜冻。晚上星光稳定，很少闪烁。

2）天气变坏的征兆。白天，谷风从山顶吹向山谷，夜间从山谷吹向山顶。早晨出绢云，而后黑云增多，并徐徐下沉。云团行走很快，并有增多之趋势，这可能是暴风雨的前兆。风向突然变化，并越吹越大，同时还伴有乌云。在干热或雾气弥漫过后，突然能见度转好。清晨雾满山谷，至晚仍不消散。白天太阳周围出现大晕圈，夜间月亮周围出现小晕圈，这是大风的征兆。

3）根据动物的行为判断天气。燕子低飞、青蛙成群叫、鸡宿迟、鸡晒翅、蚂蚁搬家等预示天将下雨。蜘蛛张网补网，晚起红霞，第二天将晴好。

（3）野外行走技巧

出发前最好准备一根手杖，不仅能减少旅途的艰辛，还可以作为防卫武器，驱赶某些野兽。在平路行走时，应保持匀速。特别是刚开始出发时，应避免走得太快而造成疲劳，影响后面的行程。有规律地休息，平均每走30～45分钟就休息5～10分钟，必要时调整各自的负荷以便更舒服些。上、下很陡峭的山坡可采用侧身走，或采用“之”字形路线横向行走，必要时使用安全绳。

在丛林行走时要注意以下几点。

1）行进中用木棒打草惊蛇，同时注意树上有无毒蛇。

2）应选择林间主道或小道行走，做好定向，以防迷路。

3）在浓密的灌木丛中行进，带路者应准备一把砍刀开路前进。

4）穿林时最好穿长袖衣裤，避免和减少草木的树枝刺伤或划破皮肤，同时还可以避免蚊虫叮咬；系好鞋带，可将鞋带围绕踝关节一圈系紧，避免过长的鞋带被树枝挂松而影响行进。

5）在茂密的灌木丛中行走，推开挡路的树枝时，要注意后续队员的安全。

6）行进中注意勿被地面的树桩或藤蔓绊倒。

夜行时注意发挥指北针的作用，保持方向正确，尽可能在开阔地行进。

在山地行进时避免穿林翻山，走大路不走小路，走高不走低，并注意断崖滑坡。

（4）野外饮食

1）取水。水是最重要物质的生存物质。在温暖条件下，每人每天至少饮3升水，在无法正常供水情况下要尽量减少水的消耗。

节水方法如下。

① 降低行动速度。

② 在炎热的气候条件下选择晚上行进或白天比较凉爽的时候完成任务。

③ 尽可能多休息。

④ 杜绝吸烟与喝酒。

⑤ 待在阴凉隐蔽之处。

⑥ 不要躺在温度较高或者被太阳照射过的地面上。

⑦ 尽量少吃食物。

⑧ 不要讲话。

⑨ 应当用鼻子呼吸，不要用嘴呼吸。

寻找水源线索如下。

① 生长着茂盛植被的地方多水。

② 注意观察有许多动物会在拂晓或者黄昏时分出来觅水。

③ 大片郁郁葱葱的草地，只有有水的地方，才有可能出现成片草地。

④ 动物的足迹往往会通向水源地。

⑤ 岩石地带的泉水与渗流。

⑥ 在地下水埋藏浅的地方，泥土潮湿，蚂蚁、蜗牛、螃蟹等喜欢在此做窝聚居；冬天，青蛙、蛇类动物喜欢在此冬眠；夏天的傍晚，因其潮湿凉爽，蚊虫通常在此成柱状盘旋飞绕。

收集雨水与判断水质方法如下。

① 雨水通常可直接饮用，下雨时，可用雨布、塑料布大量收集雨水。用空罐头盒、杯子、钢盔等容器收接雨水，容器应放在干净的石头上，不要放在地上，否则雨势较大，地面

的泥会溅到接水的容器中。

② 根据水的色、味、温度、水迹简单鉴别水质的好坏。纯净的水在水层浅时无色透明，深时呈浅蓝色。用玻璃杯或白瓷碗盛水观察，通常水越清水质越好。水色随含污不同而变化，如含有腐殖质呈黄色，含低价铁化合物呈现淡绿色，含高价铁或锰呈黄棕色，含硫化氢呈浅蓝色。一般清洁的水是无味的，而被污染的水则常有一些异味。为了准确地辨别水的气味，可以用一只干净的小瓶，装半瓶水，摇荡数下，打开瓶塞后立即用鼻子闻。也可把盛水的瓶子放在约 60℃的热水中，若闻到水里有怪味，就不能饮用。

水的净化方法如下。

① 利用水质净化药片（清水 1 片、浑水 2 片）。

② 在一罐清水内滴入 5 滴 2%的碘，在比较浑浊的水或者冷水中滴入 10 滴（等待 30 分钟以后即可饮用）。

③ 把水煮开，持续 10 分钟。

④ 沿着水源地开挖一条沟，就可以利用土壤来达到过滤的作用。

⑤ 搭一个分层三脚架，在每一个过滤层内分别放入青草、沙子、布等来过滤水。

制水方法如下。

① 利用植物蒸发袋制水。

② 通过蒸馏、冻结等方法淡化海水。

代用品，即可以在找水极其困难或身处极特殊的环境里，将注意力转向饮用水的代用品。

① 植物的根、皮、叶都可用来吸吮，抑制干渴。

② 人畜的尿液，在特殊情况下可直接饮用。

③ 污水煮沸后可饮用。

④ 动物的血也可饮用。

2）取火。燃火材料包括以下物品。

① 火种：打火机、火柴和随身携带的棉花等。养成良好的用火安全习惯，并把火种保存在一个防水防潮的容器里。

② 引火物：干燥的树枝，树叶等。

③ 燃料：干枯的大木棍或树干、成捆的干草、干燥的牛粪等。

燃火的地点前应选择一个良好的地点以满足取暖和安全烹饪食物的目的。

① 选择一个隐蔽的位置。

② 把直径 2 米以内的堆积物清扫干净，直到露出土壤。

③ 若地面潮湿，先用树木搭建一个平台，上面铺一层沙子或石子。

④ 在有风的情况下可以挖一个土坑，在土坑内生火。

⑤ 不要在潮湿或者多孔渗水的岩石附近生火，因为遇热达到一定程度，岩石有可能发生爆炸。

⑥ 准备一桶沙子或水，一旦火势过大可随时扑灭。

3）食用野外动、植物。

① 野外动物类食物：各种长有皮毛的动物、各种禽鸟和蛇类都可以食用，但必须保证猎获的动物是新鲜、无病菌的。

② 昆虫的食用：昆虫含有丰富的蛋白质、氨基酸、矿物质和维生素。目前，世界上可食用的昆虫有蝉、螳螂、蟋蟀、飞蛾、蝗虫、蝴蝶等，它们都可以通过烤、炒、煮

食用。

③ 野外植物类食物：可食野生植物包括可食的野果、野菜、藻类、蘑菇等。对可食野生植物识别是野外生存知识的重要内容。在实践过程中可食植物有上百种，关键是如何识别植物。如：取植物幼嫩部分少许，用前齿嚼碎后品尝，如有苦涩、辛辣及其他异味，则有毒，应立即吐掉并漱口；水煮后的汤水经振摇后，产生泡沫者不能食用；一般牲畜可食用的饲料肯定无毒。几种常见的树皮也可食用；毒蘑多有各种色泽，而且美丽。毒蘑盖上有肉瘤，柄上有菌环和菌托；多长在肮脏、潮湿的地方；可食用野菜有苦菜、蒲公英、刺儿菜、荠菜、菱、芦苇、青苔等。

4）野炊原则及烹饪方法。

① 野炊原则：保证充足的热量；好吃且营养丰富；烹饪方法简便快捷；尽量少使用餐具；节省饮用水和燃料；收拾方便；不可剩下太多饭菜。

② 烹饪方法如下。

水煮：直接用金属容器在火上煮，或将烧热的石头放入木制、竹制的容器中煮食。

煎炸：在金属容器中或在火堆上放一块平整的石头进行煎炸。

烧烤：可在火堆上方整只烧烤，也可在余烬上用金属网或新鲜树枝搭成的架上进行。

烘烤：用树叶、荷叶、泥巴或铝箔包住食物放到火中，或将食物放到余烬中再用沙土覆盖将食物焖熟。

5）宿营。理想的宿营地应地面平整，排水性好，靠近水源，附近有树，如山顶的背风向阳处或空旷的山谷。不宜用作宿营地的地点如下。

① 干涸的河床、河流转弯处的内侧：洪水是最危险的隐患。

② 山顶迎风面：风大，取水不方便。

③ 谷底：夜晚较潮湿，露水多，易结霜。

④ 有枯枝或蜂巢的大树下：小心枯枝砸坏帐篷或惊动野蜂。

⑤ 动物的觅水处：会受到动物的干扰。

3. 野外常见的险情与应对措施

（1）脱离团队

在野外，脱离团队是非常危险的。出发前应再三强调纪律性，并掌握相互联系方法。同时，也要做好万一脱离队伍的准备。

① 全体队员必须明确每天的路程和到达目的地的时间，不可以全部依赖领队。

② 每个人都要带地图、指北针、水壶、粮食、灯具、救生盒等必需的个人装备，绝不可出现多人共用某种装备的情形。

万一离队时，如果确信自己可以继续走到目的地，就要继续前进，直到和队友会合；如果体能有限或过分恐慌，应先留在原地，再想办法回到团体行进的路线或上一次的宿营地寻找避难所，等待救援。

（2）迷失方向

迷路时，绝不可慌乱而乱走，这样只会更加迷失方向。首先，必须安静下来，休息一会儿。然后，尽量找回自己有信心找到的地点，沿途要做好标记，并在本子上记录这些标记的所在位置。寻找行程中的地标物（高山、峡谷等），尽量到制高点来确认自己的方向。

（3）遭遇毒蛇、猛兽与蚊虫叮咬

① 预防蛇咬的措施。预防蛇咬的措施就是要准备一根手杖，边行进边打草惊蛇，应戴

帽子，穿长袖外套，以及穿有强韧护脚的裤子和坚韧的靴子，并带好蛇药。

② 预防猛兽。在行进过程中大声说话、吹哨子，都会惊动一些野兽，它们会识趣地离开。如果与熊、野猪等猛兽不期而遇，应马上寻找木棍、铁锅作为武器，但动作应缓慢、轻柔，不要惊动野兽，也不要表现过分惊慌，慢慢地远离它们。碰到狼、野狗时，千万不要转身逃跑，应蹲下身捡拾石块、木棍，并背靠石壁或大树，防止它们从后面袭击，并伺机爬到树上避难。

③ 预防蚊虫叮咬。为预防蚊子、蚋等吸血性昆虫和各种蜂的攻击，应带祛风油或风油精，受到叮咬后用肥皂清洗，并将伤口内刺囊取出。

(4) 遭遇暴雨、雷击、洪水、沼泽

暴雨影响能见度，应更加注意辨别方向。雨湿路滑，必要时使用安全绳，确保行进安全。避雨时，应注意保暖，防雷击，防山洪。在宿营时遭遇暴雨，应根据周围地形和雨势大小决定是否将帐篷转移到安全地点，对帐篷进行加固，挖好排水沟，将帐篷内多余物品整理好，收入背包中，准备随时撤离。必须轮班外出，一旦发现山洪、泥石流等危险存在，马上撤离帐篷。

避免雷击的方法是：要避免走进被淋湿或已经有水的地方。最好踏在塑胶布上或背包及其他绝缘物上，同时要穿上雨衣以避免淋湿，然后蹲下来。躲在大树或大岩石旁边时，要避免躲在它的正下方，而要在稍微离开这些隐蔽物且半径与这些隐藏物同高的圆圈内蹲下来避难。根据研究，身高为这些树木和岩石高度的 1/5 及以下时，避雷效果最为显著。

遇到洪水时应走向高处或靠近大树并抓紧背包。

在沼泽地中要 3～5 人一组，相互连接，一旦落入沼泽地，不能乱动，应俯卧在背包上，“游出”沼泽地。

第三节　轮滑运动

1. 轮滑运动概述

(1) 轮滑运动的特点和锻炼价值

轮滑运动是一项集健身、竞技、趣味、娱乐、技巧、休闲、惊险于一体的全身性运动。从 20 世纪 80 年代开始风靡世界，尤其在欧美国家更加流行。轮滑运动要求练习者灵活变换重心，维持动态平衡。轮滑在腿部用力上有侧蹬用力的特点，在学习过程中必须克服陆地上走或跑时后蹬用力的习惯，建立向侧用力的概念，掌握正确的用力方法。

轮滑运动能够促进心肺功能，改善和加强系统代谢，对臂、腿、腰、腹、肌肉的力量和各关节灵活性效果显著；能够表现自我，挑战自我，增强自信心，培养审美情趣和艺术美感。

(2) 轮滑运动的装备

① 轮滑鞋。轮滑鞋根据形式的不同，分为双排轮滑鞋和直排轮滑鞋两种（见图 9-6）。双排轮滑鞋主要应用在花式表演和轮滑球运动；直排轮滑鞋主要应用于速度比赛、轮滑球运动和室内外休闲运动，是目前轮滑鞋的主流。

(a) 双排轮滑鞋　　(b) 直排轮滑鞋

图 9-6　轮滑鞋

知识链接

如何选择轮滑鞋

◎穿着舒适，松紧合适。

◎扣带使用灵活，不出现滑脱现象。

◎底座牢固，目测时应笔直，不偏斜。

◎外观应完好无损。

② 护具。护具是最容易被忽视但又很重要的一项装备，包括头盔、护肘、护腕和护膝。带护具不仅能保护自己，还能保持良好的练习心态。

（3）轮滑运动的安全措施

轮滑运动的安全措施包括以下几个方面。

① 练习轮滑前应先做好准备活动，尤其是手腕和下肢各关节及韧带要充分活动开。

② 如有可能，应戴一些防护用具，如轮滑专用的护腕、护肘、护膝及头盔等。

③ 练习前要检查轮滑鞋的螺丝等紧固部件，以免滑行中因轮滑鞋出问题而受伤。

④ 初学者应在初学场内或规定范围内练习，或尽可能在人少的地方练习，不要任意滑行。初次学习轮滑时，最好有滑行熟练的同伴或辅导员进行辅导。

⑤ 禁止做危险或妨碍他人的动作，特别是在人多的公共轮滑场内，如几人拉手滑行，在速滑跑道上逆行或与大家滑行方向逆行、乱蹦乱跳、在场内横插乱窜、追逐打闹，突然停止等，这都是既妨碍他人又容易发生危险的事情。

⑥ 学习轮滑时摔跤是不可避免的，但要学会在摔跤时做自我保护。

2. 轮滑的基本技术

（1）站立、平衡和移动

1）站立姿势。

① 丁字形站立：将左脚跟紧靠在右脚的内侧（或将右脚跟紧靠在左脚的内侧），使双脚呈丁字形。双膝微屈，重心稍偏于位置居后的脚上，上体略前倾，抬头，目光平视前方，两臂在体侧自然打开，以控制身体平衡［见图 9-7(a)］。

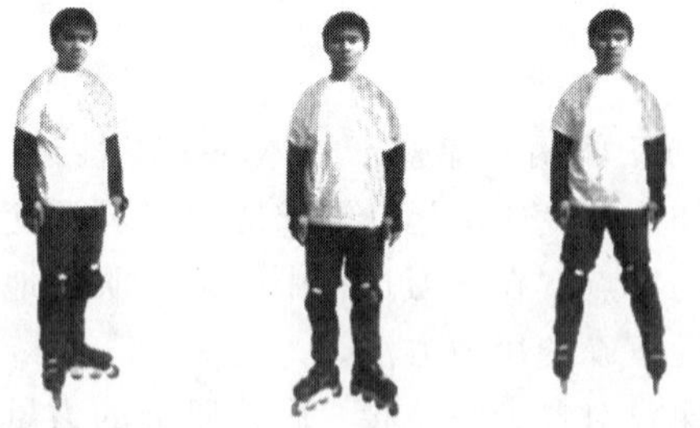

(a) 丁字形站立　(b) 八字形站立　(c) 平行站立

图 9-7　站立姿势

② 八字形站立：双脚成八字形自然分开，双脚跟靠近，双膝微屈。上体微屈，身体重心放在两脚之间，保持身体平衡［见图 9-7(b)］。

③ 平行站立：双脚分开，与肩同宽。两脚尖稍内扣，上体微前倾，双膝微屈。身体放在两腿之间，保持身体平衡［见图 9-7(c)］。

2）原地移动重心。

① 方法要点：在平行站立的基础上，上体向一侧移动，并逐步将身体重心完全移至一支撑腿上，待平稳后，上体再向另一侧腿上移动，并将身体重心完全移到该腿上，反复练习。

② 易犯错误：在练习时，易使两脚变成八字站立，这样在重心移动时，造成重心不能完全移到支撑腿上。

③ 纠正方法：保持两脚并行站立。

3）原地踏步。

① 方法要点：在八字形站立的基础上，重心移到一脚上，另一腿微屈上抬，使脚离地面 5～10 厘米再落下，重心移至另一脚，交替练习。

② 易犯错误：步幅过大，重心不稳。

③ 纠正方法：抬腿要低，速度要慢，当重心完全移到一条腿上时再进行交换。

4）原地蹲起。

① 方法要点：在双脚平行站立或八字站立的基础上，做下蹲、起立动作，身体重心放在两腿之间，两臂自然打开（见图 9-8）。

② 易犯错误：在起立时身体向前再屈，再直立，只做腿的蹲伸动作。

③ 纠正方法：在开始时可以先做半蹲，速度稍微慢些，然后再逐渐过渡到深蹲，快速完成，保持身体的垂直升降，注意动作的协调性。

图 9-8　原地蹲起

5）两脚原地前后滑动。

① 方法要点：在平行站立的基础上，做一脚向前一脚向后的来回滑动练习，两臂前后摆动，像走路一样配合双腿运动。

② 易犯错误：在滑动过程中，重心落在一条腿上，双脚不能保持平衡。

③ 纠正方法：保持双脚平衡，两腿伸直，大腿发力做前后滑动练习，或手扶栏杆进行练习。

6）向前八字走。

① 方法要点：在丁字步或八字步的基础上，一脚向前迈出一小步，脚尖向外侧，呈八字形落地，同时身体重心迅速跟上，当重心完全落到前脚上时，后脚再抬起向前迈，两脚交替进行，移动身体重心（见图 9-9）。

② 易犯错误：先迈脚，后移重心，前脚会被移动重心的惯性推动向前滑走，使重心无法落在前脚上。

③ 纠正方法：小步幅、慢节奏练习，重心随迈出的脚同时前移，脚落地，重心跟上。

图 9-9　向前八字走

7）横向迈步移动。

① 方法要点：在平行站立的基础上，一腿向侧迈出一步，身体重心随之迅速跟上，另一腿收回，在内侧靠拢着地，并承接重心，然后换腿练习。

② 易犯错误：滑行时脚尖向外，重心在两腿之间。

③ 纠正方法：开始练习时步子要小，在向右移动时，左脚适当加大蹬地的力量；向左移重心时，右脚适当加大蹬地的力量。可在同伴的帮助下完成，也可以通过语言进行提示。

（2）滑行

1）双滑行练习。在学会向前八字走的基础上，连续走几步，然后双脚迅速并拢，两脚由八字形变为平行，借助惯性向前滑行。动作的关键是重心保持在两脚之间。

2）低姿交替蹬地滑行。

① 方法要点：两脚八字形站立，膝踝微屈，两脚同时向外侧蹬地，使双脚同时开始向前滑行，重心随之偏向左脚，左腿成支撑腿。右脚在稍加蹬地后迅速收回，向左脚靠拢，脚尖向外侧，落地自然呈八字步，同时重心向右腿上移，左脚开始蹬地，如此交替进行（见图 9-10）。

图 9-10 低姿交替蹬地滑行

② 易犯错误：重心处于两腿之间，滑行的步子较小，收腿较快。

③ 纠正方法：做横向迈步移动练习，逐渐提高单腿支撑能力。

3）高姿交替蹬地滑行。

① 方法要点：在低姿势交替蹬地滑行的基础上，右脚侧蹬地，重心随之移向左脚，成左脚支撑滑行。右脚蹬地结束后放松收腿，当右脚靠近左脚时，重心开始回移，左脚开始蹬地。右脚落地后成右腿支撑滑行，然后收左腿，两脚交替蹬，交替滑行。

② 易犯错误：蹬地后收腿困难。

③ 纠正方法：尽量在短促的蹬地动作结束后，马上收回，膝、踝全屈，重心落在前脚掌处。

4）向前直线滑行。

① 方法要点：原地两脚成 T 字形站立，左脚在前，右脚在后，两腿稍弯曲，用右脚内侧蹬地，重心慢慢移至左脚；右脚蹬直后右腿蹬离地面，成左脚向前滑行；然后右脚在左脚的侧面落地后，左脚重复上述动作，成右脚向前滑行。两脚交替向前直线滑行，整个滑行过程中，两手自然向侧分开，帮助维持身体平衡。

② 易犯错误：重心在两脚之间，不能形成单脚支撑。

③ 纠正方法：在双脚曲线滑行的基础上，身体重心逐渐移至单脚上，成单脚滑行，另一脚在滑行脚后抬起。

5）蛇形向后滑行。

① 方法要点：平行站立开始，两脚分开（约一脚距离），两腿弯曲。用右脚内侧蹬地，身体重心移向左侧，成左脚向后滑行；右腿在体前伸直，随即右脚放在左脚侧面，恢复成开始姿势，然后用左脚蹬地，重复上面动作。做蛇形向后滑行时，要注意在滑行中上体始终保持前倾姿势，两膝保持弯曲，两手在体侧分开侧举。

② 易犯错误：在滑行的过程中身体直立或后仰。

③ 纠正方法：在达到一定速度后，进行蛇形后滑行。右脚各蹬地滑行一次，依靠滑行的惯性两脚平行站立滑行一次，身体保持正确的滑行姿势，反复练习。

（3）滑行停止法

1）八字停止法。

① 方法要点：在获得一定向前滑行速度后，两脚平行分开站立，随后脚尖内转，两脚以内侧轮柔和压紧地面。两腿弯曲，上体稍前倾，臀部下蹲，两臂前伸维持身体平衡。

② 练习方法：在向前滑行时，两脚平行分开站立，先使右脚脚尖内转，以内侧轮柔和压紧地面，身体重心稍向左移，反复练习；在能够完成前面动作的基础上，再按照内八字停止方法进行练习。速度可由慢到快，循序渐进。

2）T 形停止法。

① 方法要点：左脚向前滑行开始，右脚在左脚后跟处成 T 形放好后，将右脚慢慢放在地面上，以内侧轮柔和压紧地面，减缓向前滑行速度，直到停下来为止（见图 9-11）。

② 练习方法：原地左脚在前、右脚在后呈 T 形站立，右脚以内侧轮蹬地，左脚向前滑行，随后右脚在左脚后做 T 形停止动作，速度可由慢开始，以便体会动作；在完成上述动作基础上，加快向前滑行速度，按照 T 形停止动作进行练习。

图 9-11 T 形停止法

3）双脚急停。

① 方法要点：在向前滑行时，两脚同时做顺时针（或逆时针）方向急转，左脚以内侧轮、右脚以外侧轮滑行方向成90°角压紧地面，同时身体向右急转，重心移到右腿上，两膝弯曲，两臂前侧伸，滑行即可停止。

② 练习方法：原地两脚平行分开，按上述动作要领，随后在低速向前滑行中完成动作；保持一定向前滑行速度，两脚平行向前滑行，做双脚急停练习，直至熟练掌握后，就可以随意使用双脚急停动作。

4）倒滑停止法。

① 在向后滑的过程中，将两脚变为前后开立，身体重心移到前脚的前方，同时抬起两脚脚跟，后轮离地，制动脚着地与地面摩擦而停止下来；停止时，身体稍前倾，两臂侧举以维持平衡。

② 练习方法：手扶栏杆或在同伴扶持下，原地抬起脚跟，身体稍前倾，以制动器支撑站立；向后慢速滑行，两脚平行站立滑行，随后抬起脚跟，以制动器压紧地面至停止。

（4）弯道滑行

弯道滑行技术跟直道滑行技术有很大的区别，弯道滑行技术特点在于练习者用交叉步滑行，由于向心力的作用，上体不仅前倾，而且还要向后侧倾。

1）走步转弯。在向前做八字走或半走半滑时，如向左转弯，在每一次脚落地时脚尖都向左转动一点，身体也随之向左转动一点，逐渐呈弧形的走滑路线；如向右转，动作方向相反。

2）惯性转弯。在滑行获得了一定的速度后，两脚平行稍靠近些，如向左转，则左脚略靠前，右脚靠后，重心落在两脚之间1/3处，前腿略弓，后腿直，身体重心压在左脚和右脚的左侧，利用惯性向左侧滑一较大的弧线；如向右转，动作相反。

3）短步转弯。在学会慢的转弯技术的基础上，身体姿势较低，重心完全落在左腿上，甚至超出左腿的支点，右脚向右侧蹬后迅速收回，靠近左脚落地做非常短暂的支撑；此时，左脚迅速向左稍转脚尖，右脚再迅速向侧蹬出，连续做此动作就可以加速转弯，如向右转，动作相反（见图9-12）。

图9-12 短步转弯

4）左脚支撑，右脚连续蹬地滑行。从站立姿势开始，左脚用外侧蹬地后迅速与右脚并拢，接着右脚再做一次蹬地动作，左脚继续做前外曲线滑行。

5）在圆弧上不连贯的交叉步滑行。在圆弧上用直线滑行方法，中间插入弯道交叉步，当左脚有稳定的平衡时，右脚向左脚左侧前方迈一小步。只要右脚有短暂的滑行之后，左脚就迅速从右腿后方收回，同时右脚蹬左脚直线滑行，反复练习。

第四节 拓展训练

1. 拓展训练的起源

拓展训练英文为“outward bound”，从字面上解释就是“出海的船”，在拓展训练中诠释为：一艘小船驶离平静的港湾，义无反顾地投向未知的旅程，去迎接一次次挑战，去战胜一个个困难。这种训练起源于“二战”期间的英国。当时大西洋商务船队屡遭德国人袭击，许多年轻海员葬身海底。人们从生还者中发现了一个奇怪的现象：得到救援的人当中大多并不是身体强壮的年轻水手而是年纪较大的老水手。经过研究，专家们找到了这个现象产生的原因：当灾难来临时，决定一个人能否存活下来不仅依靠他的体能，更多的是依靠他的心理素质。年纪较大的水手有丰富的阅历和经验，有坚定的生存信念和强烈的求生欲望，所以最终幸存下来。而年轻的水手们在面对灾难时，精神的沮丧导致了心理防线的全面崩溃，最终导致死亡。

1941 年，德国籍教育学家库尔特·哈恩在英国威尔士创办了阿伯德威海校，实践了心理素质拓展训练方法，主要用于人的生存训练和海上危机训练。这种训练课程和内容逐渐受到人们的重视，并在战时的各种训练中得到广泛应用。

2. 拓展训练项目的操作

（1）团队项目

1）信任背摔。

① 项目类型：个人挑战与团队配合项目、场地训练。

② 场地：一块平整的场地。

③ 器材：背摔台一个，约 150 厘米高；捆手绳 1 条，约 60 厘米长；体操垫一块。

④ 人员要求：10 人以上。

⑤ 项目目标：克服心理恐惧；活跃集体气氛、增加团队凝聚力；增强相互信任和理解。

⑥ 项目时间：小组学生为 15 人时，约需 70 分钟。

⑦ 项目布置：集合学生，介绍项目名称和活动台要求；说明活动要求后，学生轮流站于台上，双手握于胸前，由教师用绳子捆住，直立向台下倒下，台下由全体学生保护其安全（见图 9-13）；挑选 10～12 名下方保护人员，摆成保护姿势。要求 1 对 1 地面对面排列，双臂向前半举，掌心向上，双手伸到对面学生右侧肩膀上，形成人的手臂垫，头部后仰，用眼角余光看台上学生倒下的方向，腿要成弓箭步，学生倒下去时注意手臂用力，眼睛看着倒下的队员；将倒下学生接住后，用“放腿抬肩法”将学生平稳放下。开始之前，教师应先用身体下压学生手臂，让学生感受到重量并表现出足够的托力；说明上下口令。台上学生大声问下面：“准备好了没有?”台下学生齐声回答：“准备好了！1——2——3!”台上学生直挺身体向后倒下；教师站在台上，用捆手绳将学生的手捆住后，让学生站在与台下手臂中间相对应的位置，手臂伸直在台上学生的两侧，以防台上学生突然倒下或倒偏；等到学生倒下时，迅速蹲下抓住倒下学生的脚踝，防止其挣扎时踢到其他学生。

图 9-13　信任背摔

⑧ 注意事项：要求全体学生摘去手表、胸针、发卡、眼镜等可能造成伤害的物品；第一位背捧者可由学生自报，但要确定一位体重较轻的人进行第一次背摔，体重大的人应放在中间做，并可适当增加保护人数；有心脏病、脑血管病、高血压及严重腰伤者不能参加；背摔台的四脚应稳固结实；要注意台面木板是否结实；防止台上学生倒下时将教师同时拉下；教师在台上后移时注意防止摔下；教师要检查背摔者身上是否有硬物等危险物品；未经上下口令呼应时不得操作；下方保护学生接住上方学生后不得将其抛起；禁止将接住的学生顺势平放在地上。

⑨ 引导讨论：谈谈突破心理障碍瞬间的感受和挑战自我的意义；通过对比看和做之间

的心理差别，体会相互理解的重要意义；体会相互信任的重要性；理解按要求进行挑战是最安全的；有些事情未能做或未能做好，并不是能力不行而是心理不行，而心理素质是可以通过锻炼加强的；不是不能做，而是不敢做，这不是能力问题，是心理问题；心理保护层厚的人，现有的能力也很难发挥；不断突破心理保护层是成功的关键；关键在于不断地突破自己，走出第一步。

2）电网。

① 项目类型：团队配合项目，场地训练。

② 场地：在相对开阔的地带，选择两棵主干高 2 米以上的树，或有同样高度的其他支撑物。

③ 器材：一张 4 米宽、1.6 米高的绳网（“四框麻绳”，框内用细棉纶绳拉出 15～20 个高低、大小、形状各不相同的“洞”），最小的“洞”可勉强通过比较瘦小的学生。

④ 人员要求：10～20 人较为合适。

⑤ 项目时间：40 分钟。

⑥ 项目目标：增强相互合作的团队精神；体会计划和精心操作的重要性；认识每个人在团队中的角色及其作用。

⑦ 项目布置：将电网挂在两棵树之间；将学生集中于“电网”一侧，介绍项目名称和活动的要求；说明活动要求后，全队学生开始从“电网”的一侧，在不触动“电网”的情况下穿越“电网”到另一侧，穿越必须在规定的时间内完成（见图 9-14）；要求每个“网洞”只能 1 人通过，如触网则须返回，另选取其他“网洞”通过，触网的“洞”作废；未通过的和已通过的学生，不得返回至另一侧帮忙；全队学生，只能由“电网”中的“网洞”中通过，方为有效。从其他地方通过无效。

图 9-14　电网

⑧ 注意事项：此项目可锻炼学生的决策和操作能力。为避免学生开始时盲目匆匆通过，应在布置完任务后提醒学生此活动并不简单，也许会涉及工作中一些重要环节，因此要一丝不苟、精心策划、精心操作之后再开始穿越；根据学生人数给出 1～2 个富余“网洞”，若人数太多时，可规定若干的“网洞”可以通过两次；教师在判罚时可采取“大洞严，小洞宽”的原则，根据实际情况进行；如在夏季可提醒学生穿着越少越好，女生不要穿裙子；如在天冷季节可作适当的放宽要求；详细观察每个人的表现、作用、决策和协调过程，以便进行指导；需要将队员托起通过时，应提醒保护学生，注意平稳起放，以保证安全；在活动进行过程中，学生如有导致危险的举动，教师要及时地予以制止。

⑨ 引导讨论：团队在集体完成任务时，确定决策人是迈向成功的第一步；确立方案、明确分工、注意安全保障等是团队成功的关键；确立有效的团队纪律、激发情绪是团队成功的保障；有效利用资源是团队成功的思路；相互协调和精心操作才能使计划得以顺利实施；正确对待不同意见和挫折，增强团队的凝聚力；摆正个人在团队中的位置，是团队成功的基础。

3）沼泽地。

① 项目类型：团队协作项目。

② 场地：长约 25 米的长条形空地。

③ 器材：大汽油桶 3 只，分别涂色，长 3.5 米、宽 0.3 米、厚 0.07 米的黄花松木板两块。

④ 课程时间：40 分钟。

⑤ 人员要求：一般 10～14 人，余者可下面保护和指挥。

⑥ 项目目标：培养团结一致、密切合作、克服困难的团队精神；培养周密计划、组织协调和队员之间良好沟通的能力。

⑦ 项目布置：把两块木板平放在 3 个汽油桶上，板头分别压在汽油桶的 1/2 处；召集学生至场地，请不超过 14 人站到放在铁桶上的木板上，并宣布此项目名称；要求大家在 40 分钟的时间里，在人不落地的情况下，把 3 个桶和两块板向其延长线的方向移动两块板的距离（见图 9-15）；宣布从现在起任何人不能下地，直至到达目标；可以利用的器材为 2 块木板、3 个铁桶；规则是：人不许下地，板不许落地，桶不许倒地，犯规一次罚 10 分。下面的人不能帮助，时间为 40 分钟，超时 1 分钟罚 1 分，不可超时 25 分钟。

图 9-15　沼泽地

⑧ 注意事项：摆放器材时，木板头压在铁桶一半位置；一个桶上禁止平着放两块板；培训时要随时保护木板上学生的安全（特别是学生换位的时候）；队员搬木板的时候，提醒他们防止木板压手；如有危险，教师要及时制止。

⑨ 引导讨论：要完成如此困难的任务，应该有一个从策划到决策的过程，同时这个策划—决策的过程，就是集体学习的过程，执行过程中要根据实际操作情况随时调整；分工明确，发挥每个人的长处，并听取每个人的意见，注意是否发挥了监督员的作用；注意意见分歧时的解决方式和遇到挫折时的态度；注意完美、时间、效果和安全之间的关系；体会倾听在沟通中的重要性；兴奋的心情，可能导致最终的失败；冷静可能是成功的决定因素。

4）盲人方阵。

① 项目类型：团队合作项目。

② 场地：一块平整的场地。

③ 器材：30 个眼罩，25 米长的绳子一根。

④ 人员要求：20 人左右。

⑤ 项目目标：培养非常状态下的沟通和决策能力。

⑥ 项目布置：在学生蒙上眼睛后，让每位学生原地转 3 圈，再向前走 5 步。然后老师将一捆缠绕在一起的绳子交给队中的一位队员，要求团队在 40 分钟之内利用这捆绳子组成一个最大的正方形，队中所有成员相对均匀地分布在四条边上，在项目没有完成之前不许解开眼罩（见图 9-16）。

⑦ 注意事项：提醒并防止队员的相互碰撞。

⑧ 引导讨论：体会这个项目中最困难的环节；寻找有些人始终在沉默的原因；作为领导者，应更关注任务完成的过程，还是结果。

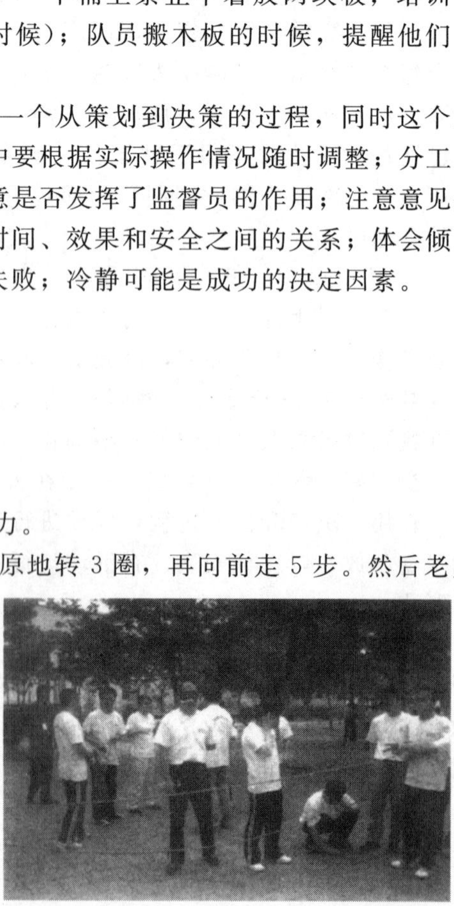

图 9-16　盲人方阵

5）雷阵。

① 项目类型：团队合作项目。

② 场地：一块平整的场地。

③ 器材：雷阵图。

④ 人员要求：10 人以上。

⑤ 时间：30 分钟。

⑥ 项目目标：提高组织纪律性；学习合理利用工具的方法；突破思维定式，进行创新；学会认真倾听。

⑦ 项目布置：老师在布置项目之前，首先要提示学生：只说两遍他们要完成的任务。布置完任务后活动就开始，学生只能认真倾听，不能问教师任何问题，教师也不会回答任何问题；教师开始布置任务：团队在执行完任务返回的途中遇到一个雷阵，而且这条路是团队的必经之路，要求团队在 30 分钟的时间里迅速找到一条安全通道通过这个雷区（见图 9-17），“IN”的一行为人口、“OUT”一行为出口；每次雷区里只能有一个人探雷，而且只能走相邻的格子，不能隔格跨越，不能踏线，不能试探。如果没有触雷，教师就说“OK”，探雷者可继续探雷；如果触雷，教师就说“对不起”，探雷者应按原路返回，回来后站到排尾，下一个人继续探雷。100 分为满分，每重复触雷一次扣 1 分，没按原路返回扣 1 分，踏线扣 1 分，每超时两分钟扣 1 分。教师手里有一张雷阵图，上面标明雷的分布，阴影的部分为有雷，两个大的空格区中，先进入的是沼泽，后进入的是安全区（不要告诉学生，只有他们被逼得走投无路的时候才会尝试这两个区域，只有通过安全区，才能找到安全的通道）（见图 9-18）。通过这张雷阵图，教师标出他们走过的路线以及违例扣分情况，最后统计他们的得分。

图 9-17 雷阵

OUT

<table>
<tr><td>01</td><td>110</td><td>86</td><td>112</td><td>63</td><td>114</td><td>52</td><td>116</td><td>60</td><td>46</td><td>119</td><td>12</td></tr>
<tr><td>97</td><td>98</td><td>61</td><td>100</td><td>68</td><td>102</td><td>103</td><td>59</td><td>105</td><td>106</td><td>107</td><td>24</td></tr>
<tr><td>03</td><td>85</td><td>87</td><td>88</td><td>89</td><td>90</td><td>91</td><td>92</td><td>33</td><td>94</td><td>95</td><td>96</td></tr>
<tr><td>73</td><td>74</td><td>75</td><td>55</td><td>77</td><td>78</td><td>70</td><td>80</td><td>72</td><td>10</td><td>47</td><td>36</td></tr>
<tr><td rowspan="4" colspan="3">红区</td><td>67</td><td>101</td><td>69</td><td>79</td><td>71</td><td>81</td><td rowspan="4" colspan="3">红区</td></tr>
<tr><td>99</td><td>62</td><td>113</td><td>64</td><td>65</td><td>66</td></tr>
<tr><td>76</td><td>05</td><td>57</td><td>58</td><td>104</td><td>117</td></tr>
<tr><td>49</td><td>50</td><td>51</td><td>115</td><td>53</td><td>22</td></tr>
<tr><td>37</td><td>27</td><td>39</td><td>29</td><td>41</td><td>16</td><td>43</td><td>08</td><td>45</td><td>118</td><td>83</td><td>48</td></tr>
<tr><td>25</td><td>14</td><td>38</td><td>28</td><td>40</td><td>30</td><td>31</td><td>18</td><td>93</td><td>34</td><td>20</td><td>84</td></tr>
<tr><td>13</td><td>26</td><td>15</td><td>42</td><td>17</td><td>32</td><td>19</td><td>35</td><td>21</td><td>54</td><td>23</td><td>108</td></tr>
<tr><td>109</td><td>02</td><td>111</td><td>04</td><td>56</td><td>06</td><td>07</td><td>44</td><td>09</td><td>82</td><td>11</td><td>120</td></tr>
</table>

IN

图 9-18 雷阵图

⑧ 注意事项：提醒学生要认真倾听不要反问，认真记录触雷的情况及走过的路线；每走一步必须听教师的指令；雷区的左右两边是悬崖峭壁，无法通过。

⑨ 引导讨论：在进行集体操作的时候，约束力可能是衡量团队绩效的重要指标；如果在此方面出现问题，领导者应负主要责任；项目一开始的时候，要求学生仔细听规则，就是要求学生要善于倾听，把所需要的信息收集全，这才有利于下一步的操作；如果学生没有认真地倾听规则，犯错误肯定是在所难免的；可以用很好的方法来完成这项任务，如做记录、在地上做标记、分人记忆等，这些都是成功的节点。当团队的目标明确之后，寻找方法就是首要大事。"团队学习"是现代"学习理论"的重要议题，"1+1>2"、"1+1<2"的现象都会有出现；有一个很值得注意的现象，就是学生都能够主动利用身边的工具，很快地找到解决问题的捷径。俗话说"好记性不如烂笔头"，准确地记录会给学生的决策提供极大的帮助；学生最终还是会被逼到"红区"里面，这可能是成功关键的一步。在工作和生活中，每个人都会有"思维定式"，许多东西在人们意识深处是"理所当然"的。这两片红区在形式上与其他格子不同，但规则没有规定不准进入。突破思维定式还表现在其他方面，如对相邻的小格子的理解，是否可以斜走；后一个人走新路线等。富于创新精神是突破思维定式的最突出的表现。

6）求生墙。

① 项目类型：团队合作项目。

② 场地：一面 3.8 米高的求生墙。

③ 器材：海绵垫 1.5×2 米 2 个，小海绵垫 3 个。

④ 人员要求：10 人以上，男生和女生的比例为 6∶4。

⑤ 项目目标：培养团结一致、密切合作、克服困难的团队精神；培养计划、组织、协调能力；个人英雄主义时代结束，体会团结就是力量的意义；发挥每个人的优势，"团队无弱者"——认同差别，发现优点；资源配置——策划和决策的过程。

⑥ 项目时间：40 分钟。

⑦ 项目布置：召集学生至场地，宣布项目名称；宣布要求。团队所在的船只半夜失火，再有 40 分钟大火就要烧到船舱，必须在 40 分钟的时间里翻过面前的障碍墙到甲板上去逃生（见图 9-19）。在"逃生"过程中，不许脱下衣服和腰带使用，不许将海绵垫立起或叠起，已上墙的人不许再回到下面帮忙；评分标准：每剩一人扣 10 分。

图 9-19 求生墙

⑧ 注意事项：绵垫要靠墙，两块之间不要留空隙；注意安排学生保护；注意阻止危险动作；可适当提醒学生改变方式；女生不能倒挂；近视眼达 500 度以上禁止倒挂。

⑨ 引导讨论：在开始做之前是否做了计划；刚开始操作时感觉很容易，但到最后一个时才感觉很困难；多设想方案和多尝试，以及方法不行立即改变都很重要；团结协作、合理分工、相互鼓励、坚持到底的团队精神很关键。

⑩ 点睛故事："木桶原理"，即木桶储水量的大小，不在于最长或最高的那一块木板，而是取决于它最短或最矮的那一块木板。

（2）个人项目挑战

1）空中断桥。

① 项目类型：个人心理挑战项目。

② 场地：基地综合训练架。

③ 器材：10.5 毫米主绳 1 条，静力绳 1 条，滑轮 1 枚，钢锁 5 枚，快挂 1 枚，上升器 1 枚，八字环 1 枚，全身安全衣 2 套，安全帽 4 顶，长扁带 2 条（雨天大毛巾 1 条）。

④人员要求：12～17 人。

⑤ 项目目标：克服心理障碍，增强自我控制能力；建立自信心，增强判断力；学习换位思考。

⑥ 项目布置：召集学生至场地，宣布项目名称和进行方式，要求学生果断跃出；讲解器材的使用：安全带、安全帽、上升器；要求学生跃出前要将起跳脚探出脚尖，再将保护绳向前打，然后跃出（见图 9-20）；学生到桥上先站稳，然后由教师为其扣上保护绳铁锁，再摘去上升器铁锁；开始，全体鼓励。

图 9-20　空中断桥

⑦ 注意事项：由于教师在桥上，故必须安排一名学生检查安全带穿戴情况；必须使用安全帽和上升器；不可先摘上升器再扣保护绳；如学生极度恐惧不敢跃出，教师可先跃到对面增加学生信心，甚至以手拉扶学生，但返回时一定要求学生自己完成。

⑧ 引导讨论：对比看别人做与自己站在桥上的感受；体会突破心理障碍瞬间的感受和过程；体会突破心理障碍和发挥自身能力甚至潜能、与抓住机遇、获得成功之间的关系；体会相互理解和鼓励的重要性。

2）空中单杠。

① 项目类型：个人心理挑战项目。

② 场地：基地综合训练架。

③ 器材：10.5 毫米主绳 2 条、钢锁 4 枚、半身安全衣 2 套、全身安全衣 2 套、八字环 2 枚、安全帽 4 顶、手套 4 双。

④ 人员要求：12～17 人。

⑤ 项目目标：克服心理障碍，建立自信心，增强自我控制能力；建立自信心，增强判断力；通过相互鼓励、相互保护的活动，亲身体验相互信任、相互负责的团队精神；学习换位思考。

⑥ 项目布置：召集学生到场地，宣布项目名称和活动方式，要求每人都要做；讲解器材的使用（安全带和安全帽）；要求学生轮流攀到跳台，屈膝，准备好以后，奋力跃出双手抓向单杠（见图 9-21）；向参与保护的学生讲解安全要求及规范的动作，要求学生与保护者之间用口令呼应；调整单杠远近。

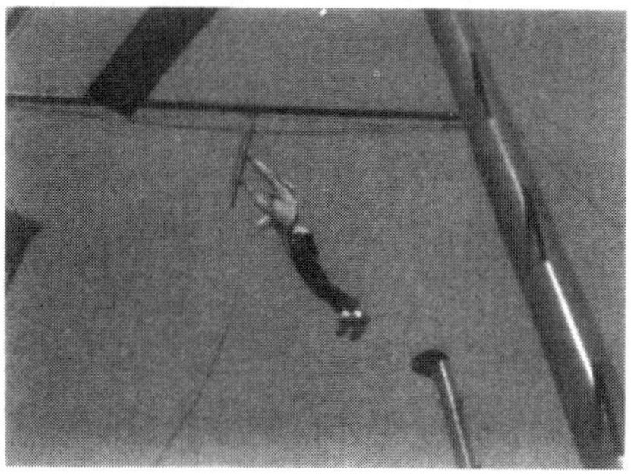

图 9-21　空中单杠

⑦ 注意事项：设备使用安全细则要求保护绳及保护点绳套是否完好无损；检查安全带、安全帽有无损坏；学生操作细则要求每根主绳的保护者应为 3 人；训练开始后，学生不得在训练加下场地停留或走动；未经口令呼应，不得上下训练架；教师的职责，包括：教练应及时注意参与保护的学生的不规范举

动；注意检查安全带的种类及相应的使用方法是否正确；学生做完后，应匀速将其放下，以免由于剧烈摆动误撞训练架；防止学员在没有安全保护的情况下，攀上训练架。

⑧ 引导讨论：体会做完该项目，自己最直接的感受；体会做好该项目应具备的心理要点；通过对比看和做的心理差别，体会换位思考、相互理解的重要意义；讨论不敢做是能力问题还是心理问题；注意表扬第一尝试者；不是不能做，是不敢做；不是能力问题，是心理问题。心理保护层厚的人不能发挥现有能力甚至潜能，只有不断突破心理保护层才能获得是成功。果断的行动是迈向成功的第一步；自信是现代人的必备素质，自信是人发展的动力。

3）速降。

① 项目类型：个人挑战项目。

② 场地：基地人工速降壁。

③ 器材：10.5 毫米以上登主绳 1 条、全身安全衣大中小 3 套、半身安全衣 1 套、钢索 3 枚、八字环 1 枚（做下降器 1 套）、镁粉带 1 个及镁粉、安全帽至少 2 顶、手套 3 副。

④ 人员要求：12～17 人。

⑤ 项目目标：放松身心、超越自我；体验惊险刺激，培养团队合作精神。

⑥ 项目布置：说明此活动为个人挑战项目，是一种融娱乐休闲与拓展训练于一体的非常有意义的休闲项目（见图 9-22）；除了最基本的动作要领外，不同下降地点会有不同的额外技术要求；宣布评分标准，轻易放弃减 20 分；讲解下降时的方法；分工分为安全检查一人，保护两人，记录一人；开始速降，全队人员鼓励。

图 9-22　速降

⑦ 注意事项：每个学生必须学会速降的控制方法；每个学生速降前要由安全员及教师检查安全带及保护者的准备情况；每三人操作后应检查主绳外皮是否有损坏；下面的保护者一定要拽好绳并掌握好方向。

⑧ 引导讨论：体会遇事镇静的重要性；体会艰难过后的成功；体会个人胆量与集体鼓励的重要意义。

第十章 紧急避险

第一节 地　　震

1. 地震的成因与危害

地震是指地球内部缓慢积累的能量突然释放或因人为原因引起的地球表层的震动。除了自然之外，人为的活动（如矿山爆破、地下核爆炸等）也会诱发地震。

地震是地壳运动的一种特殊表现形式。地球上每天都在发生地震，每年约有500万次。一般情况下，里氏3级以上的地震才会被人感觉到。震级每增加一级，释放能量增加32倍。

地震达到一定的强度，会对建筑物造成严重的破坏，地下管线断裂使燃气泄漏；山区的山体造成滑坡，水库堤坝结构破坏甚至垮坝。发生在海洋及海岸线附近的地震会产生海啸、风暴潮等次生灾害。

2. 地震前兆

① 前震。大地震前经常会有小震发生，多的可达几十至几百次。

② 大气异常。震前，特别是大震前，经常会发生一些反常的大气物理现象。如狂风暴雨、大雪、大旱、大涝、温度的骤然变化等。

③ 出现地声。震前几分钟、几小时甚至几天，会有声音从地下深处传来。声音越大越沉闷，震级也越大。这是大自然向所有生物发出的警报。

④ 动物活动异常。地震前，很多动物会表现为惊恐不安、不进圈、狂吠、群迁、行动迟缓、发呆发痴、不肯进食等不正常反应。还有些动物会突然改变习性，如冬眠的蛇出洞、老鼠白天活动不怕人、大批青蛙上岸等。

⑤ 产生地光。震前常常伴有地光现象发生，有红、黄、蓝、白、紫等多种颜色，形状不一，有的呈片状或球状，也有的像电火花一样。地光一般时间很短，一闪而过，很难观察到。

⑥ 水位异常。震前，地下水的水位往往会发生异常变化，有时甚至会喷出地面。有时还会发生水质的变化，如变味、变色、出气泡等。

3. 地震的安全防范

地震的安全防范措施包括以下几个方面。

① 及时清理房间及楼道内的杂物，保持逃生通道的通畅。

② 将易燃、易爆、易碎和有毒物品放到安全的地方。

③ 将放在高处大而重的物品拿下。

④ 熟悉所处房间的躲避地点和逃生路线。

⑤ 家中应准备一个应急包，放在便于拿到的地方。包内应有手电筒、食品、矿泉水、应急药品、简单工具等。

⑥ 如已收到权威部门发出的地震警告，应立即关掉家中的液化气总阀和电源总闸。

4. 地震逃生自救

（1）地震躲避位置的选择

① 室内。应躲在室内结构结实、能掩护身体的物体下；易形成三角空间的地方；开间小、有支撑的地方。如床下、桌子下、墙角、厕所、储藏室等。用手护住头并远离窗户，避免玻璃被震碎划伤人。

② 室外。应选择开阔的安全地带蹲下或趴下，远离高大建筑物、广告牌、加油站、化工厂等危险地带。注意不要在立交桥、过街桥上停留。

③ 山区。避免在山崖下、岩石下、河水旁躲避，防止滚石、滑坡、涨水等意外情况对人体造成伤害。

（2）地震逃生自救

① 从地震发生到房屋倒塌一般只有12秒左右的时间。这时，不要惊慌失措，应迅速寻找安全地方躲避，不要贪恋财物。

② 如被压在倒塌物下，不要随意搬动周围物品，防止引起更大的塌方。

③ 不要长时间大声喊叫，保存体力。当附近有人通过时，立刻呼喊或有节奏地敲击物体发出声音，向外界求救。

④ 不要轻易跳楼，尤其是高层建筑。自救逃生或等待救援还有生存的希望，贸然跳楼会对生命造成极大威胁。

⑤ 剧院等公共场馆内人数众多，由于互相拥挤、盲目冲撞造成的人员伤亡并不罕见。所以，要听从指挥，跟随人流有秩序地快速撤离。不要逆向行进或俯身捡拾物品，否则会被人群挤倒踩伤，甚至丧命。

第二节　火　　灾

1. 火灾的危害

火灾几乎是和火的利用同时发生的。在人类社会的初期，人们还没有什么财产，因此火灾的危害还不十分明显。随着社会的发展和物质财富的增多，特别是有了定居的房屋，人们才逐渐感受到火灾的巨大危害。火灾的危害有的是短时的，有的是长期的；有的是直接的，有的是间接的；有的是明显的，有的是潜在的；有物质上的，也有精神上的。

（1）燃烧的要素

燃烧是一种放热发光的剧烈化学反应。大部分可燃物质的燃烧是与空气或氧化剂进行剧烈的化学反应，也有的是分解反应和复分解反应。所谓发热，是指燃烧前存在于物质分子中的化学能，经过燃烧，部分化学能转变为热能的现象。所谓发光，是指人们用肉眼能观察到的光亮。

物质燃烧必须具备三个条件，即可燃物、助燃物和引火源。

1）可燃物，即可以燃烧的物质。凡是能够与空气中的氧气或其他氧化剂起剧烈化学反应的物质，一般都称为可燃物质，如木材、纸张、汽油、酒精、氢气、钠、镁。

2）助燃物，即燃烧反应中的氧化剂。凡是能够帮助和支持燃烧的物质，都是助燃物，如空气、氧、氯、氯酸钾、高锰酸钾、过氧化钠。

3）引火源，即能够使可燃物与助燃物发生燃烧反应的热能源。如明火、摩擦、撞击、化学能、电火花、聚集的日光。

因此，要发生燃烧，必须具备以下条件。

1）具备一定数量的可燃物质。可燃物质若不具备足够的数量，就不会发生燃烧。

2）要有足够数量的氧或氧化剂。要使可燃物质燃烧，或使可燃物质不间断地燃烧，必须供给足够数量的空气（氧），否则燃烧就不会持续很久。

3）使引火源具有一定的温度和热量。要使可燃物质燃烧，引火源必须具备足以将可燃物质加热到发生燃烧的温度和热量。

4）燃烧条件的相互作用。要发生燃烧，必须使燃烧的三个条件相互作用，否则就不会发生燃烧。

（2）火灾类型

根据燃烧物质的不同，火灾一般分为以下 4 类。

1）A 类火灾，指固体物质火灾。如木材、棉、毛、麻、纸张、塑料制品、化学纤维等火灾。

2）B 类火灾，指液体火灾和可熔化的固体物质的火灾。如汽油、柴油、酒精、植物油、变压器油、各种溶剂、沥青、石蜡等火灾。

3）C 类火灾，指气体火灾。如煤气、天然气、氢气、沼气、氨气、一氧化碳等火灾。

4）D 类火灾，指金属火灾。如钾、钠、铝、镁、铝合金等火灾。

（3）火灾的致伤原因

1）毒气。火灾中必然伴生着大量的有害毒气，特别是一氧化碳，毒性最大。

2）缺氧。燃烧消耗了空气中氧气，火灾中可燃物质的燃烧消耗了空气中氧气，使烟气呈现低氧状态，造成缺氧致人死亡。

3）烧伤。火焰或热气使受害者皮肤大面积受伤，同时引发各种并发症而致人死亡。

4）高温。燃烧会产生高温，人在温度超过体温的环境中，就会出汗、脱水、疲劳、心跳加快等过度现象。

2. 火灾的发生规律

（1）火灾发生的阶段划分

1）起火阶段。起火阶段是火灾在起火部位燃烧的阶段。由于燃烧面积小，烟气流动速度缓慢，火焰辐射出的热量少，虽然周围的物品开始受热，但温度上升不快。这一阶段是灭火最有利的时机，若能及时发现，可用较少的人力和简易的灭火器材将火扑灭。

2）增大阶段。由于燃烧的继续，起火点周围的物品受热后，温度直线上升，开始分解出可燃气体，火焰由局部向周围蔓延，燃烧面积扩大，燃烧速度加快。在此阶段，需要投入较多的力量才可将火扑灭。

3）猛烈阶段。燃烧面积扩大到整个空间，大量的热辐射使空间温度上升并达到最高点，周围的可燃物品都起火燃烧。此时，燃烧强度最大，热辐射最强，不燃材料的机械强度受到破坏，以致发生变形或倒塌。这个阶段不仅需要大量的人力和器材扑救火灾，而且还需要用相当多的力量保护起火建筑周围的其他建筑物，以防火势进一步蔓延。

4）减弱阶段。随着可燃物质燃烧、分解，其数量不断减少，加上助燃剂的大量消耗，火灾逐渐减弱。这一阶段要防止“死灰复燃”，将残火彻底消灭。

5）熄灭阶段。火势被控制后，可燃物全部燃尽，数量减少，火熄灭。此阶段灭火活动需注意建筑物的倒塌，保障灭火人员的人身安全。

（2）火灾烟气

烟气是火场中致人死亡的元凶，烟雾和毒气无孔不入，而且流动性强，有时人们在还没有来得及发现火光之前，就已深受其害，失去行动能力，以致窒息或中毒死亡。所以，了解烟气流通特点，掌握正确防烟方法对于火场逃生至关重要。

1）烟气的危害。

① 毒害性。烟气是物质在燃烧反应过程中热分解生成的含有大量热量的气态、液态和固态物质与空气的混合物。在完全燃烧的状态下，燃烧产物以二氧化碳、水蒸气为主。在不完全燃烧的状态下，燃烧产物还有醇、醚等有机化合物。这些燃烧产物都为有毒气体，对人体的呼吸系统、循环系统、神经系统会造成不同程度的伤害，影响人的正常呼吸和逃生行为。因此，火场逃生的关键是防止吸入烟气。

② 减光性。这是指火灾中悬浮烟尘对可见光的遮蔽作用。火灾中，随着可燃物质的热解，悬浮弥漫在空气中增加了不透明烟的浓度，加上热烟与毒性气体对人眼部的刺激，人的视距受到了严重的影响，使人陷入昏暗之中，无法辨清方向，感到恐惧，失去自救与被救的良机。

③ 恐怖性。火灾发生时，人们普遍会产生恐惧心理，尤其当火灾产生的浓烟导致方向不明时，愈发使人感到恐惧无助，使人失去理智和行动能力，无法正常疏散，甚至相互挤压、踩踏，堵塞逃生路径，最终造成群死群伤。

④ 高温性。高温烟气载有热量，且温度很高，在烟气扩散弥漫的区域，可将其热量传给周围可燃建筑构件和可燃物，室内空间温度上升很快，待达到 500℃时，会发生轰燃现象，即室内的可燃物大部分可瞬间着起来，使火势急剧扩大，人在这种场合会被严重烧伤。

2）烟气流动的特点。烟气是“无孔不入”的。当火灾发生时，室内空气受热膨胀，产生浮力上升，垂直方向扩散，流动速度可达 1～3 米/秒，在楼梯间、电梯井等竖井空间可以达到 3～4 米/秒。不同楼层开口空间的烟气上下流动，所生产的浮力越来越大，巨大的抽拔力使热烟气迅速升腾、蔓延、扩散，形成了“烟囱效应”。而且，燃烧越迅速，温度变化越大，“烟囱效应”就越显著。

当烟气到达房屋顶棚后，开始沿水平方向扩散流动，水平蔓延可达 0.3～0.5 米/秒。遇到墙体的阻挡，部分烟气向下流动。随着烟气的不断产生，烟层逐渐增厚，形成热烟层，室内压力不断增加，使烟层自开口处向室外或走廊流动蔓延。

烟气在走廊的蔓延速度为 0.5～0.8 米/秒。遇冷空气混合后，烟层不断加厚，继续做水平运动。当遇到房屋过梁或者突出物阻挡时烟层堆聚，形成湍流，加速烟气流动。烟气的流动虽有自身规律，但也受气压差、温差、风向、风力、风速的影响。

3）防烟方法。对付烟雾主要有排烟和防烟两类措施。

① 自然换气排烟法，指将着火的房间、楼层或其上层的窗户打开，借助烟的升力和风力自然排烟。

② 机械排烟法，指利用抽烟机等动力机械抽吸排烟。

③ 喷雾水驱烟法，指用水枪向着火的下风方向喷水雾驱赶烟雾。

④ 毛巾防烟法，指用折叠的干、湿毛巾捂住口鼻以过滤和防护烟雾。实验证明，口捂一条折叠 8 层的毛巾在充满强烈刺激性烟雾的 15 米走廊中缓慢行走，没有刺激性感觉。使用毛巾防烟时，一定要将口鼻捂严，在穿过烟雾区时，即使感到呼吸阻力增大，也决不能将

毛巾从口或鼻上拿开。一旦拿开，就可能立即导致中毒。

⑤ 防毒面罩防烟法，指及时带上配备的防毒面罩防止烟雾的侵袭。

3. 灭火

（1）灭火的原则

生活中，人们随时都有可能遭遇火灾，一旦遇到火灾，无论是在家里，还是在学校、商场，要做的只有以下三件事。

1）及时报警。发现火情后，要及时发出警报，通知他人。这样，既可以唤起别人的警惕，及时采取措施，还可以寻求他人的帮助，有利于尽快将火扑灭。通知他人时，可以大声呼喊“着火啦”，如果因紧张喊不出声音，可以敲打壶、碗、盆等可发出响声的东西，以引起别人的注意。在通知他人的同时，还应及时报警。因为火势的发展往往是难以预料的，不同的火源应采取不同的扑救方法，如果扑救方法不当有可能酿成无法控制的火灾，所以发现火灾，要及时报警。

2）尽力灭火。在火灾的初期阶段，火势尚小，如果能够正确及时地采取扑救措施，将火消灭在萌芽状态，就可避免人员伤亡和财产损失。这里所说的灭火是指初期灭火。所谓初期灭火，是指火只在地面等横向蔓延期间，或者在火蔓延到窗帘、隔扇等纵向表面之前即进行灭火。火焰一旦蔓延到纵向表面，就会很快到达顶棚，那时就需要消防队扑救了。灭火时要充分利用配备的灭火器具或就地取材灵活运用身边的东西，如用坐垫、褥垫、浸湿的扫帚等拍打火，用毛毯盖火，把窗帘撕下、用脚踩灭火等（见图 10-1）。

图 10-1 使用灭火器

需要提醒的是：未成年人不可贸然参加灭火。

3）尽快逃生。如果火已经开始扩大蔓延，那就必须立即沿着疏散标志尽快疏散逃生，火灾留给专业消防队员扑救。疏散时，如果能来得及就把正在燃烧的房间的窗户和门关闭，防止火焰和烟气向其他房间蔓延，最大限度地减少火灾造成的损失。

（2）常见火灾的扑灭

1）家庭电器起火。家里电视机或微波炉等电器突然冒烟起火，应迅速拔下电源插头，切断电源，防止灭火时触电伤亡；用棉被、毛毯等不透气的物品将电器包裹起来，隔绝空气；用灭火器灭火，灭火时，灭火剂不应直接射向荧光屏等部位，防止热胀冷缩引起爆炸。

2）家用炉灶起火。可用灭火器直接向火源喷射，或将水倒在正燃烧的物品上，或盖上毯子后再浇一些水。火扑灭后，仍要多浇水，使其冷却，防止复燃。

3）厨房油锅起火。这时万不能向锅里倒水，否则冷水遇到高温油，会出现炸锅，使油火到处飞溅，导致火势加大，人员伤亡。应该立即关掉煤气总阀，切断气源，然后用灭火器对准锅边儿或墙壁喷射灭火剂，使其反射过来灭火；或者用大锅盖盖住油锅，或蒙上浸湿的毛巾，或倒入大量青菜，使油温降低，把火扑灭。

4）固定家具着火。发现固定家具起火，应迅速将旁边的可燃、易燃物品移开，如果家中备有灭火器，可即拿起灭火器，向着火家具喷射。如果没有灭火器，可用水桶、水盆、饭锅等盛水扑救，争取时间，把火灾消灭在萌芽状态。

5）衣服头发着火。衣服起火，千万不要惊慌、乱跑，更不要胡乱扑打，以免风助火势，使燃烧更旺，或者引燃其他可燃物品。应立即离开火场，马上就地躺倒，手护着脸面将身体滚动或将身体贴紧墙壁将火压灭；或用厚重衣物裹在身上，压灭火苗。如果附近有水池，或者正在家里，浴缸里有水，立即跳进，依靠水的冷却熄灭身上的火焰。头发着火时，也应沉着、镇定，不要乱跑，应迅速用棉制的衣服或毛巾、书包等套在头上，然后浇水，将火熄灭。

6）窗帘织物着火。火小时浇水最有效，应在火焰的上方弧形泼水；或用浸湿的扫帚拍打火焰。如果用水已来不及灭火，可将窗帘撕下，用脚踩灭。

7）汽油煤气着火。迅速关掉阀门，备有灭火器，立即用灭火器灭火。没有灭火器时，或用沙土扑救，或把毛毯浸湿，覆盖在着火物体上，但千万不能向其浇水，否则会使浮在水面上的油继续燃烧，并随着水到处蔓延，扩大燃烧面积，危及周围安全。

4. 火灾报警

火灾报警是人们发现起火时向他人发出火灾信息的一种行为。根据“报警早，损失小”的浅显道理，任何人在任何时间和任何场所，一旦发现起火，都要立即报警。报警时，应根据火势情况，选择既快又好的方式。首先向附近人员发出火警信号，同时应以迅捷的方式报告消防队，然后再通知其他人员和有关部门，这是报警的基本程序。我国火警电话号码为“119”。报警时，要向火警台值班员讲清楚：起火单位或住宅区的街道门牌或乡镇、村庄；起火物品，火势大小，有无爆炸危险物品，是否有人被烟火围困；报警人的姓名和所用电话号码；注意听消防队值班人员的询问，要正确、简洁地予以回答，待值班员说明消防队已派员出警，方可挂断电话；报警后，要立即派人到路口迎候消防人员，尽快带领赶赴火场。

5. 火场逃生

（1）火场逃生的原则

火灾的发展和蔓延非常迅速，常超乎人们的想象，如果发现火焰已蹿至房屋顶板，或者是在不熟悉的场所发生火灾，应立即疏散。在逃生时，应掌握下列逃生的一般原则。

1）保持冷静，不要慌张。在烈火和浓烟的环境中，受困者会表现出高度紧张、极度恐惧和急切求生等心理和行为。火场中的惊慌状态，往往使人不能自控，失去理智，导致判断失误、报警不及时、逃生方式不合理等，有人甚至因惊吓而死亡。对受困者来说，烈火不是最强大的敌人，真正强大的敌人是受困者本人的惊慌。因此，在火灾现场保持镇静，克服恐惧心理，用理智来支配自己的行为，就显得特别重要。可以说，只有保持理智才可能求生有望。在产生惊慌时，可采用自我暗示法，如反复默念“我要冷静!”“我要冷静!”“我有办法逃出去!”，以此来缓解紧张情绪，然后对火场情况作出准确判断，选择正确的方法逃生自救。

2）寻找出口，切忌闯撞。冷静观察，积极寻找逃生出口，不要盲目跟随他人乱跑，否则不仅会造成疏散堵塞，还有可能会被踩压或走进死胡同，造成疏散延误和群死群伤。现在建筑物内一般标有明显的出口标志，如“太平门”、“紧急出口”、“安全通道”、“安全出口”等标志，以及逃生方向的箭头、事故照明灯，引导疏散逃生。因此，大家要养成良好习惯，每到一个陌生的地方，首先要搞清楚其安全出口的位置，紧急时可以疏散逃生。

3）舍财保命，迅速撤离。切忌贪恋钱财而耽误了逃生时间。火灾发生时，有一些人因舍不下自己的钱财、贵重物品而被无情的火魔吞噬。还有一部分人已经逃离了火灾险境，为了抢回自己的财物，又返回火场。殊不知火情瞬息万变，哪怕一分一秒，有时也会决定生与死。在火场中，人的生命是最珍贵的，时间就是生命，逃生是第一要务，要就近利用一切可以利用的工具、物品，想方设法迅速撤离火灾危险区。

4）注意防烟，切莫哭叫。烟气是火场上的第一杀手。实验证明，烟气的蔓延速度远远快于火焰的传播速度。因此，当火灾发生时，在已准确判断火情的前提下，必须冷静机智运用各种防烟手段进行防护，想尽办法冲出烟火区。

① 用折叠的湿毛巾或口罩、手帕、手套、领带、衣服等捂住口鼻，但湿度不宜过大。

② 如果身边没有水，可以用尿代替。

③ 新鲜空气容易聚集在靠墙的地方，所以在逃生时应降低姿势沿着墙壁爬，这样，容易辨清方向，有利于疏散。同时，楼梯台阶之间的拐角处也可能有残留空气，所以疏散时应脚朝下，倒着向下爬，途中可将脸贴近台阶拐角处呼吸。

④ 要向起火点的逆风或下层方向逃生，切不可向起火点的顺风或上层方向逃生。

⑤ 切莫哭叫，哭叫会增加有毒气体的吸入量，提高中毒的危险性。

⑥ 如果烟气已把逃生通道封住，无法冲出房间，应立即关闭和堵住所有可能进烟的开口及其缝隙。可用棉被、毛毯、地毯、毛巾、衣服等物品堵在门、窗和其他开口上，同时用水浇湿。

⑦ 如果烟气已进入房间，不要在室内久留。应退到阳台或窗口或打开与外界非烟雾区的通道，让自己呼吸到新鲜空气，然后发出求救信号。

5）互相救助，有序疏散。在灾难面前，大家应有组织、有秩序地快速撤离火场。年轻力壮和有行为能力的人应积极帮助年老体弱者、妇女和儿童及受火势威胁最大的人员首先逃离火场。切不可盲目乱跑，互相拥挤，甚至互相踩压，否则会酿成苦果。

6）紧急求救，设法逃生。在无法自救时，应立刻向外界或他人发出求救信号，使自己获救。白天可向窗外挥动颜色鲜艳的物品，晚上可用手电筒不停地晃动，或敲击东西，或往外抛掷显眼物品，或大声呼叫，向外界发出求救信号。

7）谨慎跳楼，减轻伤亡。一般跳楼的最高距离为 7～8 米，超过这个高度，冒险跳楼只能是死路一条。即使跳楼也应把握技巧，如抱一些棉被、沙发垫等松软物品，然后手扒窗台身体下垂，头上脚下自然下落，以此缩短与地面的距离。同时，要根据周围的地形，尽可能选择平台、树木、沙土地、楼下的石棉瓦棚、水池河畔等地或打开大雨伞跳下，以减缓冲击力，减轻对身体造成的伤害。

（2）火场逃生常用方法

1）确保门和窗户都能在紧急情况下快速打开。

2）如果发生火灾，在开门之前用手背试试门把，如果发热，则千万不要开门，而应利用窗户逃生。

3）取道楼梯，禁用电梯。

4）利用避难间。在建筑高度超过 100 米的公共建筑内一般都设置有避难间，发生火灾时，短时间内无法疏散到地面的人员、行动不利的人员可暂时疏散到避难间。

5）创造避难间。对于没有避难间的建筑物或建筑物内通道已被烟火封锁时，可根据现场情况创造避难间。如果房间中烟雾不大，就要关闭所有门窗，将靠近燃烧一侧的门窗封死，然后用湿毛巾等将所有的孔洞堵死，并向地面和门窗泼水降温，同时淋湿房间的一切可燃物，以争取时间，等待救援。避难间不是“保险箱”。避难间无疑是在无路可逃时采取的暂时性避难手段，不能保证长时间和绝对安全。所以，不要在能疏散的情况下不疏散而创造避难间避难。而且，避难间要选择在有水源又利于同外界联系的房间。

6）如果室内充满烟气，则应使用防毒面具防烟、防毒：将面具下方先套入下颚，然后上抬将头带拉紧，使面罩紧贴面部以防漏气；如无防毒面具可用毛巾或者其他东西捂住口鼻。降低姿势，爬向最近出口。

7）充分利用室内可用的东西进行逃生，如用床单或者其他东西结绳自救等：如果被困在室内，应趴在窗口用色彩鲜艳的床单、毛巾或者手电筒向外发出求救信号求援；一旦撤离火场，千万不要再返回拿东西或者救人。

8）公共汽车火灾的特点是火势蔓延迅猛，人员疏散困难。假若乘车外出遭遇火灾，应根据情况采取有效措施。如果汽车着火，应立即让驾驶员停车并开启所有车门，使乘客从车门迅速下车；如果火焰较小但却封住了车门，乘客们可用随身衣物蒙住头部冲下车；如果车门线路被烧坏，门已无法打开，乘客应用手动方式拉紧急制动阀打开车门，或者砸开就近的窗户进行多方位的有序疏散，切不要争抢，以免堵塞，延误逃生时间；如果乘客的衣物被引燃，不要惊恐，应迅速脱下衣服，用脚踩灭火焰或就地打滚或用其他衣物捂住着火部位，切忌不要带火奔跑，使火势变大。

第三节 交通安全

1. 安全横过道路

上学、放学和外出活动，大家几乎天天要在道路上行走。走路要保证安全，这里面的学问很多。有不少行人，因为没有掌握好安全横过道路的要领，结果丧生于汽车轮子底下。

横过道路时，要选择有人行横道的地方。这是行人享有“先行权”的安全地带。在这个地带，机动车的行驶速度一般都要减慢，驾驶员也比较注意行人的动态。在没画有人行横道的地方横过道路，要特别注意避让来往的车辆。避让车辆最简单的方法是：先看左边是否有来车，没有来车才能走入车行道；再看右边是否有来车，没有来车时就可以安全横过道路了。

横过道路不走人行横道，随便乱穿，或者在汽车已经临近时急匆匆过道路，都是十分危险的举动。

2. 乘车

乘坐公共车辆，应该遵守公共秩序，讲究社会公德，注意交通安全。

候车时，应依次排队，站在道路边或站台上等候，不应拥挤在车行道上，更不准站在道路中间拦车。上车时，应等汽车靠站停稳，先让车上的乘客下完车，再按次序上车，不能争先恐后。上午后，应主动买票，主动让座给老人、病人、残疾人、孕妇或怀抱婴儿的乘客。车辆行驶时，要拉住扶手，头、手不能伸出车窗外，以免被来往车辆碰擦。下车时，要依次而行，不要硬推硬挤。下车后，应随即走上人行道。需要横过车行道的，应从人行道内通过；千万不能在车前车尾急穿，这样很不安全。

3. 道路不是游戏场

道路是为了交通的便利而建造的。道路上车辆川流不息。交通十分繁忙，如果随意地在道路上玩耍、游戏、追逐，把它当作“游戏场”，放学以后在道路拉开“场子”踢足球、打羽毛球，既妨碍车辆的通行又会被车辆撞伤，是不允许的。在人行道上跳“橡皮筋”、跳绳、踢毽子，会给行人的通行带来困难，是妨碍交通的行为。在道路上追追打打，车前车后乱窜，甚至相互扔石子，这就更容易出事故。另外一些学生，因为不懂得在道路上玩耍的危害性，甚至在道路中间拦车、追车、扒车和向汽车投掷石块，以此为乐，这是最危险的举动，一旦被车撞倒，后果不堪设想。

道路不是游戏场所，不能在道路上玩耍，因此大家要互相提醒，大胆劝阻，当一名维护交通安全的“宣传员”。

4. 避让转弯车辆

当汽车的方向灯一闪一闪时，是在告诉人们，汽车要转弯了，此时应该注意避让转弯车辆。

现代汽车的转向，都是依靠前轮来实现的。随着前轮的转动，汽车车身也逐渐改变方向。汽车转弯时所占用的空间往往大于车辆固有的宽度。前轮行驶的轨迹不与后轮的轨迹重合。也就是说，前后两只轮子不会走在同一条弧线上，而是有一定距离差别的。这就是汽车转弯的“内轮差”。由于这种“内轮差”，汽车转弯时，前轮可以通过道路的某一物体，而后轮却不能通过。

懂得了汽车转弯的基本原理后，在道路上碰见转弯的车辆时，就该明白不能靠车辆太近，不会再以为汽车的车头可以过去，就没有事情了。因为离转弯汽车太近，就很可能被车尾撞倒。

5. 骑自行车常识

我国是世界上拥有自行车最多的国家，是世界公认的“自行车王国”。

自行车轻巧灵活，车速自便，维修简单，并且不使用燃料，无废气污染，无噪声，因此特别受人青睐。但是，自行车靠骑车人用双脚踩动踏板，由链条来带动后轮向前滚动，在行进时要用双手握住车把来掌握重心，控制方向。所以，稳定性差，安全性差，一碰即倒，一倒人就伤。

从保证交通安全出发，《中华人民共和国道路交通管理条例》明文规定，未满12周岁的儿童不准在道路上骑自行车。如果已经达到法定的骑车年龄，准备骑车，就必须认真学习有关骑自行车的规定，要掌握骑自行车的基本要领。出发之前，应该先检查一下铃、锁、刹车、车轮、踏脚、链条、撑脚、坐垫等是否完好有效。学骑自行车时，应选择人车稀少的道路或广场、操场。禁止在交通繁忙地段学骑自行车。

如果已经掌握骑车技术，可以单独骑车，还应该掌握以下几条骑车规范。

① 在非机动车车道内顺序行驶，严禁驶入机动车道。在没有划分非机动车道和机动车道的道路上行驶，应尽量靠右行驶，不能骑车在道路中间，不要数车并行，逆向行驶。

② 骑车至路口，应主动地让机动车先行。遇红灯停止信号时，应停在停止线或人行横道线以内。严禁用推行或绕行的方法闯越红灯。

③ 骑车转变时，要伸手示意。左转弯时伸出左手示意，同时要选择前后暂无来往车辆时转弯；切不可在机动车驶近时急转猛拐，争道抢行，也不要弯小转。

④ 自行车应按交通标志指定的地点和范围有秩序地停放；在不设置交通标志的支路上停放自行车也不要影响车辆、行人的正常通行。

⑤ 骑自行车载物，长度不能超过车身，宽度不能超出车把宽度，高度不能超过骑车人的双肩。不准在市区道路上骑自行车带人。

⑥ 骑自行车时不准在道路上互相追逐、曲折竞驶、扶身并行。

⑦ 不准一手扶把，一手撑伞骑车。撑伞时，要下车推行。

骑自行车的安全问题是个大问题，在各类交通事故中，自行车事故要占总事故的一半以上。自行车给人们的交通带来了便利的同时，也给人们带来了不幸。为此，应该严格遵守骑车规范，避免成为自行车的“牺牲品”。

附 录
单项指标评分表

附表 1 男生体重指数（BMI）单项评分表

单位：千克/米^2

等级	单项得分	大学
正常	100	17.9～23.9
低体重	80	≤17.8
超重		24.0～27.9
肥胖	60	≥28.0

附表 2 女生体重指数（BMI）单项评分表

单位：千克/米^2

等级	单项得分	大学
正常	100	17.2～23.9
低体重	80	≤17.1
超重		24.0～27.9
肥胖	60	≥28.0

附表 3 男生肺活量单项评分表

单位：毫升

等级	单项得分	大一大二	大三大四
优秀	100	5040	5140
	95	4920	5020
	90	4800	4900
良好	85	4550	4650
	80	4300	4400
及格	78	4180	4280
	76	4060	4160
	74	3940	4040
	72	3820	3920
	70	3700	3800
	68	3580	3680
	66	3460	3560
	64	3340	3440
	62	3220	3320
	60	3100	3200
不及格	50	2940	3030
	40	2780	2860
	30	2620	2690
	20	2460	2520
	10	2300	2350

附表 4 女生肺活量单项评分表

单位：毫升

等级	单项得分	大一大二	大三大四
优秀	100	3400	3450
	95	3350	3400
	90	3300	3350
良好	85	3150	3200
	80	3000	3050
及格	78	2900	2950
	76	2800	2850
	74	2700	2750
	72	2600	2650
	70	2500	2550
	68	2400	2450
	66	2300	2350
	64	2200	2250
	62	2100	2150
	60	2000	2050
不及格	50	1960	2010
	40	1920	1970
	30	1880	1930
	20	1840	1890
	10	1800	1850

附表 5 男生 50 米跑单项评分表

单位：秒

等级	单项得分	大一大二	大三大四
优秀	100	6.7	6.6
	95	6.8	6.7
	90	6.9	6.8
良好	85	7.0	6.9
	80	7.1	7.0
及格	78	7.3	7.2
	76	7.5	7.4
	74	7.7	7.6
	72	7.9	7.8
	70	8.1	8.0
	68	8.3	8.2
	66	8.5	8.4
	64	8.7	8.6
	62	8.9	8.8
	60	9.1	9.0
不及格	50	9.3	9.2
	40	9.5	9.4
	30	9.7	9.6
	20	9.9	9.8
	10	10.1	10.0

附表 6 女生 50 米跑单项评分表

单位：秒

等级	单项得分	大一大二	大三大四
优秀	100	7.5	7.4
	95	7.6	7.5
	90	7.7	7.6
良好	85	8.0	7.9
	80	8.3	8.2
及格	78	8.5	8.4
	76	8.7	8.6
	74	8.9	8.8
	72	9.1	9.0
	70	9.3	9.2
	68	9.5	9.4
	66	9.7	9.6
	64	9.9	9.8
	62	10.1	10.0
	60	10.3	10.2
不及格	50	10.5	10.4
	40	10.7	10.6
	30	10.9	10.8
	20	11.1	11.0
	10	11.3	11.2

附表 7 男生坐位体前屈单项评分表

单位：厘米

等级	单项得分	大一大二	大三大四
优秀	100	24.9	25.1
	95	23.1	23.3
	90	21.3	21.5
良好	85	19.5	19.9
	80	17.7	18.2
及格	78	16.3	16.8
	76	14.9	15.4
	74	13.5	14.0
	72	12.1	12.6
	70	10.7	11.2
	68	9.3	9.8
	66	7.9	8.4
	64	6.5	7.0
	62	5.1	5.6
	60	3.7	4.2
不及格	50	2.7	3.2
	40	1.7	2.2
	30	0.7	1.2
	20	−0.3	0.2
	10	−1.3	−0.8

附表 8 女生坐位体前屈单项评分表

单位：厘米

等级	单项得分	大一大二	大三大四
优秀	100	25.8	26.3
	95	24.0	24.4
	90	22.2	22.4
良好	85	20.6	21.0
	80	19.0	19.5
及格	78	17.7	18.2
	76	16.4	16.9
	74	15.1	15.6
	72	13.8	14.3
	70	12.5	13.0
	68	11.2	11.7
	66	9.9	10.4
	64	8.6	9.1
	62	7.3	7.8
	60	6.0	6.5
不及格	50	5.2	5.7
	40	4.4	4.9
	30	3.6	4.1
	20	2.8	3.3
	10	2.0	2.5

参考文献

［1］ 刘平江．体育俱乐部的经营与管理．北京：北京航空航天大学出版社，2009.
［2］ 邱团．新编高职高专体育与健康实用教程．北京：清华大学出版社，2007.
［3］ 乔德才．运动生理学试验．北京：高等教育出版社，2006.
［4］ 丛湖平．体育产业理论与实践．北京：人民体育出版社，2006.
［5］ 梁道松．体育与健康．北京：中国劳动社会保障出版社，2007.
［6］ 田雨普．大型体育赛事的经营管理．北京：人民体育出版社，2007.
［7］ 冯国超．中国传统体育．北京：首都师范大学出版社，2006.
［8］ 刘清黎．体育与健康．北京：高等教育出版社，2007.
［9］ 李捷．北京市群众体育政策执行研究．北京：北京体育大学出版社，2009.
［10］ 刘学谦．大学体育．广州：暨南大学出版社，2008.